全国高职高专

HUIZHAN

会展策划与管理
专业系列教材

"十二五"职业教育国家规划教材
经全国职业教育教材审定委员会审定

会展场馆经营与管理

林大飞　编著

第3版

Huizhan Changguan Jingying Yu Guanli

重庆大学出版社

内 容 提 要

本书由重庆大学出版社组织、全国多所高等院校教师参与编写的全国高职高专会展策划与管理专业规划教材之一,是全日制高职高专院校会展专业的必备教材以及会展策划、管理、设计等系列职业资格培训用书,也是从事会展场馆经营管理和所有涉及该行业的相关人员不可多得的参考书。

本书所指的会展场馆是具备会议和展览功能会展中心的统称。单独会议或单独展览功能,以及以其他功能为主(如体育场馆、科技馆、博物馆、文化馆、文化宫、青少年宫等)同时兼备会议、展览功能的场馆均可参照。

内容涉及:会展场馆建设期的管理、场馆组织管理、场馆经营战略与目标管理、场馆人力资源开发与管理、场馆财务管理、场馆与设施设备器材的管理、场馆配套服务项目及现场管理、场馆信息与档案资料管理、场馆安全管理、场馆的标准化管理等。

图书在版编目(CIP)数据

会展场馆经营与管理/林大飞编著. —3 版. —重庆:重庆大学出版社,2019.11
全国高职高专会展策划与管理专业规划教材
ISBN 978-7-5624-4159-5

Ⅰ. ①会… Ⅱ. ①林… Ⅲ. ①展览会—经营管理—高等职业教育—教材 Ⅳ. ①G245

中国版本图书馆 CIP 数据核字(2019)第 265439 号

全国高职高专会展策划与管理专业规划教材
会展场馆经营与管理
(第3版)
林大飞 编著
责任编辑:顾丽萍 版式设计:顾丽萍
责任校对:邹 忌 责任印制:张 策
*
重庆大学出版社出版发行
出版人:饶帮华
社址:重庆市沙坪坝区大学城西路 21 号
邮编:401331
电话:(023) 88617190 88617185(中小学)
传真:(023) 88617186 88617166
网址:http://www.cqup.com.cn
邮箱:fxk@ cqup.com.cn (营销中心)
全国新华书店经销
重庆华林天美印务有限公司印刷
*
开本:787mm×1092mm 1/16 印张:20.25 字数:495千
2007 年 9 月第 1 版 2020 年 1 月第 3 版 2020 年 1 月第 11 次印刷
印数:25 501—27 500
ISBN 978-7-5624-4159-5 定价:49.90 元

总　序

进入 21 世纪以来,随着中国社会经济的飞速发展,综合国力的不断增强,国际贸易发展的风驰电掣,会展经济随之迅速成为中国经济的新亮点,在中国经济舞台上扮演着越来越重要的角色,正逐渐步入产业升级的关键时期。这一时期,会展业持续快速发展的关键是需要大量的优秀专业人才作为支撑,而目前市场还存在很大的会展专业人才供给缺口。为了适应国内对会展人才需求日益增长的需要,我国各类高校纷纷开设了会展专业或专业方向。据不完全统计,截至 2011 年 7 月,在全国范围内(不含港澳台)开设会展专业的高校达 96 所,涵括专业方向的高校(包括本科、高职高专院校)则已超过百所,这在一定程度上缓解了我国会展人才紧缺的现状。但是由于我国会展教育起步较晚,在课程体系设计、教材建设和师资队伍建设等方面还有待完善,培养出来的学生在知识结构、职业素养和综合能力等方面往往与市场需求不对称。尤其是目前国内会展教材零散、低层次重复并且缺乏系统性的状况比较突出,很大程度上制约了我国会展教育和会展业的发展。因此,推出一套权威科学、系统完善、切合实用的全国高职高专会展策划与管理专业系列教材势在必行。

中国的会展教育发展刚刚超过 10 年时间,但我国的会展教育经过分化发展,已经形成了学科体系的基本雏形。如今,会展专业已经形成中等职业教育、高职高专、普通本科和研究生教育这样完整的教育层次体系,这展示了会展教育发展的历程和成果,同时也提出了学科建设中的一些迫切需要解决和面对的问题。其中最重要的一点,就是如何在不同教育层次和不同的教育类型上对会展教育目标和教育模式进行准确定位。为此,重庆大学出版社策划组织了国内众多知名高等院校的著名会展专家、教授、学科带头人和一线骨干教师参与编写了这套全国高职高专会展策划与管理专业系列教材,以适应中国会展业人才培养的需要。本套教材的修订出版旨在进一步完善全国会展专业的高等教育体系,总结中国会展产业发展的理论成果和实践经验,推进中国会展专业的理论发展和学科建设,并希望有助于提高中国现代会展从业人员的专业素养和理论功底。

本套教材定位于会展产业发展人才需求数量最多和分布面最广的高职高专教育层次，是在对会展职业教育的人才规格、培养目标、教育特色等方面的把握和对会展职业教育与普通本科教育的区别理解以及对发达国家会展职业教育的借鉴基础上编写而成的。另外，重庆大学出版社推出的这套全国高职高专会展策划与管理专业系列教材，其意义将不仅仅局限在高职高专教学过程本身，而且还会产生巨大的牵动和示范效应，将对高职高专会展策划与管理专业的健康发展产生积极的推动作用。

在重新修订出版这套教材的过程中，我们力求系统、完整、准确地介绍会展策划与管理专业的最新理论成果，围绕培养目标，通过理论与实际相结合，构建会展应用型高职高专系列教材特色。本套教材的内容，有知识新、结构完整、重应用等特点。教材内容的要求可以概括为："精、新、广、用"。"精"是指在融会贯通教学内容的基础上，挑选出最基本的内容、方法及典型应用；"新"指尽可能地将当前国内外会展产业发展的前沿理论和热点、焦点问题收纳进来以适应会展业的发展需要；"广"是指在保持基本内容的基础上，处理好与相邻及交叉学科和专业的关系；"用"是指注重理论与实际融会贯通，突出职业教育实用型人才的培养定位。

本套教材的编写出版是在教育部高等学校工商管理类学科专业教学指导委员会旅游与会展专业组的大力支持和具体指导下，由中国会展教育的开创者和著名学者、国内会展旅游教育界为数仅有的国家级教学成果奖获得者和国家级精品课程负责人，教育部高等学校工商管理类学科专业教学指导委员会旅游与会展专业组组长、中国会展经济研究会创会副会长马勇教授担任总主编。参与这套教材编写的作者主要来自于上海旅游高等专科学校、上海工程技术大学、上海新侨职业技术学院、湖北大学、武汉职业技术学院、湖北经济学院、湖北职业技术学院、浙江旅游职业学院、桂林旅游高等专科学校、广西国际商务职业技术学院、金华职业技术学院、昆明冶金高等专科学校、昆明学院、沈阳职业技术学院、广东交通职业技术学院、顺德职业技术学院、深圳职业技术学院等全国40多所知名高校。在教材的编写过程中，重庆大学出版社还邀请了全国会展教育界、政府管理界、企业界的知名教授、专家学者和企业高管进行了严格的审定，借此机会再次对支持和参与本套教材编审工作的专家、学者和业界朋友表示衷心的感谢。

本套教材的第一批选题已于2007年7月后陆续出版发行了21本，被全国众多高职院校以及会展企业选作学生教材和培训用书，得到广大师生和业界专家的广泛认可和积极使用。这套教材中一部分已被列选为国务院国资委职业技能鉴定和推广中心全国"会展管理师"培训与认证的唯一指定教材，以及全国会展策划与管理专业师资培训用书，等等。本套教材的作者队伍大多是国内会展学科领域的带头人和知名专家，涉及的专业领域十分广泛，包括了经济学、管理学、工程学等多方面；参与编写的会展业界人士，不仅长期工作在会展管理领域的第一线，而且许多还是会展业界精英。另外，作为国内高校第一套全国高职高专会展策划与管理专业系列教材，在选材内容和教材体系方面都是动态开放的。随着中国会展业的持续健康发展，为确保系列教材的前沿性和科学性，我们也会不断对该套教材进行再版修订，以及增补新的选题，欢迎各高校会展学科的学术带头人和骨干教师积极申报选题并参与编撰!

　　本套教材由于选题涉及面广,加之编写修订时间紧,因而不足和错漏之处在所难免,恳请广大读者和专家批评指正,以便我们不断完善。最后,我们期待这套新修订出版的全国高职高专会展策划与管理专业系列教材能够继续得到全国会展专业广大师生的欢迎和使用,能够在会展教育方面,特别是在高职高专教育层次的人才培养上起到积极的促进作用,共同为我国会展业的发展作出贡献。

全国高职高专会展策划与管理专业系列教材
编 委 会
2013 年 2 月

第3版前言

本书自出版以来，已经印刷了多次，此次重新修订再版，对作者本人是一种极大的鼓励和鞭策。

再版以习近平新时代中国特色社会主义思想为指导，全面贯彻党的教育方针，落实立德树人根本任务，突出职业教育的类型特点，以国家规划教材建设为引领，努力培养德、智、体、美、劳全面发展的高素质会展专业技术技能人才。

中国改革开放40年来会展业快速发展，各地的会展场馆都以其巨额的投资、宏伟的气势、独特的造型、精美的外观、多样的功能，成为一座座城市标志性和功能性兼备的大型公众建筑。如何管好、用好会展场馆，如何对会展场馆从投资建设到经营运作保值增值过程进行全寿命的管理，不断创造更多更好的经济效益和社会效益，成了会展场馆经营管理者面临的首要问题和任务。

当今，我国已成为世界瞩目的展览大国，无论是会展场馆的数量、会展项目还是展示面积，都走在世界前列，并向展览强国迈进，这对会展场馆的硬件和软件都有更新更高的要求，因此会展场馆相关知识已成为所有会展产业链的人们都必须了解和掌握的专业知识。

作者长期从事会展业，参加过两座会展场馆的建设和经营管理，有在会展中心全面主持工作的经历，曾在德国接受过展览管理培训，考察过国内外近百座会展场馆，与场馆结下了不解之缘。不论在任何时期都会利用各种机会想方设法去参观考察和研究国内外的不同会展场馆，形成了无法割舍的场馆情结，关注着每一座新场馆的诞生和发展，以及老场馆的改建或消失。在长期的工作中注重实践的积累与理论研究的结合。2004年起转入两所高校会展专业的筹办与教学，从此开始了从事会展高等教育的工作。这些都为编写与修订本书奠定了扎实的基础。

会展场馆的工作范围涉及的领域甚多，几乎涵盖会展业的所有专业岗位。本书在结构上分为10章，包括：会展场馆建设期的管理、组织管理、经营战略与目标、人力资源开发与管理、财务管理、设施设备物资的管理、配套服务项目及现场管理、档案资料与信息管理、安全管理、标准化管理等。

本次修订更换了一些新的数据、新的理念和新的规范，采取基础理论与实际运作相结合的写法，深入浅出、图文并茂、案例有力，突出其科学性、系统性和实用性。

　　本书参考了许多专家、学者公开出版和发表的著作和论文，还引用了其中不少精辟的论述与翔实的资料，这些著述均在参考文献中列出，在此谨向这些作者表示真挚的谢意！

　　由于学识水平有限，修订再版后书中疏漏之处在所难免，恳请业内人士和使用本书的老师与同学们批评指正，惠赐高见，以使该书不断得到完善。

　　感谢重庆大学出版社经管分社全体同仁对本书的出版与再版所做的努力和对作者的关心与支持，特别感谢广大读者朋友对本书的厚爱。

　　谢谢！

福建省国际会议展览业协会　会长
厦门华天涉外职业技术学院　教授
林大飞
2019 年 9 月 8 日

第2版前言

本书自 2007 年出版以来，已经印刷了多次，2013 年入选职业教育"十二五"国家规划教材立项建设，此次重新修订再版，对作者本人是一种极大的鼓励和鞭策。

作者长期在会展场馆工作，与场馆结下了不解之缘。不论是从事会展工作期间还是在从事会展教育之后，都会利用各种机会想方设法去参观、考察和研究国内外的不同会展场馆，形成了无法割舍的场馆情结，关注着每一座新建场馆的诞生和发展，以及老场馆的改建或消失，这些都为编写与修订该书奠定了比较扎实的基础。

几年来，我国会展业和会展教育又都发生了很大的变化，而作为教材理所当然应与时俱进。借修订之机，作者根据会展业的特点，对教材的内容和相关数据做了适当的调整和更新，增加了一些新的理念、资料、图片和案例，进一步增强了教材的可读性和实操性，使其更能贴近会展从业人员实际工作的要求。充分调动学生的学习积极性，提高应用知识的能力，提升就业的竞争力，从而达到教学效果的最优化。使学生熟练掌握在会展场馆经营与管理过程中相关工作岗位的职责、内容和流程，不管今后在会展行业的任何机构或部门，只要涉及在会展场馆举办的活动都能够得心应手。

当今，我国已成为世界展览大国，无论是会展场馆还是会展项目，是数量还是展示面积，都走在世界前列，并向展览强国迈进，这对会展场馆的硬件和软件都有更新更高的要求。因此对会展场馆相关知识的学习已并非场馆工作人员的专利，而已成为所有涉及会展活动相关单位的人员都必须了解和掌握的专业知识。

在本书修订过程中，参考了许多专家、学者公开出版和发表的著作和论文，还引用了其中不少精辟的论述与翔实的资料，这些著述均在参考文献中列出，在此，谨向这些作者表示真挚的谢意！

由于学识水平有限，修订再版后书中疏漏之处在所难免，恳请业内人士和使用本书的老师与同学们批评指正，惠赐高见，以使该书不断得到完善。

感谢重庆大学出版社经管分社全体同仁对本书的出版与再版所做的努力和对作者的关心与支持,特别感谢广大读者朋友对本书的厚爱。

谢谢!

福建省国际会议展览业协会　会长

厦门华天涉外职业技术学院　教授

林大飞

2013 年 10 月 18 日于厦门

第1版前言

随着我国会展业的快速发展，新建会展场馆不断的出现，各地的会展场馆都以其巨额的投资、宏伟的气势、独特的造型、精美的外观、多样的功能，成为地方标志性和功能性兼备的大型公众建筑。如何管好、用好会展场馆，如何对会展场馆从投资建设到经营运作保值增值过程进行全面的管理，不断创造更多的经济效益和社会效益，成了会展场馆经营管理者面临的首要问题和任务。

然而，我国的会展教育起步较晚，会展场馆经营与管理相关的系统理论十分欠缺。大批高等院校会展专业的学生、会展场馆经营管理人员和与会展行业相关的从业人员，渴望获得对场馆经营与管理实践具有指导作用的教材及参考书，成了当务之急。

会展场馆是指从事会议展览活动的主体建筑和辅助功能附属建筑组成的大型建筑综合体，以及相配套的设施和设备，由专业人员对会展场馆与设施设备进行有效的管理并提供优质的服务，是保证会议展览活动正常进行的基本条件，也是会展业发展的重要基础。

会展场馆的工作范围涉及的领域甚多，几乎涵盖会展业的所有专业岗位。本书在结构上分为10章，包括：会展场馆建设期的管理、场馆组织管理、场馆经营战略与目标管理、场馆人力资源开发与管理、场馆财务管理、场馆与设施设备器材的管理、场馆配套服务项目及现场管理、场馆信息与档案资料管理、场馆安全管理、场馆的标准化管理等。从专业需求出发，有利于场馆工作人员的规范管理，有利于办会办展及相关人员了解更多的会展场馆知识。本书采取基础理论与实际运作相结合的写法，深入浅出、图文并茂、案例有力，并突出其科学性、系统性和实用性。

作者长期从事会展业，参加过两座会展场馆的建设和经营管理，有在会展中心主持工作的经历，曾在德国接受过展览管理培训，考察过国内外近百座会展场馆，在工作中注重实践的积累与理论研究的结合。2004年起参与厦门国际会展职业学院的办学与教学，从此开始了从事会展高等教育的工作。

本书的出版填补了我国在指导会展场馆经营与管理实际运作方面可操作性系统理论指导书籍的不足，希望能为提高我国会展场馆经营管理水平、推动我国会展教育和会展事业的发展做出一点贡献。

　　由于学识水平有限，尽管不遗余力，但本书篇幅有限，还是无法将自己多年的会展从业经历进行全面系统的总结，而且场馆的经营与管理涉及多学科的交叉，相关理论和参考资料较少，因此，书中的缺点和错误在所难免，肯定存在许多遗憾之处，恳望同行及各界人士不吝赐教，以使该书今后有机会再做修订和完善。

林大飞
2007 年 5 月

目 录 CONTENTS

第1章
会展场馆建设期的管理

【本章导读】

　　本章介绍会展场馆建设规划的基本知识,并着重从会展场馆经营管理人员在建设期提前介入建设项目管理的角度,介绍如何为场馆落成后正式开业的经营管理做好前期的基础工作。主要内容有会展场馆的选址规划,功能定位与平面布局,设计与竞标,以及建设与经营过渡期必须进行的各项管理工作。

【关键词汇】

　　会展场馆　规划设计　前期管理

1.1　会展场馆概述

现代展览以 1851 年在英国举办的世界工商业博览会(简称"世博会")为起点,直到第一次世界大战,世界性的展览都是以世博会为主要形式的。世博会的出现和发展,促使永久性展览建筑的出现并使之逐渐发展成为城市中固定的展览场所;经济的发展也促使许多城市兴建了独立的展览建筑,用于举办国家性或地区性的展览会。

第二次世界大战后,世界上多数国家开始集中发展经济。博览会的形式由于包罗万象无法满足专业需求,且规模巨大,因而不可能频繁举行,与世界发展的趋势不相适应。在经济高速发展的时期,专业化的固定展览受到贸易双方的欢迎,从而形成与世博会不同的另一种展览模式——固定主题的专业性展览。这时的展览建筑有大容量、高效率的特点,建筑选址将交通条件放在首位,多靠近城市商业中心或处于城市干道边,以便发挥商业贸易功能。

20 世纪 80 年代以后,经济全球化和共同发展成为国家发展的主题,经济建设成为核心和关键。作为拉动、促进经济发展的有效途径,展览建筑迅速崛起,并向多功能、多元化发展。各种商贸展览作为促进各国经济文化交流的最佳媒介,出现了与会议功能结合的趋势,会议成为展览不可或缺的组成部分。从此,会展建筑开始在建筑舞台崭露头角,并以其特有的优势逐渐超越了传统的展览建筑,进入高速发展期,受到世人瞩目。

会展场馆是指由从事会议展览活动的主体建筑和辅助功能附属建筑组成的大型建筑综合体,以及相配套的设施设备和服务,包括硬件和软件两部分组成。由专业人员对会展场馆与设施设备进行管理,是保证会议展览活动正常进行的基本条件,也是会展业发展的重要物质依托,其国际化、智能化、特色化的程度是会展业发展水平的重要衡量标准之一。

本书所指的会展场馆是指会议和展览功能兼备的会展中心的统称。单独具备会议或展览功能,以及其他功能为主(如体育场馆、科技馆、博物馆、纪念馆、文化宫、青少年宫、剧场、艺术中心、美术馆、音乐厅等)同时兼备会议、展览功能的场馆都可以参照。

1.1.1　中国会展场馆建设概况

改革开放以来,中国的会展业从小到大,发展迅速,已逐步发展成为一个自成体系、充满活力的新兴产业。当今,日益繁荣的会展活动不仅引导了各行各业的发展,提升了制造业水平,而且促进了生产要素的流动和资源配置的优化,有力地推动了中国企业的发展,促进了国内企业走向国际化合作的道路,实现了良好的经济效益和社会效益。

正是看到了会展业在提升经济发展和城市知名度方面的重要作用,许多地方政府都提出发展会展经济的规划。希望"以会促贸,以会引资,以会聚友,以会兴市,以会扬名",并组建会展管理和协调机构,策划、组织、扶持会展活动,大规模兴建会展中心。在我国"十二五"期间,城市发展战略定位在"会展中心城市""会展名城"以及"会展之都"的有近 40 个城市。会展中心项目已成为我国城市建设中的热点项目。

2018 年,中国会展经济研究会统计工作委员会对全国各地收集到的展馆数据进行了

核实、筛选及分析,最终统计得出:

2018 年全国投入使用的展览场馆 286 座,比 2017 年减少 62 座,降幅达 17.8%。其中因展馆主营转型 68 座,当年新增投入使用的展览场馆 6 座,2018 年全国可供使用展览馆自 2011 年开始统计以来首次出现下滑。

2018 年,全国正在建设的展馆有 23 座,同比 2017 年增加 3 座,增长 15%。

2018 年,全国已经立项待建展馆有 14 座,同比 2017 年增加 6 座,增长 75%,如表 1-1 所示。

因此,截至 2018 年 12 月 31 日,全国在用、在建和立项待建的展馆总数为 323 座,比 2017 年全国展馆预测总数减少了 53 座,降幅达 14.1%,这是自 2011 年开始统计以来首次预测出现下滑。

表 1-1　2014—2018 年全国展览场馆建设情况

单位:座

年度 状态	2014	2015	2016	2017	2018
在用	226	286	316	348	286
在建	16	21	19	20	23
待建	4	5	5	8	14

2018 年,全国在用的 286 座展馆的室内可供展览总面积为 1 129.8 万 m^2;23 座在建展馆的室内可供展览总面积为 245.7 万 m^2;立项待建的 14 座展览馆可供展览总面积为 161.6 万 m^2。因此,截至 2018 年 12 月 31 日,全国在用、在建和立项待建的展馆可以预测未来全国可供使用的办展面积为 1 537.1 万 m^2,如图 1-1 和图 1-2 所示。

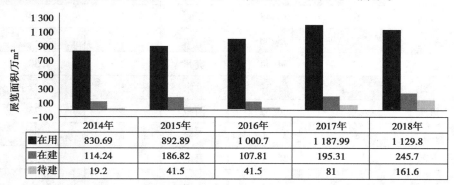

	2014年	2015年	2016年	2017年	2018年
在用	830.69	892.89	1 000.7	1 187.99	1 129.8
在建	114.24	186.82	107.81	195.31	245.7
待建	19.2	41.5	41.5	81	161.6

图 1-1　2014—2018 年全国展览场馆室内可供展览面积比较

从全国投入使用的展览场馆数量来看,山东省展览场馆达 45 座,为全国各省(直辖市、自治区)最多,占比达 15.7%。江苏省 30 座,广东省 27 座,位居全国第二、第三,占比分别达 10.5% 和 9.4%。

在各省(直辖市、自治区)中,按投入使用展览场馆的室内可供展览总面积,山东省达 155.55 万 m^2,广东省达 124.38 万 m^2,上海市达 97.7 万 m^2,浙江省达 96.89 万 m^2,江苏省达 85.3 万 m^2,分列全国前五位,如表 1-2 所示。

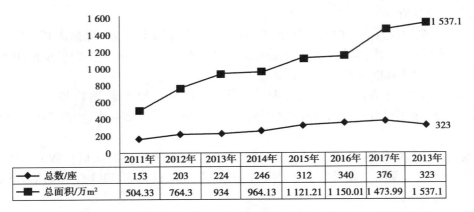

图 1-2　2011—2018 年全国展览场馆预测总数及室内可供展览面积变化情况

表 1-2　2018 年全国各省（直辖市、自治区）展览场馆数量、展览面积比较

省（直辖市、自治区）	展馆数量/座	展览面积/万 m²	省（直辖市、自治区）	展馆数量/座	展览面积/万 m²
山东	45	155.55	陕西	4	17.77
广东	27	124.38	江西	4	16.70
上海	9	97.70	黑龙江	6	16.28
浙江	22	96.89	湖南	5	15.45
江苏	30	85.30	广西	3	13.29
河南	26	55.83	内蒙古	5	10.31
四川	9	53.17	天津	3	10.10
云南	6	36.48	新疆	1	10.00
福建	8	35.00	山西	5	8.42
辽宁	11	34.54	贵州	2	8.30
河北	15	31.59	甘肃	3	6.74
重庆	3	30.52	西藏	3	6.25
北京	8	28.96	青海	2	5.69
安徽	7	26.30	海南	1	3.79
吉林	7	25.08	宁夏	1	3.00
湖北	5	24.84			

　　我国多数展览场馆都是具备举办会议和展览功能的会展中心，而全国范围内所有可举办各类会议的场馆面积，目前尚无较权威的统计数据。若不受规模、档次和专业化程度的限制（如政府、企事业单位、学校、科研机构等为满足特定需要而建设的会议设施，它们可以是办公设施的一部分，也可以是一栋独立的建筑，规模不一定很大，也可能在满足自身需求的情况下对外承接业务），全国几乎所有大、中、小城市都有许多可举办会议的场

所,可以说会议场所无处不在。

1.1.2 中国会展场馆布局存在的问题及发展趋势

1)存在的问题

(1)大型会展场馆偏少

国内除北京、上海、广州三大城市外,主要会展场馆可供展览面积超过 10 万 m^2 的不多(尽管场馆建筑面积很大),但在欧洲,中等规模的会展场馆一般其室内可供展览面积也在 10 万 m^2 左右,德国、意大利等国家都有可供展览面积达 30 万 m^2 以上的"航母级"巨型会展场馆。

(2)配套设施不足

我国会展场馆在设计时普遍忽略辅助功能的设计与配套设施的统一规划,具体表现在停车场设计、货物装卸服务设计、餐饮中心与休息场所设计等。周边配套的商务、广告、仓储、酒店、娱乐、交通等方面的基本设施与服务功能也往往不够完善。

(3)智能化水平低

尽管近年来我国许多会展场馆投资巨大,但资金更多地投入到外观上,内在科技含量不高,智能化水平普遍偏低。少数在智能化建设方面已有投入的会展场馆,却存在系统集成性差、监控点配置不合理、监控精度低、操作不方便、系统应用效果不理想等问题。

(4)出现总量过剩、结构失衡的现象

一方面,展览场馆面积增长速度超过行业发展速度,使得全国平均场馆出租率一直徘徊在低位;另一方面,场馆结构性矛盾依然突出,北京、上海等城市的展览场馆供不应求,而其他城市的展览场馆的经营状态不佳,甚至同一城市中的不同展览场馆的使用情况出现巨大差异。据不完全统计显示,我国会展场馆的使用率偏低,部分超过 30% ,多数在20% 左右,而且出现了规模越大利用率越低的现象。这说明我国很多地区在规划建设会展中心时缺乏对会展市场的调研和必要的规划,致使场馆建设的规模超出了该地区在一定时间内市场发展的需求。

2)发展趋势

(1)会展场馆建筑规模大型化

我国在 20 世纪七八十年代建设的会展场馆规模一般都比较小,不能适应大型国际会展活动的需要。近几年,建设和未来规划建设的会展场馆都趋于大型化,同时出于前瞻性的考虑,规划新建的会展场馆均有一定比例的预留地,以便将来扩建使用。

(2)会展场馆功能综合化

过去许多会展场馆的功能比较单一,通常以展览为主,仅有少量的会议设施或基本不具备会议功能。现在新建的会展场馆不仅有展厅,还有各类会议厅,是集展览、会议、商务、仓储、餐饮、停车、休闲观光、旅游为一体的大型综合性现代化会议展览设施。

(3) 注重会展场馆的智能化

高科技在现代化会展场馆中得到充分利用。新建的会展场馆基本上都配备了智能化程度很高的网络系统。比如观众、参展商电子登录系统、计算机查询系统等。此外，多媒体、同声传译系统等通信手段也都在会展场馆内得到应用。

(4) 规划与设计更加人性化

现代化会展场馆突出"以人为本"的建设理念，一是选址大都在城郊结合处，并将交通条件、环境条件和地形条件作为选址的三大要素；二是内部布局"以人为本"，尽量使会展场馆内部管理有序，如人货分流、各行其道等，方便参会者、参展商、观众及场馆工作人员；三是场馆设计"以人为本"，以方便、适用为原则。

(5) 场馆建设更加注重生态文明

当今，创建"绿色会展场馆"已成为新建会展场馆设计者必须遵循的准则，在场馆的选址与布局、造型与结构、建筑材料、内外部装修、设施设备等方面都无不突出绿色、节能、环保的理念。会展建筑综合体是城市生态环境中的一个子系统，建筑师通过大量的设计策略来影响能源需求，通过更合理的规划和设计来架构系统内部的生态系统，同时注重与外部环境的融合，从各方面突显生态文明。

(6) 政府仍将加大对会展场馆建设的投入

各地政府即便认识到本地不可能发展会展产业，也会将会展场馆设施当作公益性项目进行投资与扶持，因此，对会展场馆的投入将继续扩大，而不会缩小。

1.1.3　会展场馆对城市会展业发展的作用

会展业的发展，能够改善城市的产业结构，提升城市的形象，是构成城市竞争力的重要组成部分。会展场馆在会展业的发展中担任着举足轻重的角色，也是一个城市会展产业结构中首要的组成部分。会展场馆可以决定举办哪些会展活动以及什么时间举办，其运营模式甚至可以决定城市会展行业的整体发展。归纳起来，会展场馆对城市会展业发展所起的作用主要体现在以下几个方面：

1) 能够大力推进会展产业的发展

尽管对会展组织者来讲，选择举办城市主要取决于该城市所处区域的产业基础、市场规模等因素，但一个先进适用的会展场馆条件无疑更是举办会展活动的硬件基础，会展场馆经营的准确定位是推进会展业发展必不可少的前提。例如，举办中国第一大展的"广交会"场馆，无疑是品牌场馆，每年在该场馆举办百多期展览会，对广州市会展业的发展起到了巨大的推动作用。

2) 能够积极培育城市的会展品牌

会展场馆不仅仅为会议和展览提供场地和相关服务，其经营策略还关系到城市会展品牌的培育。例如，由于在厦门举办的"中国投资贸易洽谈会"规模不断扩大，推动了厦门国际会展中心的建设，而厦门国际会展中心的落成又为厦门本土培育新的会展

项目品牌(台交会、石材展、佛具展、海西汽博会……)奠定了扎实的基础。按照国际惯例,展馆存在着 6 个月内不承接相同题材展览的行业惯例。接哪些展不接哪些展,对展览品牌的成长甚至生存至关重要。

3) 能够提高会展业的市场化程度

会展场馆的市场化运作有助于会展业的市场化经营。会展业市场化经营的主体主要包括会议公司、展览公司、展台搭建公司、展品运输公司、酒店、餐饮、礼仪服务公司等。如果会展场馆采用垄断性经营及提供垄断性展览服务,那么行业内的展览公司、装修公司、运输公司等经营主体就无法获得公平竞争的市场环境及发展空间。

4) 能够适度调控会展业的市场运作

政府对会展业的宏观管理主要体现在展览项目审批方面。目前,改革的发展趋势是审批制向备案制转变,并最终取消展览的审批手续。在城市会展业的发展过程中,特别是对发展尚未成熟的中国大中城市来讲,政府对产业的宏观引导及调控作用是不可缺少的。通过场馆经营,能够给需要予以扶持培育的展览品牌以发展的空间,能够在一定程度上对会展市场的健康发展起到宏观调控作用。

5) 能够大力培养会展业人才

作为会展市场主体之一的会展场馆,其专业岗位在会展行业中的数量和种类最多,需要大量高素质的专业人才,以保证场馆管理和会展服务专业化工作的圆满完成。国内许多会展场馆都高薪向各地招聘和自己培养高素质人才,一批批新的高等院校会展专业学生不断进入会展场馆实习和留用,大量的会展志愿者加入会展服务的行列,在为会展场馆输入新生力量的同时也为全社会培养了一大批会展人才。因此,会展场馆的经营和运作,可以为城市会展行业吸引大批高素质、高水平的专业人才,并培养出大量本土的专业化人才。

6) 能够强化城市的服务职能

会展业具有极大的产业带动效应,除直接产生经济效益外,还对社会和经济发展有着巨大的影响和催化作用。会展业作为一个城市服务业的重要组成部分,对强化城市的服务职能有积极的推动作用,其中,会展场馆的带动作用不能低估。

1.1.4 规划与选址

1) 会展场馆的规划

会展场馆服务的对象是社会公众,它不仅要满足公众参会、参观的需要,而且要满足公众物质和精神生活方面的多种需要,特别是要满足观众和参展商相互之间的交流与交往活动的需要,这是会展建筑与其他建筑的显著区别。会展场馆是城市中的大型公共建筑,它占用面积广,建筑体量大,一般均由规模较大的建筑群体组成,不仅直接构成城市景观,而且对整个城市及与该城市毗邻的广大地区的物质生活和文化生活都产生着巨大的影响。

会展场馆的规划一定要与所在地区经济发展水平相协调,按照会展业发展的客观要求,结合区位状况以及其他多种条件加以综合考虑。到底在一个地区要建多少座、多大规模、具备什么特色的会展场馆,这都应根据当地会展市场的发展趋势来研究决定。不管由谁投资建设场馆,其宏观规划都必须由政府来主持,要站在全国的高度来看待区域经济的特征,来确定会展中心的规划布局。在微观方面,场馆的规划设计要符合市场的需求,必须通过认真的市场调研和科学的技术论证来进行。具体说来,会展中心的规划管理工作主要包括以下内容:

(1)场址选择规划

①会展场馆在城市中的位置会影响会展的效果,如果把会展中心建设在市中心最繁华的地段,营造成本必然很高,而且会受到日常繁忙交通的影响,造成人流、物流的不畅。国外许多现代化会展中心的场址一般都选在城郊接合部,并将交通条件、环境条件以及地形条件作为选址的三大要素进行论证,做到场址选择和市政、交通规划相吻合。会展中心虽然不宜建在最繁华的地段,但交通可达性必须要好。国外新建的及尚在建设中的会展中心均将交通条件列为选址的首要条件,一般要求场址靠近国际机场,并且有两条以上的高速公路从周围通过。上海新国际博览中心位置如图1-3所示。

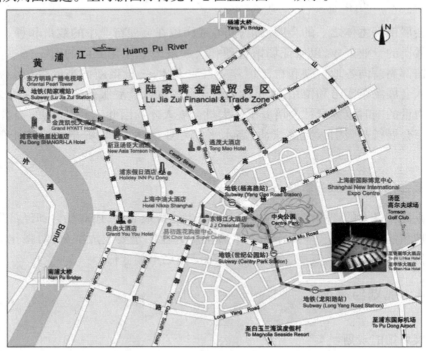

图1-3　上海新国际博览中心位置图

②会议场馆或者会议中心一般应该规划在交通条件便利的地区,使与会者能够方便地到达机场、地铁站、码头、客运站等地方。度假式会议中心强调场地周围环境的优美;如果是独立的会议中心,则要考虑周边是否有配套的饭店来提供足够的餐饮、住宿等服务。

会议场馆建设要引入环保概念,尽量减缓人为建筑对环境所造成的能源负载及破坏。这就要求在会议场馆的建设规划中要对绿化指标、日常耗能指标等都要加以考虑,并尽可能使用无污染的建筑材料,设置高效率的电器设备,建立完善的废物处理系统等。

（2）预留发展规划

会展中心的建设规划必须要有前瞻性的考虑。随着会展业的发展和业务增加,一些会展中心将来很可能有扩建的需要。这时,如果没有预留地,就会成为场馆进一步发展的阻碍因素。从这个角度看,如果一味地追求让会展中心成为城市标志性建筑,将其建在原本就很拥挤的市中心,就会给土地使用造成很大限制。一些会展中心就因为没有扩建余地而只能向高层发展,这会给货物进出、展馆地面承重等带来一系列的问题,不能很好地符合现代化会展活动的要求。

（3）内部布局规划

会展中心的内部布局合理可以使管理更有序,方便展商、与会者和观众,提高工作效率。内部布局设计要根据一般展会的内容、性质和室外环境的具体状况来确定。在会展中心的内部规划中最重要的是人车分流的场内交通系统,该系统要完善并符合人性化的要求。人可以在场馆连廊里行走,货物从专用通道里运送,要避免人流、物流交织在一起,从而影响内部交通。展览中心内部要设立独立的卸货区,并预留充分的展品传送周转区域,这能够极大地方便布展。还要设置足够容量的停车场,如果展览中心的规模较大,则展厅之间最好有免费的穿梭巴士或电瓶车,方便参观和组展人员快捷到达各展厅。还可以在展厅之间增设回廊互相衔接,形成宽敞的人流枢纽区域,使人流压力充分缓解。餐饮网点等服务机构要分布到各个展馆周围,便于展商、观众就近使用。另外,保留大片的绿地和专门的休息区,作为展商、观众工作或参展参会之余的休闲场所。这些部分的布局虽然是细节问题,但却能充分体现现代化会展场馆人性化服务的水平。

（4）展厅要素规划

展厅的规划要考虑的要素很多,比如,是否有柱子、楼梯间、出入口、天花板高度、灯光设置、冷气、暖气、压缩空气、地面承重等情况。其要素规划主要包括以下内容:

①展厅外观。展览中心的建造设计材料要体现功能性,要求展厅建筑本体坚固、耐用、美观,能起到较好的保护环境的作用,但外观并不需要过多的装饰。国外的展览中心一般都很注重经济实用性,许多展览中心外观并不豪华,直接采用清水混凝土工艺,看上去类似厂房或仓库,但展商和观众需要的设施功能一应俱全,非常经济实用。

②展厅面积。一般情况下,展厅内规划的展位数量决定了需要多大的净面积,在考虑展场出入口、通道、防火安全等因素的基础上适当放宽。通常展厅面积约为展示净面积的两倍,还要加上主办单位的工作场地或服务区等空间面积。展厅辅助面积太小会给人拥挤、局促的感觉,而太大又会给人一种冷清空荡、人气不旺的感觉。国外现代化展览中心的展厅较多都是单层、单体,单体建筑 1 万 m^2 左右的展厅,最好呈长方形,观众不容易迷失方向,处于人眼的正常视觉范围内,又有长宽的比例。展厅最好可以自由分隔使用,所有展区的使用价值均等。例如,上海新国际博览中心即由多个面积相等的单层展厅组成。

③展厅的高度。通常与底层相比,展厅的楼层越高观众就会越少,这和展品进出的方

便性及观众的心理因素有关。因此,展厅最好是单层,层高应符合经营定位、展台设计、布展作业和展示效果。过低的天花板无法满足某些展览要求,如大型设备展等,它会阻碍较高的设备安置和演示,而且影响声音的发散和空气的流通。但是,超标准过于高大的展馆不但浪费建设投资资源和经营维护成本,又会使置身其内的参展商和观众产生渺小的感觉。一般来说,展厅的每层高度在 10 ~ 15 m 是基于一般展品展台设计的要求,比较适中。

④地面条件。地面条件包括地面状况和地面承重条件。大部分展场的地面为混凝土,如果铺地毯,在吸音和观展方面都会产生很好的效果。地面的承重条件如何,决定了能否展示重型的设备,有些重型机械展对这方面要求就很高。在展品运输、展品安置和展品操作等方面均应考虑地面承重能力。展览中心必须提供分区的地面承重数据,以便于布展和保障展览活动的安全。如对地面承重条件有疑问,展览主办单位应在展品搬入前向展览中心查询,并告知参展单位。

除了以上几点外,在展厅规划中还有很多细节问题要加以仔细考虑,如出入口、卫生间、通道宽度等,这些部分规划得是否合理,与展览活动能否顺利进行也有着密切的关系。新型展览中心一般都在展馆入口处安放多台门口机,采用条形码、磁卡、电子卡等读卡过闸的管理方式,观众和来宾在进入展馆前必须先登记个人信息并领取卡片,方可凭卡进入。入口可分为一般观众、专业观众、工作人员入口等,便于管理及统计。在展厅中,要根据人流量设置足够的人员出入口,根据物流量设置足够的通往卸货区的出入口。这可以满足功能区分的需要,以及分解集中办展时的大量人流和物流。另外,紧急出口必须标示清楚,便于疏散。通道宽度关系到展品运输的场地安全,在规划时必须综合考虑场内人流量、防火需要等因素。在展览期间一定要保证通道的畅通,不允许展品、废弃物品等胡乱堆放在通道上。卫生间也不容忽视,它是体现展览中心服务水平的重要场所,一要方便人们就近使用,二要时刻保持清洁,三要与展览规模相匹配。

(5)布展空间规划

展厅规划服务于展览活动,在布展时,展示设计的每个具体空间与展厅的整体规划将发生密切的联系。因此,展厅需要考虑布展空间规划问题。

展厅的平面规划应根据展示内容的分类划分各种陈列功能的场地范围,按照展出内容的密度、载重、动力负荷,结合总体平面的面积合理分配位置,确定具体尺度。同时,要考虑出入口、观众流线、客流量、消防通道等因素,结合展览会的性质特点,规划出公共场地的活动面积。

展厅的立面规划应在平面图的基础上,根据各种展示功能的地面分区,考虑展线的分配,确定具体的展示内容和表现形式。要结合展示内容和表现形式,以及展出场地现存的建筑结构、风格来实现空间的过渡和组织处理,考虑协调空间环境的方方面面。

总之,展览中心的场馆规划要以人为本,注意空间环境的开放性、通透感、有机性等,方便展览活动的开展,且给人以自由亲切的感知;尽量使用新材料、新技术,积极运用高科技成果;各种设计必须与四周的环境达到协调,而且都不会造成环境污染,符合可持续发展的要求。

2)会展场馆选址时必须注意的几个方面

一个优秀的会展中心场馆规划,应坚持内容与形式的统一、整体与局部的统一、科学与艺术的统一。但是规划不能超越现实,合理的规划离不开恰当的选址。

通常会展场馆建筑在选址时必须注意以下几个方面:

①会展场馆建筑地规划应与城市总体规划相一致。一个城市会议中心或展览中心的建筑规划,应服从该城市的总体规划,要与该城市的性质、发展方向、人口规模、城市布局和功能分区相一致。会展场馆建筑的选址、数量、规模和位置分布,均应以城市总体规划为依据。

②大型会展建筑是人群集会交流的公共场所,人流、车流、物流量都很大,为便于会展活动的进行,其选址应适当避开城市的闹市区,与城市中心应有一定的距离。在会展建筑的周围,应该道路通畅,交通方便,会展场馆的四周应与城市的主干道及机场、火车站、高速公路、地铁、海运河运码头相通,而且要有足够的停车场地,便于大量的人流和物流能在相对集中的时间和空间内快速移动、聚集和分散。会展场馆与周边交通示意图如图1-4所示。

③会展场馆是具有艺术鉴赏价值的建筑,因此,其选址应对环境质量有较高的要求,一般宜选在风景优美、环境幽静或有一定纪念意义的地段。在设计时要与环境融为一体,充分利用和发挥环境的优势,创造良好的环境气氛,使展览建筑起到美化城市环境、丰富城市景观的作用。在历史遗迹、名胜古迹等特定区域内修建的会展场馆,应考虑有利于保护这一特定范围内的历史文化遗址。

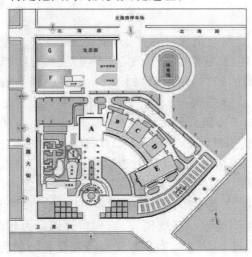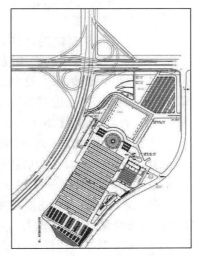

(a)长春国际会展中心周边交通示意图　　　(b)南宁国际会展中心周边交通示意图

图1-4 会展中心周边交通示意图

④配套设施要体现以人为本,在会展场馆建筑周围应有较完善的城市公共设施和生活服务设施,如自来水供水系统,煤气供气系统,供热、供电系统,邮电通信和网络系统,环境卫生设施等。还需要有配套较全的具备各种档次的酒店,能满足参会、参展人员不同的消费水平;同时,应考虑设置较大型的购物商场、娱乐中心和写字楼。

⑤会展建筑要注意选择良好的朝向,便于会议厅、展厅的自然通风和自然采光,这样既便于公众参会、参展、参观,又有利于展品的保存和防护,也可减少能源的消耗和有利环保。此外,展览建筑还要与城市的工业区保持一定距离,以免受到污水、烟尘、噪声以及有

害气体的污染。

⑥由于城市建设是不断发展的,因此,会展建筑也应有较长远的发展规划。在会展场馆选址时就要留有足够的预留地,可先用作露天广场、露天展场、停车场、绿化用地、娱乐活动场所等,待时机成熟再扩建发展,根据实力分期建设,拓展经营项目和增值空间。有的则可结合城市规划,利用会展建筑对周边的开发所起的带动作用,将片区规划成城市的副中心。

⑦会展场馆是一个城市举办会展节事活动的重要场所,也是城市的标志性建筑。当今会展旅游已成为城市旅游市场的一个重要组成部分,必须满足参展参会人员安排所在地的会展商务旅游的要求,因此,选址时应考虑自身的景点效应与周边地区或景点旅游休闲环境的有机结合。

1.1.5 功能定位与平面布局

1) 功能定位

当代会展场馆建筑在功能分布上,追求以会展活动为主的多功能配套服务的组合。在建筑表现上,追求一种生活化和商业服务气氛,并尽量充实、丰富和加强建筑的文化内涵;在会展建筑与环境的关系上,追求会展建筑与城市环境的相互融合,使会展建筑成为美化城市环境的重要组成部分。

会展市场的发展有其自然的规律,它受到经济发展水平、产业基础、经济总量等的制约。目前,国内有些新建成的会展场馆建设规模大、豪华气派,不愧是标志性建筑,但使用率不高,长时间闲置,远没有达到预期的经营目标,效益较差。主要原因是脱离当地实际情况,盲目建馆,片面追求面积大、装修档次高,贪大求洋、贪大求贵。这不仅造成使用率低下、资源严重浪费,同时也增加了协调会展市场的难度。当会展场馆明显供过于求时,势必造成场馆之间的恶性竞争,搞乱了价格行情,如有些人形容的"五星级的场馆,大众化的消费"。而当会展场馆供不应求时,则会出现哄抬价格甚至要求客户签订霸王条款的现象。因此,一味追求会展场馆的建设规模与豪华皆非明智之举,国外的许多会展场馆建筑设计特别注重技术性、功能性和实用性的经验值得学习和借鉴。

国外的会展场馆建设,其面积大小均与当地的经济规模、容量和对外辐射力相结合,发达国家的主要城市展馆面积较大,一般超过 10 万 m^2,而多数受经济容量和辐射度的限制一般在 4 万～5 万 m^2 以内,并突出会展及相关的配套服务功能,确保使用率和经济效益。通常展厅的建筑面积应占整个展览建筑面积的 40% 以上。德国汉诺威展览中心、科隆展览中心实景如图 1-5 所示。

会展场馆是为参会者、参展商和观众提供服务的场所,因此,在设计和建造时应处处体现"以人为本"的思想,主要表现在会展场馆周边应有良好的交通运输条件和住宿、餐饮、娱乐、购物、停车的条件,展会期间能够提供"一条龙"的服务。

会展场馆至少必须满足三类人员的需要:即参观和参会者;会展活动的主(承、协)办者和参展商;会展场馆的管理者。会展场馆的建设还要充分发挥现代科技的作用,应配备智能化程度较高的各项系统以满足现代会议和展览的要求。

| (a)德国汉诺威展览中心 | (b)科隆展览中心 |

图1-5 展览中心实景

2)平面布局

会展场馆的建筑要求人流与货流和办公人员的出入不互相干扰,避免交叉;在规定的建筑面积内,规划各单项建筑的位置,布置横向与纵向的道路交通,安排广场、庭院、绿化美化设施,配置地下地上工程管线等,属于建筑的总体平面布局,它是整个建筑设计的基础。

(1)会展场馆的种类

我国的会展场馆按其建设与规划布局及功能结构形态分,大体上可以分为单体式和分体式两大类。

①单体式结构。单体式结构是指展览场所和会议场所及其他功能区合为一体的建设体结构,我国绝大多数的会展场馆都是单体式建筑。由于受"同一个会展相关活动都在一个屋檐下进行"的指导思想影响,许多地方的会展场馆都以单体式建筑来设计。例如,中国出口商品交易会琶洲展馆是目前亚洲最大的会展中心,同时创下两项"世界第一"(即单体展馆面积最大——39.5万 m^2;钢横架跨度世界最长——每个展厅的顶部由6个长达126.6 m的大跨度预应力张弦梁钢管桁架支撑着,是世界上跨度最大的钢横架)。又如,厦门国际会议展览中心一期工程建筑面积16万 m^2,东莞国际会展中心建筑面积10万 m^2,都是单体建筑结构的会展场馆,如图1-6所示。

②分体式结构。分体式结构是指同一个会展中心或会展场馆中的不同场馆相对独立建设、可分可合,展览场所和会议场所分开。采用分体式结构的一般都是以展览为主要功能的场馆或会展中心,如北京中国国际展览中心、广东现代国际展览中心等。我国20世纪90年代以前建设的会展场馆有一些是分体式结构,但现在这种结构越来越少,一是由于分体式结构占用土地多,二是现在会议和展览的关系日益密切,展中有会,会中有展。

不管是单体式结构还是分体式结构都各有特点,都必须要考虑经营成本,注意运行费用的节约。特别是单体式场馆设计时必须考虑分段隔离使用的功能,避免因单体规模过大,使小规模的会议或展览使用场馆时在照明、电梯、空调、保安、保洁等方面造成人力和能源的浪费,从而转嫁给客户难以接受的价格,国内有些单体式会展场馆已经出现类似的问题。分体式建筑结构的中国国际展览中心(老馆)、贵阳国际会展中心展厅分布图如图1-7所示。

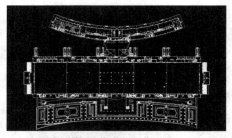 

（a）厦门国际会议展览中心一期工程一层平面图　　（b）东莞国际会展中心一层平面图

图1-6　单体式会展中心建筑结构

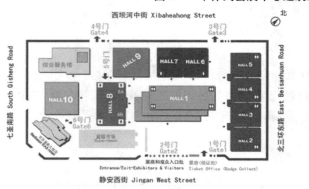 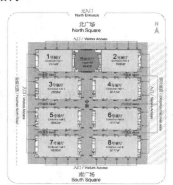

（a）中国国际展览中心（老馆）展厅分布图　　（b）贵阳国际会展中心展厅
分布图

图1-7　分体式会展中心建筑结构

（2）展览建筑的布局模式

①集中对称式布局。集中对称式布局是把展览建筑的各个部分集中在一幢紧密连接的大楼之内，其主体部分位于中轴线上，各群体建筑按中轴线左右对称排列。这种模式面积集中，节省用地，建筑主次分明，空间序列有较强的导向性和纵深感，比较端庄严谨、紧凑整齐。新中国成立后第一代展览馆和博物馆较多采用这种布局，其不足是缺少变化。

②并行式。各展厅相对独立并行布置于主要人流通道的两侧，装卸货部分位于展厅外侧或展厅之间，总体布局成鱼骨状。其特点是交通流线简洁，便于两侧展厅单独或联合使用，尤其适用于规模较大的会展中心。

③环绕式。各展厅围绕中心庭院布置，中心庭院可作为室外展场或休息区，或把会议服务部分设置在这里为所有展厅服务，装卸货部分在展厅外侧。其特点是整体布局紧凑，人行距离短。但各展厅分别使用时灵活性小，易产生人流干扰，识别性相对较差。

④串联式。各展厅顺次相连，人流通道位于展厅一侧。其优点是扩建比较灵活，分期建设对展馆的运营影响小，但人流路线长且复杂，需要增加入口和服务设施数量。

⑤集中均衡式布局。展览建筑的各部分仍采取集中设置的方式，主体部分也位于中轴线上，但各群体部分不按中轴线做左右对称式排列，而是在中轴线两侧做不等量、不等距的排列，追求感觉上的效果。此布局突破了对称式布局的僵硬感觉，增添了变化和生气。

⑥分散对称式布局。展览建筑的各个部分分别独立设置，不直接相连。其主体建筑

仍安排在中轴线上,其余建筑群在两侧做等距、等量的排列。这种布局方式分区明确,互不干扰,还可以安排较多的绿地、庭院和活动空间,同时还有利于自然采光和通风。

⑦分散均衡式布局。这种布局方法与分散对称式布局不同之处在于布置群体建筑时不做等距、等量排列,而是做远近、大小、高低等不同变化的安排,求得感觉上的平衡。它在布局上较对称式布局有更大的灵活性。

⑧分散自由式布局。不遵循一定中轴线的自由灵活的平面布局。大型博览会、展览会,因规模大、占地广,受地形地貌限制较多,而且这类大型公共建筑,人流量很大,也不便过分集中设置。这就需要把整个展览建筑按功能不同分为若干区域,使各区内的建筑保持相对的独立,组成一个灵活多变、活泼自由、疏密有致的总体布局。这种布局方式,可以巧妙地结合自然环境因地制宜地进行安排,在造型和体量上也可以高低错落,自由变化,形成丰富多变的建筑空间序列,给人以亲切舒畅的感觉。香港国际会展中心、福州海峡国际会展中心如图 1-8 所示。

(a)香港国际会展中心　　　　　　　(b)福州海峡国际会展中心

图 1-8　会展中心

(3)会议建筑的布局

会议中心一般应划分出独立的会议区域,把会议区和餐饮等其他区域分开,尽量使会议室避开吵闹的地方,以便把干扰降到最低,确保会议的效果。商务中心和会间休息区要靠近会议室,以便提供方便的服务。

为了给会议团体提供舒适的环境,会议场馆必须合理地规划和使用会议室的空间,使得会议空间得到充分利用。规划和管理主要考虑以下几点:

①会议室面积。会议室一般要大小规模俱全,大到可以容纳几千人的会议室,小到可以供几个人使用的贵宾洽谈室,以满足不同规模的会议团体的需要。对于某个特定的会议活动,确定合适的会议室面积时要考虑的因素有:预期出席人数,布局,所需视听设备数量和种类,放置衣架及资料的空间等。另外,会议场馆还应该设有一些可以使用气墙或者折叠隔离门进行拆分的会议室,这类会议室具有很大的灵活性,比较适合有分组活动的培训类会议。

会议场馆向外界提供的促销材料应附有清晰的会议室平面图和效果图,并保证数据的准确性。比例图上应标明会议室的尺寸、天花板的高度、各种最常用布局下的客容量,还有门、窗、柱子、电梯、电源、视频、宽带插口和阻碍物等细节。会议厅平面图如图 1-9 所示。

②座位和布局。会议室应具有不同的空间布局形式,如礼堂式、剧院式、教学式等,以

会议中心三层平面图

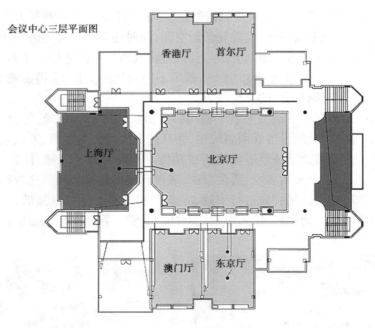

图 1-9 会议厅平面图

适合不同种类和规模的会议活动。会议室的布局应显示座位的摆放类型。有时,会议室的使用率很高,同一个会议室常常在一天内有好几场会议,而且间隔很短。这就要求会议室布置时要考虑下一场会议的形式,确定布局是否一致,是否有足够的时间来调整。最好能设法将相类似的会议排在一起,使所需要的人力和设备调整时间减到最少。会议厅座位平面图如图 1-10 所示。

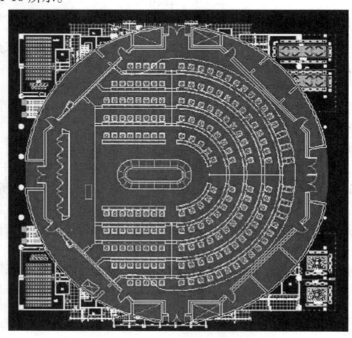

图 1-10 会议厅座位平面图

③会议室用具。会议室用具主要包括桌椅、平台、讲台等。桌椅的设置要特别符合人体工程学的原理。会议有时可能持续很长时间,与会者需要一直集中注意力,因此,桌椅使与会者感到舒适很重要。桌子一般的标准高度是 60 cm,宽度最好能够随意组合,布置时以座位间隔舒适为原则。椅子要扶手椅、折叠椅等,要根据会议需要的情况来选择合适的高度和样式。平台使用在不同的场合,特别是为宴会和讲话者升高主席台的位置,其长度可以任意组合,搭建时需要仔细检查安全规定。讲台有桌式或地面式之分。要在讲台上准备好照明固定装置和足够长的电线,保证能够接到电源插口。要确保在顶灯关闭时讲台照明的电源不会被同时切断。讲台还要备有网络线供演讲者使用电脑和投影仪进行演讲。一般来说,永久式主席台允许安置供演讲者直接操纵灯光和视听设备的控制器,而便携式讲台适用于临时性布置,它只要配有音响系统并能够连接普通电源插口就可以了。选择会议室家具时要考虑家具的牢固性、耐用性,便于操作、储藏,不使用时应当可以摞在一起,为了避免过多地搬运和储藏,最好是购置多用途的会议室家具(永久式会议室的家具除外)。

总之,不论哪一种平面布局方式都要做到建筑与环境相统一,主体与群体相联系,人流、车流、物流互不干扰,强调其实用性,充分满足会展活动的各种需求。

1.1.6 会展场馆的建筑构成

会展场馆的建筑和设备,是会展场馆的基础设施,是举办会议、展览活动必不可少的重要的物质条件。

会展建筑与设备是为会展活动服务的,有它特殊的功能要求。同时,会展场馆又是城市中主要的公共建筑,大型会展建筑往往是一个城市或地区文化与文明程度的象征,有时甚至成为一个国家、一个时代的象征。会展建筑对形成具有特色的城市景观,发挥着至关重要的作用。

会展建筑是物质文明与精神文明的统一,是技术与艺术的结合。在建筑表现上,追求一种生活化和商业服务性气氛;在功能分布上,追求以会展为主的多功能服务,不同性质的场馆各有侧重,并应尽量充实、丰富和加强建筑的文化内涵;在展品展示方式上,追求欣赏式和参与式;在会展环境上,追求建筑与城市环境的相互融合,使会展建筑成为美化城市环境的重要组成部分。

因此,通常会展场馆建筑群的组成必须包括:

①展示陈列建筑(展览大厅);

②会议活动建筑(大小会议厅、多声道同声传译报告厅、放映厅、洽谈厅、接见厅等);

③仓储保管建筑(器材仓库、展品仓库、保税仓库、卸货平台等);

④展览工程设计制作车间(展具、展架、器材装配、布展工程、特装制作等);

⑤公共活动建筑(大堂、多功能厅、门厅、贵宾室、接待室、文体表演及庆典活动空间等);

⑥信息和新闻服务建筑(信息中心、新闻发布中心等);

⑦商贸建筑(购物中心、商务活动中心等);

⑧配套服务用房(海关、商检、银行、保险、邮政、快递、运输、出租、旅行社、票务、急救

室、商务中心、综合服务部等);

⑨生活服务建筑(宾馆、饭店、餐厅和厨房、中西餐厅、快餐厅、清真餐厅、饮料间、小卖部、卫生间、物品寄存处等);

⑩行政管理建筑(办公用房、经营和物业管理用房、组委会办公用房等);

⑪展馆设备工程用房(变电站、配电房、中央空调设备间、消防监控室、广播室、电话交换机房、空压机房、锅炉房、热源交换站、蓄水池、水泵房、污水处理站、智能化中心、洗衣房、保洁工作间、垃圾转运站等);

⑫楼梯间、电梯间、公共过道、连廊等;

⑬贵宾通道、残疾人无障碍通道;

⑭固定广告位(路牌、立柱广告、大型显示屏、会标灯箱等);

⑮大型停车场(地下、露天);

⑯广场、露天展场、广场文化活动空间、管理用房、公厕等;

⑰门卫值班室、售票处、专业观众登记处、咨询服务处等;

……

会展场馆建筑分布图如图 1-11 所示。

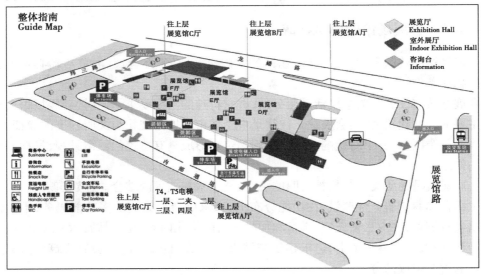

图 1-11 会展场馆建筑分布图

1.1.7 会展场馆的环境设计及环境设施

会展场馆环境设计是解决会展建筑与周围环境的联系、过渡和协调的设计。它包括建筑物周围的绿化设计,道路设计,大门与围墙设计,园林、庭院与小品设计,室外空间的组织与设计和室外灯光照明设计等。

会展场馆的设计包含自然环境与社会环境两个方面,而自然环境的设计又结合到会展场馆选址之中。在自然环境设计中,一般将展览馆分为展览陈列区、展览服务区、会议区、会议服务区、人流集散广场与后勤工作人员的生活区等几个部分。

在总的布局中,会展中心建筑基地覆盖率宜在 30% 左右,应留有适当的广场、道路和绿化带。主要出入口应便于人员集散往来,路线清晰、流畅。大型的会展场馆应有足够的群众活动广场和停车场。陈列品出入口应与人流出入口有一定距离,还要有停放场地,供装卸运输使用。人流、货流与会展工作人员不仅要有各自的出入口,一些大型会展场馆还要有贵宾接待室和出入口,防止不必要的干扰。

在具体的设计中,可结合室内、室外的陈列区设置一些雕塑小品、绿丛、树木、水池,由内到外,逐渐过渡到广场中。在建筑布局上,应与周围的建筑、环境协调、统一,创造一个优美的建筑群体,美化城市。

在会展场馆建筑环境的设施中还应安排好室外照明设施,如大型灯柱、路灯、地灯、标志灯(含灯光指示牌)、建筑立面夜景幻光照明、建筑轮廓装饰灯。还有会展场馆的标志、大型立柱广告、路牌、广告橱窗等也必须一并统筹安排。会展场馆建筑立面夜景幻光照明效果图如图1-12所示。

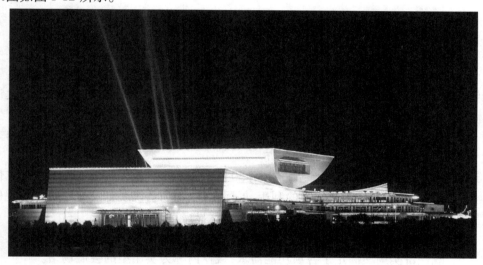

图1-12 会展场馆建筑立面夜景幻光照明效果图

《中华人民共和国国旗法》(以下简称《国旗法》)第八条指出:"举行重大庆祝、纪念活动,大型文化、体育活动,大型展览会,可以升挂国旗。"会展场馆是一个城市的公共标志性建筑,经常举行重大活动,因此,国旗区在会展场馆的环境设施中是十分重要的项目,必须按照《国旗法》的规定设置旗杆和升旗。《国旗法》第十五条还指出:"升挂国旗,应当将国旗置于显著的位置。列队举持国旗和其他旗帜行进时,国旗应当在其他旗帜之前。国旗与其他旗帜同时升挂时,应当将国旗置于中心、较高或者突出的位置。在外事活动中同时升挂两个以上国家的国旗时,应当按照外交部的规定或者国际惯例升挂。"国内会议展览活动举办期间通常升挂国旗和馆旗,有的以会旗代替馆旗;举办国际会展活动则悬挂各参办参展国的国旗。国旗涉及国家的尊严,旗杆和缆绳一定要牢固结实(通常使用钢丝绳,结构有手动和电动),同时要有专人管理。会展场馆国旗区效果图如图1-13所示。

1.1.8 设计与竞标

在规划与设计会展建筑时,不仅要把会议厅、展厅建筑作为主体优先安排,而且在安

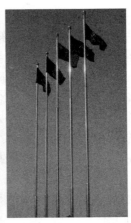

图 1-13　会展场馆国旗区效果图

排其他配套建筑与设施时,也要紧紧围绕有利于会展活动的开展加以通盘考虑。

　　会展业发达国家建设的会展场馆都比较注重实用性,而我国许多城市建设会展中心项目时,往往把它当成城市的形象工程,较多强调其外表的美观和设计的独特,忽略了主要功能与实用性,一味追求形象和标志性,造成许多浪费。会展场馆是大型的公共建设项目,建筑耗资巨大,在设计和规划中既要考虑标志性,更要注重实用性,要将其建成有生命力的,能够长期保值和增值的,具有功能性与实用性的建筑,应广泛征求专家和业内人士的意见,进行多方面的论证和可行性调查。

　　北京展览馆如图 1-14 所示,是 20 世纪 50 年代的建筑,无疑是雄伟壮观的标志性建筑,但作为会展场馆,在场地和空间的利用、展厅布局、各项会议展览及配套功能和现代化程度等方面,与半个世纪后的现代会展场馆比较就显得有许多不足。

　　上海新国际博览中心如图 1-15 所示,建筑大量采用钢结构与玻璃幕墙,没有较多豪华的装饰,既经济实用又满足了各项功能需求,被业内称为实用型的会展场馆。

　　因此,展览场馆的建筑设计方案通常要采取国际竞标的方式,其过程也是建设期管理的重要组成部分。本章最后部分以深圳国际会展中心建筑设计方案任务书的主要内容和格式为案例供参考,以利于大家对会展场馆建设项目的主要经济技术指标、场地环境、建筑设计总体内容和要求、总平面设计要求、配套项目用地规划要求及其他各个方面加深了解。

图 1-14　北京展览馆

图 1-15 上海新国际博览中心

1.2 会展场馆建设与经营过渡期的管理

作为会展场馆的经营管理者,无论是业主或是以业内人士的身份在工程建设初期进入该项目,都义不容辞地要不断对会展场馆项目的设计和施工提出满足今后经营管理需要的各项合理化建议。例如,厦门国际会议展览中心是 2000 年 9 月 8 日正式启用,成功举办"第四届中国投资贸易洽谈会",但从场馆建设初期的 1997 年开始,经营管理人员就提前进入项目管理,总共对设计和施工单位提出了 300 多项建议,许多被采纳,减少了不必要的损失,并为后来的经营管理奠定了基础。因此,经营管理人员提前介入场馆建设项目至关重要。

在抓会展场馆工程建设的同时,还必须着手为今后会展场馆的经营管理做好许多前期的基础管理工作,大致有以下几大类。

1.2.1 筹建管理公司,确定经营模式

1) 筹建成立会展场馆的经营管理公司

①确定投资方提供的人、财、物及所赋予的责、权、利,拟订公司章程及相关资料,正式向工商局注册。

②银行开户,与工商、税务、海关等机构及政府有关部门建立联系。

③申请加入国内外会展行业协会,如中国展览馆协会、世界场馆管理委员会(WCVM)等,接受其专业指导和信息的传输,逐步与国际接轨。

④制订会展场馆的发展战略,编制长期、中期和短期计划。

2) 确定会展场馆的经营管理模式

①组织机构设置,确定各部门岗位工作职责。

②确立会展场馆的空间管理、设备管理、服务管理、人员管理、财务管理的原则,草拟完善《会展场馆的经营管理大纲》,健全各项管理制度;依据大纲,指导各项工作的开展。

③对即将采取社会化合作或外包的项目进行招标,并与所属管理单位进行谈判签约。例如,保洁公司、搬运公司、餐饮公司、花卉公司等。

3) 各类专业人员的招聘引进

①根据会展场馆工程建设逐步转入建设与经营并举的过渡期,按机构设置适时引进相关专业人员,包括会展业务、场馆管理、报关、广告策划、机电设备管理、仓储搬运、器材管理、展位搭建、展厅维护管理、会议厅维护管理、商务、餐饮服务、卫生保洁、安全保卫等各方面人员(具备会展公司职能的场馆还要招聘会展策划人员),并分期、分批到岗。

②做好各岗位人员上岗前的专业培训,包括会展专业理论知识与实际操作的培训,熟练掌握所从事岗位的工作方法和操作技能,并在实际运作前进行多次模拟演练。

③派出业务骨干参加有关专业会议和讲座,提高业务水平;组织各部门负责人到海内外各先进会展场馆考察,组织一般员工到周边地区会展场馆参观,学习品牌展会的服务和管理,提高员工的会展专业知识和服务意识。

1.2.2 用好开办费,测算日常运行费用

①会计、出纳人员到位,建立日常财务管理账套,制订会展场馆财务管理制度及岗位职责。

②运行费用的预算,按照会展行业的特点,依据影响会展价格的构成因素,进行不同季节和不同会展规模等情况下会议厅、展厅运行费用的测算;保本点分析、经济效益分析、衍生经济效益分析;通过分析比较和模拟运行,找出最佳运行费用控制范围;测算并制定出开业初期的营销价格(含各种空间、器材、设备出租的价格)和策略。

③对划拨到位的开办费进行预算,制订使用过程中的审批和管理制度。

④从计划的角度,围绕会展场馆资产的保值、增值,制订经营目标规划和财务分析,将成本核算等提供给投资方或经营领导者作为资金控制和各项目的决策依据,并以此为依据,做好会展场馆财务管理的各项工作。

⑤做好会展场馆的资金需求汇总和资金调度。

⑥根据场馆经营部门编制的展具展架及设备采购计划做出费用预算并严格把关,随着设备和器材的不断购入,建立已购设备台账。

1.2.3 做好会展场馆的档案资料管理工作

①筹备成立会展场馆档案资料室,配齐硬件,健全各类档案管理制度。

②对工程建设期间的各种文件、资料进行收集、分类、整理,确保会展场馆建设过程资料完整归档,将工程建设资料的移交作为竣工验收工作的重要组成部分。

③档案管理工作的全面实施,对各类人事、财务、行政以及经营管理的各种文件、合同资料收集归档。

1.2.4 空间资源的定位及试经营的准备

①完成会展场馆空间的规范编号并进行运营的规划。

②进行工程机电设备用房的合理分类和管理。

③确定会议室功能和所需设备器材。

④根据会展场馆经营公司的机构设置,对各部门办公用房的使用进行安排。

⑤根据经营和管理的需求,进行餐饮、商务、仓储、管理、行政后勤用房等各项配套空间的安排。

⑥组织对未开发的部分空间(如屋顶、露台、大空间过道等)及广告位(内、外墙可安排的位置)的利用进行可行性分析并开始招租。

⑦编制空间综合利用计划和完善空间(工程、运营)管理制度。

1.2.5 做好工程设备管理工作

①确定工程机电管理人员并明确岗位职责和操作规程。

②全面进行各系统相关机电设备的技术管理及运行维护,以保证会展场馆所需能源、动力的供应及各项设备功能的正常发挥。建立三级管理体系(部门、系统、班组)和部分社会化合作项目相结合,借助社会化专业技术力量来弥补场馆初期专职技术人员紧缺的不足。

③组织技术人员借助计算机辅助管理会展场馆的机电设备(设备台账、设备故障统计、设备的维修记录统计、配件消耗情况等)。

④建立相关的智能控制中央工作站。

⑤保持与设备厂商关于售后服务、外协加工、外协维修保养的联系工作。

⑥联系所在地相关单位(质量技术监督局、劳动局、供电局、自来水公司、煤气公司、消防等)对规定检测设备(如电梯、锅炉、变压器、开关柜、消防设施等)的检查。

1.2.6 展具、会议器材、办公设备、添置设施的选型、招标采购

①为满足今后各类型会议、展览的需要,考察会展器材生产厂家,进行展具、展架、会议器材的选型、比价,拟订采购清单,进行招标采购。

②根据职能部门的划分和办公用房的装修情况,搞好办公用具、器材、消耗品的选型、比价,拟订采购清单,进行招标采购。

③根据场馆的规模进行辅助设备的选型、比价、招标采购工作,包括保洁设备、器材、消耗品、高空作业升降车、运输工具、搬运工具、车辆等。

1.2.7 搜集信息,跟踪项目,全方位拓展业务

①广泛搜集展会信息,加强与国内外办展机构、商协会的联络,对场馆获得的每一项会展项目信息都全力以赴尽力促成。

②开拓业务,争取更多机构的支持,提高展厅、会议厅的使用率,力求获得更多配套项目的直接经济效益、综合效益和社会效益。

③具备会展公司职能的场馆,着手与有关单位合作或自行策划、组织、举办各类会议展览与节事活动。

④视条件成熟情况,派人(或在当地聘请)成立驻首都、直辖市或海内外重要城市办事处及代理机构,拓展会展场馆的综合业务。

1.2.8　做好外联工作

①成立由国内外会展及相关行业知名专家组成的顾问团,并加强联系,为会展场馆的定位和发展献计献策,确实发挥顾问的作用。

②加强与兄弟会展场馆及行业内相关单位的联系,优势互补,不断改进、完善,提高经营管理水平。

③就当地会展业的现状与未来,向政府或有关部门提交扶持会展业发展的建议,争取得到各级政府及相关职能部门的支持。

④组织会展业研讨会或与会展业相关的活动,邀请海内外会展人士和专家共商当地会展业发展及会展场馆经营管理大计(如:1999 年厦门会展中心落成前召开"会展业与现代世界经济研讨会",2005 年郑州召开"首届中国会展文化节")。

1.2.9　进行 CI 策划、整体形象、企业文化、团队精神的建设

①尽快进行会展场馆 CI 策划,形成完善的 CI 体系。

②在专业媒体上策划会展场馆的宣传广告,建立会展场馆专门网站,并与业内相关网站链接。

③利用会展场馆工程建设期间的关键节点,特别是封顶、竣工等阶段,策划举办庆典活动,向社会各界和公众宣传会展场馆。

④对会展场馆的广告位资源进行合理、有效的使用和招租,力求创造更多广告项目的直接或间接效益。

⑤利用各种新闻媒体在建设期间进行宣传和追踪报道。

⑥编印会展场馆含各类服务项目和价格的宣传资料,发送给客户和相关部门。

⑦树立员工正确的人生观、价值观,建立具有本企业特色的企业文化和团队精神,使企业的团队精神变为员工自觉的实际行动。

⑧组织各类综合知识的学习,提高员工的思想素质,使员工不仅具有较高的专业素质和技能,同时具备较好的思想品质和优质服务的意识。

1.2.10　为试运行及首次正式会议展览活动的召开做好全面准备

1)为试运行做好准备

进行会展场馆的试运行,尽可能争取较大规模的一般会议或展览活动同时举办,满负荷进行软、硬件及全体员工全方位的磨合;机电工程部人员与设备安装单位人员同机跟班操作,掌握要领并通过测试发现问题及时整改;试运行期间或之前,必须进行消防演习,制订各种紧急事件处理预案,以保证会展场馆如期正式投入使用。

2)为会展场馆落成后首次会议、展览、活动的正式举办做好全面准备

首场会议、展览、活动对会展场馆的软硬件设施是一次真正检验,其在全社会的影响力之大不可估量,必须确保成功。如果说会展场馆的硬件设施对满足会展活动的召开提

供了有力的保证已是毋庸置疑,那么,真正体现会展场馆管理水平的将是会展场馆全方位的服务。因此,搞好软件服务建设,强化服务意识,让参会、参展客户和观众有耳目一新的认同,是会展场馆经营初期管理单位的中心工作。

①设立会展场馆服务协调中心,抽调专人负责场馆与主办单位、各参展团以及有关部门的联络,对客户的要求做出快速反应,并针对不同对象的不同要求,尽可能满足。

②配合主办单位,提供会展场馆的所有空间和设施设备器材,供组委会安排、选用。

③根据主办单位的需要,落实有关空间的布置,做好信息网络的服务工作、现场管理以及其他各项配套服务的展前筹备和展中管理工作,特别要做好消防和安全保卫工作,场馆各岗位全体人员全力以赴,确保万无一失,争取展会获得圆满成功。

1.2.11 关于工程竣工验收

竣工验收是一项法律制度,《中华人民共和国合同法》《中华人民共和国建筑法》《建设工程质量管理条例》对竣工验收已做了明确的规定。为了保证建设工程竣工验收顺利进行,必须遵循项目一次性基本特征,按施工的客观规律和竣工的先后顺序进行竣工验收。在建设工程项目管理实践中,因承包的范围不同,交工的形式也会有所不同。

工程交付竣工验收一般按三种情况分别进行:单位工程竣工验收、单项工程竣工验收、全部工程竣工验收。

会展场馆落成交付使用的竣工验收是属于全部工程竣工验收,是指整个建设项目已按设计要求全部建设完成,并已符合竣工验收标准,应由发包人组织设计、施工、监理等单位和档案部门进行全部工程的竣工验收。全部工程的竣工验收,一般是在单位工程、单项工程竣工验收的基础上进行。对已经交付竣工验收的单位工程(中间交工)或单项工程并已办理了移交手续的,原则上不再重复办理验收手续,但应将单位工程或单项工程竣工验收报告作为全部工程竣工验收的附件加以说明。

对一个建设项目的全部工程竣工验收而言,大量的竣工验收基础工作已在单位工程和单项工程竣工验收中进行。实际上,全部工程竣工验收的组织工作,大多由发包人负责,承包人主要是为竣工验收创造必要的条件。

全部工程竣工验收的主要任务是:负责审查建设工程的各个环节验收情况;听取各有关单位(设计、施工、监理等)的工作报告;审阅工程竣工档案资料的情况;实地查验工程并对设计、施工、监理等方面工作和工程质量、试车情况等做综合全面评价。承包人作为建设工程的承包(施工)主体,应全过程参与有关的工程竣工验收。

尽管全部工程竣工验收的工作由项目发包人负责,但作为会展场馆的经营管理公司在工程竣工验收时还应注意以下方面:

①会展场馆的工程建设都是大型的重点项目,通常竣工后试用到通过验收的周期较长,因此,会展场馆管理公司必须要有专人参加验收小组,针对试运行中所出现的以及不同气候环境影响下出现的各种工程质量问题进行归类整理和汇总,报告工程总包单位,进行整改,并派专人跟踪,视其是否达到要求。

②所有工程建设的图纸资料,包括设备安装的全部档案资料,都必须完整交接归档。

③根据会展场馆启用运行中出现的质量问题及整改情况,报告投资方,作为按合同规

定的时间和标准是否应将工程尾款支付给总包单位的重要依据。

本章小结

通过对本章的学习,必须懂得会展场馆在规划、设计、布局时应遵循的基本原则;懂得鉴别所参观过的会展场馆存在的成功和不足的方面;能对会展场馆各空间和设施的利用进行简单的规划;特别是能在会展场馆落成开业前实施各项具体的管理工作。

复习思考题

1. 我国会展场馆的建设存在哪些方面的不足?

2. 会展场馆对城市会展业发展的作用?

3. 会展场馆的设计应该注重标志性还是功能性与实用性?为什么?

4. 建设会展场馆时缺乏前瞻性会导致哪些具体后果?

5. 会展场馆落成前要做哪些拓展市场的工作?

6. 会展场馆的企业形象和广告宣传活动应在什么时候进行?应做好哪些方面的工作?

实 训

考察本地或就近地区会展场馆,对其选址、规划、功能、布局、设计等方面进行评价。

案 例

案例一 深圳会议展览中心建筑设计方案任务书

1)概述

深圳未来的发展目标是建设一个环境优美、现代化的国际性城市。为此,市政府决定建设一个具有国际先进水平的大型会议展览中心,促进深圳与国内外经济文化的交流。

深圳会议展览中心,以展览会议为主,兼顾与展览会议有关的展示、演示、表演、宴会等功能。应能举办超大型展览(4 000个国际标准展位)或同时举办两个大中型展览(2 000个国际标准展位);会议主场馆多功能设置,应能容纳2 500人的会议场馆。

2)主要经济技术指标要求

①总用地面积及用地范围:196 545 m²;

②建筑退红线要求和建筑高度要求:见《关于深圳会议展览中心规划控制指标的复函》;

③总建筑面积:200 000 m²(允许3%的误差);

④建筑覆盖率:≤50%;

⑤建筑层数:展览部分1~2层,会议及其他多层;

⑥绿化率:按中标方案定;

⑦工程估算造价:业主估算造价为15亿元人民币,包括环境、土建和设备安装工程。

3)场地环境

深圳会议展览中心用地位于深圳市深圳湾填海区东片14号地块。南临滨海大道,面向深圳湾;北接白石洲路,背靠锦绣中华,距深南大道480 m;东靠侨城东路,隔路与红树林自然保护区相望;西为12,13号地块,其中12号地块为会展中心配套酒店、写字楼及公寓用地,与已建成的三大景区——锦绣中华、民俗文化村和世界之窗毗邻;此外12,13号地块以西,还有规划中的科幻世界。该区域将形成深圳市旅游、会展、商贸、办公等人流汇集的中心和标志性的旅游景区。

4)设计总体要求

①建筑布局合理。与锦绣中华、民俗文化村和世界之窗等三大景区有机协调;与周边道路衔接顺畅;适应地方气候;造型富有创意,能成为21世纪深圳市独特的标志性建筑和旅游观光景点之一。

②充分满足展览、会议以及辅助服务等各方面使用功能的要求,有利于经营。

③便捷顺畅的交通设计;解决好大型会展活动参观人流与参展人流,参观车辆与参展车辆,货物运输车流的分流与集散;处理好会议与展览的人车流关系。

④优美协调的外部环境设计,创造宏伟开阔的室外广场和展场空间。

⑤充分考虑可持续发展的需要,使会议展览中心能随未来社会的发展,不断做出适应性的调整。

5)建筑设计内容和要求

总建筑面积200 000 m²,各功能分区按以下要求设置:

(1)各功能区面积

展览部分:134 000 m²,其中:

展览厅:80 000 m²;可设国际标准展位4 000个。

展示厅:10 000 m²;按需要设置展示橱窗,用作展品常年展示。

以上均不含门厅、直接和间接的辅助区域等。

展览辅助区域:44 000 m²。

(2)展览、展示厅功能要求

展览、展示厅按能适合举办各种类型室内大型展览设置,注重实用性,主要设备系统达到国际先进水平。

①平面和空间结构。按二层以下设计,展厅最小柱跨度30 m×30 m,能按展览规模需要进行分隔组合,独立使用;80 000 m²展厅共可分隔10个左右面积大小不等的独立展厅,最小展厅面积不小于4 000 m²,展厅布局能方便参观者通达任何展区;展厅最低净高:一层13 m,二层8 m;设置人员、货物分别独立的进出口和举办开幕式的场地;柱网按国际标准展位模数布置。

②地面。一层满足重型机械设备展负荷,地面承载力为 5 t/m²;二层满足轻型产品展负荷,楼面承载力为 1.5 t/m²。展场内按展位设置间隔 6 m 的综合布线。

③展厅内交通:

a. 各展厅人行、货运通道分流。

b. 楼层间人行交通主要采用自动扶梯,辅助以步行楼梯和升降电梯;设计必须在人流聚散方面能处理最大人流密度。

c. 展品运输采用货柜车直接开入各展厅内的方式,设计货柜车直接开入2楼展厅的专用坡道;在各独立展馆设置卸货平台和货口;楼层间设置部分专用货梯,用于小批量货物的运输。

(3)展览辅助项目与功能

①展厅主入口大厅:能容纳 1 000 人以上举行室内开幕式,设置登记咨询服务处、工作间、贵宾休息室、大型电子屏幕墙。

②各独立展厅门厅(过厅):能举办小型开幕式,设登记咨询服务处、工作间、休息处等。

③餐厅厨房:

配备能满足 15 000 人同时用餐(其中宴会 2 000 人、中西餐厅 3 000 人、外卖快餐10 000 人)的餐饮设施。分项如下:

a. 宴会厅:利用会议建筑部分的多功能厅,不单独设置。

b. 中餐厅:能容纳 2 000 人就餐,分设各容纳 300 ~ 500 人、100 ~ 300 人、50 人以下的大、中、小餐厅若干间。

c. 西餐厅:按容纳 1 000 人设置,分 2 ~ 3 间。

d. 清真餐厅:按容纳 100 人设置,设专用厨房。

要求厨房及其工作间布置在下风向,紧邻各餐厅,尽量合并设置,考虑外卖快餐设施。

④展览工程制作场和仓库:用于展览布展工程、器材堆放、展品存放等;分布于各独立展厅。

⑤商场服务设施:包括商场、饮料、快餐销售点等项目。

⑥综合服务设施:包括洽谈间、会展组织者办公室、邮电通信、打字复印、印刷、运输、旅游票务、银行、海关等工作场地。其中洽谈间分布于各展厅,其余的可相对集中。

⑦行政办公区:3 000 m²。

⑧员工生活区:包括食堂、休息更衣间、卫生间等,按 500 人设计。

⑨设备用房:包括安全消防监控中心、电话交换机房、中央空调机房、生活消防蓄水池和泵站、热源交换站、备用发电机房、污水处理、变电站、配电房、智能化中心、卫星通信和计算机网络工作站等项目。

⑩卫生设施:包括卫生间、垃圾堆放场等。

(4)会议部分

会议部分 16 000 m²,多层。

(5)会议厅(室)项目和工程要求

会议厅(室)8 000 m²,不含门厅、直接和间接的辅助区域,能适应举行 2 500 人、1 000

人、600 人、400 人以及 200 人以下各种不同规模的会议,举办表演、图像演示、小型展览展示、产品发布、专业技术推荐等活动。分项要求如下:

①多功能大厅:按容纳 2 500 人设置活动座位,可用隔声墙分割成 2~3 间;设延伸舞台、会议、演讲(8 路无线同声翻译)设施,用作会议、宴会、时装表演、小型专题展览等。

②600 座中型会议厅 1 个:固定座席,设声光图像放映和投影屏幕、卫星电信、电视会议、8 路无线同声翻译、电子投票系统等。

③400 座中型会议厅 1 个:固定座席,设投影屏幕,按普通标准配备设备。

④可组合式小型会议室、贵宾室 40 间,平均每间 40 人灵活间隔组合,容纳 200 人以下各种不同规模的会议;兼做临时办公室。1/5 会议室配声、光、电信和投影设备及 4 路同声翻译系统。贵宾室为各会议厅配置。

(6)会议交通

人流交通主要用自动扶梯;设置部分升降式电梯和货梯;考虑贵宾通道;按防火规范设置楼梯间和消防电梯。

(7)会议辅助设施

会议辅助设施 8 000 m²,项目及功能如下:

①会前接待活动空间:为多功能大厅、中型会议厅配置,做登记、休息用。

②门厅、过道、工作间。

③仓库:主要用于多功能厅以及会议室各种设备、家具的存放。

④其他辅助设施:包括卫生间等。

(8)地下室部分

地下室 1 层。与地上建筑合理对应设置地下或半地下室。其中,地下停车场 50 000 m²,停车 1 500 辆,其余作为辅助设施用房。对地下停车场人群进入会展场馆,在交通上应予以周密考虑。

(9)特别提示

①展厅、会议厅(室)面积必须保证,各附属设施面积和项目可以按国际标准酌情增减。

②餐厅、商务、商场、设备用房等辅助设施,在设置上尽量考虑兼顾展厅和会议两部分的服务。

③部分辅助设施可以考虑设置在地下室和夹层。

④应进行残疾人交通无障碍设计。

6)总平面设计要求

①建筑的主入口要求面向南侧滨海大道;同时,充分考虑沿深南大道、地铁从侨城东路、白石洲路进入的人群和车辆。场内交通与场外交通相衔接,与周边四条城市道路均有连接路口;人流和车流适当分离。

②室外展场 30 000 m²。

③中心广场 15 000 m²,应能举行大型庆典、开幕式、集会、表演等活动;在中心广场适当位置设置旗杆。

④地面停车场 10 000 m²,停车 500 辆,含出租车上落客区,车位分配可根据方案情况

集中设置,也可根据不同功能分区按比例分别设置。临白石洲路一侧设为会展中心服务的公交首末站,面积 2 000 m²。

⑤货物堆放场、货车调度区、40 个货柜车车位共 10 000 m²,需满足大型平板车载货进出口货物集散要求。

⑥在广场上或建筑物上显著位置设大型电子屏幕一座。

⑦在各场地的声、光、电系统应满足夜间室外展览、布展、撤展和夜间庆典等功能,要使会议展览中心成为城市夜间的主要景点。

7)其他要求

(1)智能化

充分体现建筑智能化和信息网络展览功能的要求。

(2)节能

①充分利用自然光和自然通风。

②尽量避免阳光直接射入室内,降低空调制冷能耗。

(3)消防和环保

设计应能对消防和环保给予完美的解决。

8)配套项目用地规划要求

①配套项目用地,面积 93 995 m²,位于 12 号地块。

②深圳会议展览中心配套项目包括:酒店建筑面积 100 000 m²(1 000 间客房);写字楼建筑面积 20 000 m²;酒店式高级公寓建筑面积 30 000 m²;住宅及其配套设施总建筑面积 150 000 m²。配套项目中的酒店、写字楼和高级公寓既可考虑布置在 12 号地块,也可考虑布置在 14 号地块合适的独立地段上,占地面积 20 000 m²。住宅及其配套设施在 12 号地块。配套项目投资待定。

③配套项目不要求单体建筑设计,只要求表达清楚配套项目与会展中心的总平面布置关系。住宅应考虑附设一所幼儿园 2 000 m²,一所综合市场 2 500 m²。

案例二　国家会展中心(上海)——综合体简介

国家会展中心是由中华人民共和国商务部和上海市人民政府于 2011 年共同决定合作共建的大型会展综合体项目,总投资约 160 亿元,由国家会展中心(上海)有限责任公司投资建设并运营。国家会展中心总建筑面积 147 万 m²。其中地上面积 127 万 m²,集展览、会议、活动、商业、办公、酒店等多种业态为一体,是目前世界上最大的建筑单体和会展综合体,如图 1-16 所示。主体建筑以伸展柔美的四叶幸运草为造型,采用轴线对称设计理念,设计中体现了诸多中国元素,是上海市的标志性建筑之一。地处上海虹桥商务区核心区西部,与虹桥交通枢纽直线距离仅 1.5 km,通过空中连廊、地下通道及地铁 2 号线与虹桥火车站、虹桥机场紧密相连,周边高速路网四通八达,1~2 h 可到达长三角各主要城市,航空 2~3 小时可直达亚太主要经济城市。国家会展中心以突破性的设计和完善的功能,立足长三角,服务全中国,面向全世界,努力成为服务对外开放基本国策和"一带一路"合作倡议、服务国家商务事业发展、服务上海市国际会展之都建设的重要平台。

图1-16 国家会展中心(上海)

超大展览面积

国家会展中心可展览面积50万 m^2,包括40万 m^2 的室内展厅和10万 m^2 的室外展场。综合体共16个展厅,包括13个单位面积为3万 m^2 的大展厅,和3个单位面积为1万 m^2 的多功能展厅,货车均可直达,全方位满足大中小型展会对展馆的需求。

超强承重能力

一层北边的4个大展馆(1,2,3,4.1号馆)地面荷载高达每平方米5 t,是目前世界上承重能力最强的展厅。一层的4个双层大展馆(5.1,6.1,7.1,8.1号馆)和1个小展厅(北厅)地面载荷每平方米3.5 t。二层的5个大展馆(4.2、5.2、6.2、7.2、8.2号馆)和两个小展厅(东厅、西厅)地面荷载每平方米1.5 t。即使是对展厅承重能力要求最高的重型机械国家会展中亦可轻松负载。

超高展示空间

国家会展中心的1至3号馆均为单层无柱展厅,长度270 m,穹顶跨度108 m,净高32 m。4至8号馆为双层大展厅,其中一层展厅净高12 m,柱网27 m×36 m;二层展厅净高17 m,柱网5 m×36 m,整个展厅仅有8根立柱。无与伦比的展示空间,为展商形象的高品质呈现提供了无限的可能性。

国家会展中心拥有3个近1万 m^2 的多功能场馆、1万 m^2 中央广场、10万 m^2 室外展场等多处于富于变化的空间和场地,适合举办各种规模的商业推广、文艺演出、论坛年会、文化展示、时尚娱乐等活动。位于东厅的演艺馆"虹馆",总面积1万 m^2,拥有近8 000个座位,是虹桥地区面积最大的文娱演艺平台,符合大中型演艺需求并兼顾展会会议服务。

此外,国家会展中心还拥有丰富的会议场地和先进的会议组织体系,从几十人的小型聚会到大型国际会议,均能轻松应对。其中,90～400 m^2 的小型会议室有42个,400～600 m^2 的中型会议室有8个。室内软件功能完善、硬件设施齐备,会议环境舒适。

[资料来源:国家会展中心(上海)官网]

案例讨论:

根据案例一讨论该会议展览中心在整体规划以及各项配套项目方面分配比例的合理性。

根据案例二讨论大型的会展综合体将对所在地城市和中国会展业产生哪些影响?

第2章
会展场馆组织管理

【本章导读】

企业组织管理是对企业管理中建立健全管理机构、合理配备人员、制订各项规章制度等工作的总称。具体地说,就是为了有效地配置企业内部的有限资源,为了实现一定的共同目标而按照一定的规则和程序构成的一种责权结构安排和人事安排,其目的在于确保以最高的效率,实现组织目标。本章着重介绍会展场馆的经营管理模式、组织结构、管理创新以及公共关系。

【关键词汇】

组织结构　管理模式　管理创新　公共关系

2.1 中国会展场馆建设的投资与经营管理模式

2.1.1 场馆投资模式多元化

以各级政府为主投资主体建设会展场馆是我国迄今为止采取的基本模式,这种方式促进了场馆设施的快速发展,使场馆市场的供求格局发生了根本变化。与此同时,场馆的经营管理也在逐步走向市场化,并形成了场馆经营多样化的管理模式。

1)国建国营模式

国建国营模式是指由地方政府投资建设会展场馆,交由指定的国有企业或政府部门所属的事业单位经营管理。目前全国大部分的场馆属于这种模式。

2)国建民营模式

国建民营模式是指由政府投资建设会展场馆,场馆的产权属于政府所有,而场馆的经营管理则由商业性会展场馆管理公司和会展企业负责,完全用市场化的方式去经营,如宁波国际会展中心。

3)民建民营模式

吸收国内企业或私人资本参与场馆建设,由投资主体选择专业化场馆管理公司,按商业化模式进行经营,如成都新国际会展中心、杭州和平国际会展中心等。

4)外商投资外方经营模式

以优惠政策和相对低的土地价格吸引外方投资兴建场馆,并完全按商业化模式经营管理,如上海浦东新国际博览中心。

2.1.2 会展场馆经营管理模式

我国会展场馆的经营管理模式主要有四种:政府机构直接管理、当地企业管理、合资合作经营管理、委托外地或国外企业管理。

1)政府机构直接管理

政府机构直接管理一般是由政府部门直接设立一个事业单位来管理会展场馆,改革开放以前我国的许多老场馆,如北京展览馆、全国农业展览馆和全国各地的一些老展馆就是这种模式并且延续至今。全国农业展览馆就是直属农业部领导,以举办和承接农业方面各种类型的国内、国际展览为主,同时设有全国农业博物馆,常年面向社会开放。

全国的许多新老会展场馆目前仍有相当大比重由当地贸促会代表政府管理。此外,有的由省市政府直接管理或由商务部门及其他部门管理。

2）当地企业管理

在市场化趋势下,现在大多数的会展场馆已经实行企业化管理。例如,厦门国际会议展览中心就是由政府投资兴建完成后交由厦门建发集团管理;廊坊国际会议展览中心原来是由廊坊市开发区管委会兴建的会展场馆和四星级商务写字楼,该会展中心通过改制之后由企业经营管理;宁波国际会议展览中心则交由以民营企业家为主投资组建的宁波国际会议展览中心管理有限公司实行租赁与管理。

3）合资合作经营管理

我国很多城市支持和鼓励国外著名的展览公司在当地投资,设立独资经营或者合资合作经营公司。例如,上海新国际博览中心即由德国汉诺威、杜塞尔多夫、慕尼黑的三家展览公司与上海浦东开发区合资建成,德方拥有50年的经营管理权;中国国际贸易中心也是中外合资企业,由合资公司投资并负责经营管理。

4）委托外地或国外企业管理

现在越来越多的展览场馆采取由政府兴建,然后实行委托管理的模式。例如,由宁波市政府投资建设的宁波国际会展中心就曾经委托上海国际展览中心有限公司管理;天津滨海国际会展中心由天津开发区投资建设,建成后委托天津泰达集团与新加坡展览集团合资组建的展览公司来共同管理。

2.2 会展场馆的组织结构

组织是指一群人为了达到一个共同的目标,通过人为的分工和职能的分化,运用各种不同的权力和职责,充分利用该群人的人力资源和智力资源的团体。

管理一词有很多说法,但基本意思是"管辖""处理""管人""理事"等意,就是一个群体组织中将各种行动引向共同目标的过程。现代管理是指一定组织中的管理者,通过计划、组织、控制、激励和领导等环节来协调人力、物力和财力资源,以期更好地达成组织目标的过程。

2.2.1 关于管理体制

1）管理体制的内容及含义

对于某个行业而言,管理体制是经济体制的一个有机组成部分,它是指相关社会机构组织、领导和监督行业经济活动所采取的基本制度和主要方式。任何管理体制的目的,都是提高行业管理活动的效益,而要在实际过程中做到这一点,就必须在管理过程中建立起一套符合管理活动内在规律的组织、制度和方式,这些内容的总和就称为管理体制。

管理体制的主要内容包括管理主体的确定及其行为规范、调节机制、动力机制、信息传递方式、组织机构、规则体系等。对于行业管理体制而言,管理主体的确定及其行为规范处于核心地位,因为管理主体的职责与行为将有力地影响整个行业的运行。例如,对于同时拥有展会主办权和资格审批权的政府管理部门,其行为明显带有计划经济的特征,这种双重身份导致的结果只能是重复办展、低层次办展等现象的发生,以及整个展会市场动力、调节等机制紊乱,信息传递不畅。从这个意义上说,管理体制的组成要素之间是相互依存和制约的,其中一个因素的内容确定后,其他因素的内容就大致确定了。

管理体制具有不同的层次性。从管理层次的角度看,它可分为国家管理体制、地方管理体制、行业管理体制和企业管理体制。传统意义上,管理体制总是指国家管理体制或政府管理体制,极少包括企业管理体制,然而,尽管企业管理体制受到高层次管理体制的制约,但每个企业都有自己特殊的管理体制。

2)会展业管理体制类型及特点

与世界经济体制类型相匹配,会展业管理体制可分为计划管理体制、市场管理体制和混合管理体制。不同的管理体制有不同的特征及优缺点,且在不同社会发展时期,它们均起到了不同的作用。

（1）计划管理体制

计划经济体制时期的所有制形式和投资主体具有明显的单一性,相应地,计划管理体制下的管理主体是单一的国家或政府,管理决策权高度集中在政府手中,调节和奖罚主要通过行政命令来实现,信息传递具有垂直性等特点。

这种管理体制的优点是决策权集中,战略目标明确,便于从客观上协调产业间的关系,把握整个行业的发展。缺点是来自微观主体的积极性不足,即缺乏动力机制的推动作用,因此,会展企业的效益一般较差,且由于国家或政府同时拥有管理权和经营权,致使市场竞争不公平,行业管理效率低下。

从经济发展的客观规律来看,受计划及调节方式的限制,会展业计划管理体制早已不能适应会展需求多样化、会展项目多元化的需要。

（2）市场管理体制

与计划管理体制相对应,市场管理体制存在于市场经济环境中,在动力机制方面具有非凡的促进作用,能够保持技术进步的活力,使劳动生产率不断得到提高,使生产符合社会需要,但其战略眼光短浅,看不到整个社会行业的关系,且缺乏宏观调控力,资源配置总在不确定中进行,从而导致大量资源的浪费。

在完全市场化的体制中,如果政府对会展业放任不管,会展企业不受任何审批和资格认证制度的约束,甚至可以随时随地地办展,这样会直接导致一个结果——办展企业看不到市场的整体变化,只知道见利就钻,重复办展、低层次办展现象严重,从而形不成品牌。

（3）混合管理体制

混合管理体制存在于混合经济体制中,它吸收了计划管理体制下政府部门的宏观调控优势和市场管理体制下企业的主体运作优势。在这种管理体制下,政府成为行业管理的主体,其职责主要是协调引导,保证行业信息畅通,促进经济活跃,而不插手企业的经营活动;企业自主经营、自负盈亏,一切内部事宜均应自己做主,包括企业自身的动力机制、权利分配、协调机制等。

对于会展行业来说,政府和行业管理部门的具体职责有:企业办展资格认证、行业法规制定、基础设施建设、行业信息系统建设等。新加坡会展业在这一方面做得很好。新加坡旅游局的展览会议署建于 1974 年,主要任务是协调、配合会展公司开展工作,向国际上介绍新加坡发展会展业的优越条件,促销在新加坡举办的各种会展。在新加坡主办会展不需要任何审批手续,政府的主要作用是营造外部环境和建设基础设施;会展公司一般都有自己的市场调研部,并针对市场需求确定会展项目。

混合管理体制以其独特优势成为当今世界绝大部分国家会展业管理的理想模式,包括以市场经济著称的西方发达资本主义国家,亦在不断地完善国家的宏观调控的职能,寻求计划与市场管理体制的最佳结合点。

3)会展场馆的管理体制

会展场馆的管理体制是指会展场馆与其主管单位的关系。我国会展场馆实行的是多种结构、多层次的管理体制,分别归属于经济、贸易、科技、文化和政府机关等部门(如在北京的中国国际展览中心新馆和老馆均隶属于中国贸促会,北京展览馆隶属于北京市首都旅游股份有限公司,北京农业展览馆隶属于农业部,等等)。由于领导关系不同,各会展场馆的工作要求、业务范围和经营侧重面也有所不同。各类会展场馆有的侧重举办物质方面的会展活动,有的则侧重精神方面的会展活动。在管理体制上,有的会展场馆实行企业型管理,有的实行事业型管理,还有的实行事业单位企业化管理等。

从以上情况看,我国会展场馆的管理体制有以下几个特点:

①会展场馆的不同管理体制,基本上符合我国社会分工和客观的要求。至于存在某些不符合形势发展需要和管理体制不顺的状态,则要根据实际情况,在深化改革中加以调整和完善。

②会展场馆为两个文明建设服务,是本身的根本任务。各会展场馆遵照上级主管部门要求抓各自的重点会展项目,是正常的工作范围。虽然有所分工,但作为会展场馆,两个文明的会展都要办,这是毫无疑问的。至于每个场馆能否适应举办各种不同的会展项目,还要看自己的条件。

③会展经营受着价值法则和经济规律的制约。一般来说,经营经济型的物质产品展览,经济效益要高一些;以非营利为目的的文化、教育、宣传类会展活动,除门票和赞助外几乎没有其他收入,可能社会效益较好,但直接经济效益很差。因此,无论企业化的展览馆或事业单位管理的展览馆,都必须搞好经营管理,提高经济效益,这样才能在保障精神产品的会展项目进行的同时,又为自身的发展奠定必要的物质基础。

④实行独立核算、自负盈亏的企业性会展场馆,上级管理部门给予自主权要多一些,指令性任务也少一些,因此,这些场馆的自我控制和发展能力较强,经营活动也灵活多样。事业性的场馆,上级行政部门给予指令性任务可能要多一些,政策性亏损大一些,因此,不少这类场馆在接受上级给予事业经费补贴的同时,也根据自身条件,围绕会展活动开展经营服务,以增加经济收入,保证会展场馆的正常运转和发展。特别是我国确立社会主义市场经济之后,各种类型的会展场馆都要适应市场经济的需要,努力创收,提高经济效益,促进会展业的更快发展。

有些地方政府为充分利用资源,明确会展场馆对会展经济发展的重要性,通过招标的方式选择和引进国内外知名的场馆管理公司参与会展场馆的经营管理,使该地区的会展场馆管理和会展服务迅速与国际先进水平接轨。

会展场馆存在不同的管理体制,同样存在不同的组织结构。会展场馆的组织结构是表现企业组织内各部门排列顺序、空间位置、聚集状态、联系方式以及各要素之间相互关系的一种模式,是执行管理任务的体制,在整个会展场馆管理系统中起到框架的作用。因为有稳定的组织结构,会展管理系统中的人流、物流、资金流、信息流才能正常流动,从而使管理目标的实现成为可能。

2.2.2　会展场馆机构设置和职能权限

会展场馆企业的职能部门划分主要是依据办会办展、参会参展人员在展会期间的活动流程,会展场馆企业所做相应安排进行的。对会展场馆所涉及的各部门、各类人员的岗位职责、权限、相互关系及沟通加以规定,就其在每个工作过程或活动中的职能、职责和权限以及各部门的衔接关系形成管理体系,有些场馆通过 ISO 认证,制订了质量/职业健康安全一体化管理手册,有的建立《会展场馆经营管理大纲》或《经营管理手册》,用文件形式做出规定,各种设置都必须考虑部门划分的科学性,又要兼顾会展场馆服务的质量与效率。不同场馆都有不同情况和各自的特点,一般来说,会展场馆企业的职能部门设置主要有以下多项。

1) 总经理室

①贯彻执行党和国家的各项方针、政策、法律、法规及有关规定,按照国家及当地政府所规定的管理权限对会展场馆进行全面的经营管理。

②全面负责本场馆工作,含物业资产管理和物业运行管理,协调各项目管理之间的关系,确保资产的保值和增值。

③对服务过程的质量及职业健康安全负全面责任;以提高客户满意度和符合相关职业健康安全法律、法规为目标,主持制定管理方针和管理目标;确保客户的要求得到满足,确保职业健康安全目标的实现。

④审定各项管理规划、手册、价格、制度、经营模式、岗位设置、人事任免等。

⑤确保本公司内部的职责、权限及相互关系得到规定和沟通;审定公司长短期计划和各部门指标,并监督贯彻执行。

⑥主持管理评审,确保管理体系持续的适宜性、充分性和有效性,依据评审结果做出规定,实施持续改进。

⑦为管理体系的建立、实施和保持提供资源,其中包括人力资源和财务保障。

2) 办公室

①协助总经理做好与各部门的协调、传达、反馈等工作;负责内部、客户以及对外相关部门各项事务的上传下达与沟通管理。

②负责公司重要文件、规章制度起草拟订,公司形象策划、公共关系(若设有公关部,

则此项工作由公关部负责)及企业文化建设。

③场馆引导标志的管理。

④行政、后勤物资材料采购的管理,搜集采购信息,组织对采购物品的验证和员工食堂餐饮卫生质量/安全的控制。

⑤合同评审的管理,法律法规的识别和获取。

⑥办公用品的发放、保存,车辆的管理,后勤保障和各种证照的年检。

⑦公司图书馆、杂志、培训资料的购入、保管及借阅。

⑧负责公司文件、历史资料、人事、工程等各类档案的管理,实现档案资源的动态化管理。

⑨负责与已加入的有关机构、协会保持联系,与顾问团保持联系。

3) 质量检查部

①协助组织召开管理评审,提供所需要的信息和改进建议,协助做好管理评审记录、评审报告的编制及跟踪检查。

②检查、评定、分析和改进过程控制的管理。

③对服务质量的监督及不合格的控制。

④持续改进策划,制订纠正措施和预防措施。

⑤协助管理体系的内部审核工作,做好评审记录、评审报告的编制及跟踪检查工作。

4) 党工部(根据场馆的经营体制确定是否设立,未设立的则该项工作由办公室等负责)

①负责公司党组织、工会组织的日常工作、纪律检查工作。

②与上级主管部门的信息交流,及内部员工有关职业健康安全方面建设和问题收集、处理、反馈工作。

③参与公司管理方针的程序制订和评审;充分发挥员工在职业健康安全工作中的积极作用,加强对安全工作的监督,对任何单位和个人违反职业健康安全法律、法规行为,有权检举和制止。

④组织职工开展遵章守纪和预防事故的群众性活动,并参加企业有关职业健康安全规章制度和劳动保护条例的制订。

⑤关心职工职业健康安全条件的改善,并协助做好伤亡事故的善后处理工作。

⑥做好女职工保护的日常工作和公司员工的计划生育工作。

5) 人力资源部

①贯彻执行劳动人事、工资政策和奖惩制度,合理组合劳动要素,归口组织机构编制、劳动定员、员工聘用、转正、定级、职称评定、套级、晋级的考核与登记工作,工资奖金、加班补贴、员工教育培训和社会保险的管理。

②合理确定和配置人力资源,保证从事影响质量活动,可能对职业健康安全产生重大影响的所有人员素质达到规定的要求,以满足实现本公司管理目标和管理体系持续改进的需要。

③根据公司发展需要及公司领导层的决策提出具体的定岗定员方案、部门员工双向

选择方案、劳动合同管理方案、薪资福利政策调整方案、年终考核考评方案,并具体执行。

④根据劳动法规和公司制度妥善处理劳动争议;负责员工的录用、调配、待岗、辞职、辞退、退休等,提出具体拟办方案并提交总经理办公会决定。

⑤员工人事档案的收集、管理,做好各类人力资源状况的统计、分析、调整及查询等工作。

⑥人员的出入境管理;接待外调、政审人员,处理函件回复事宜;招募、安排、管理实习人员和志愿者的有关工作。

⑦办理员工的离退休手续。

⑧员工考核制度的编写;考核指标及考核办法的制订。

6)财务部

①贯彻执行国家有关财政制度、财经纪律,严格财务管理,并做好宣传辅导工作。按有关规定,归集原始资料,处理原始凭证、登记账簿并及时准确完整地报送财务报表,办理其他会计事务,组织经营业务的统计工作,进行成本分析,为公司的经营决策提供有力依据。

②参与制订公司的资金安排计划,保持经营资金的正常运转。编制财务计划,做好预决算工作,监督检查公司的财务收支情况,监督资金和资产的安全运行。对总经理负责,定期向总经理汇报财务收支情况。

③参与各项经济合同、协议的会审,监督执行情况及结算工作,使之规范化、程序化。

④控制和协调公司内部财务工作,对各部门的财务收支、成本核算、资金使用和财产管理等进行监督检查。

⑤审查公司经营管理和投资方案的效益;对经济方案中财务方面的可行性和风险度进行评价,提供有关财务分析资料,为公司领导及有关部门做好参谋。

⑥定期检查固定资产和流动资金,协助做好物资盘点工作,负责经济核算、现金管理和有价证券管理。

⑦筹集并管好各项资金,提高资金利用率;按照国家有关规定计算缴交税费及其他各类应上缴的款项。

7)会展策划部(具备自办会展活动职能的场馆)

①搜集市场信息,分析整理数据,进行可行性调研及自办会展活动项目的策划,拓展公司会展业务。

②组织和具体执行公司的自办会展活动项目,实施和完成一切与参会邀请、招商和招展相关的工作,提供一切与场馆业务有关的联络沟通和所涉及的各项服务。

8)会场部

①为客户提供会议的接待和现场管理等服务工作。

②负责会议室的花草养护和日常保洁工作。

③负责部门管辖会议空间、仓库、器材、物品的管理工作,做好租赁器材日常检查、维护、保养、报修工作。

④对会议空间及配套的器材、物品进行日常检查及报修工作。

⑤协助保卫部,做好会议空间的安全、保卫、消防检查工作。

⑥确保会议消耗品的提供和合理采购。

9) 会展业务部

①进行会议展览市场信息的搜集、整理和调研,了解客户业务量及对空间的需求,建立会展业务信息网络和客户档案,掌握行业动态,有计划地和相关的会展机构建立长期的业务关系,寻求合作机会;提出承揽会展活动计划及可行性报告,推动公司经营的发展。

②对外承接会议展览及相关业务,对所承揽的项目进行洽谈、签约,依据合同的要求,协调场馆各部门提供现场服务,并负责费用结算。

③在不影响会展客户使用的前提下,尽可能发挥空间及设备的使用效率,盘活资产,增加收入,力求企业的经济效益与社会效益达到高度统一。

④依照公司下达的任务,制订实施方案,合理安排人员和工作,明确项目负责人和量化指标,从业务上给予指导、协助,并负责对会展项目全程进行监督、检查;搜集客户对本公司营销和服务过程的意见并转化为要求,不断提高客户的满意度。

⑤强化内部管理,增强成本意识,依据公司的各项规章制度,制订与会展工作配套的管理措施和考核办法,完善项目经理责任制。

⑥协助、配合组委会或主办单位做好会展活动的立项、报批、总体策划、预算、编制展厅摊位图、招展、招商、组织、联络、翻译、公关等协调工作。

⑦承接或协调与展览会相关的配套项目,包括新闻发布会、开幕式、酒会、技术讲座、联谊活动、旅游、会务、礼品、广告等业务。

10) 场地管理部

①负责场馆及广场的绿化、保洁、除四害工作,是场馆工作环境的归口管理部门。

②对道路、标志、排水设施、公共空间进行日常检查及报修工作,配合进行场馆建筑改造工程。

③制订展厅、会议室现场管理规定,并监督执行。

④负责会议厅(展厅、公共空间)平时及会期(展期)布置、撤馆的现场管理。

⑤负责管辖仓库、器材、物品的检查修理、分类整理等管理工作。

⑥负责对保洁、绿化等社会化用工的对外联系和监督管理。

⑦协助安全保卫部门,做好场馆的安全、消防检查工作。

11) 综合服务部

①仓库的管理(包括展品仓库、保税品仓库、展具仓库、器材仓库、露天仓库),搬运设施的调度、使用及搬运人员的安排。

②展品代办运输以及现场服务、保管、进出库、包装物寄存等。

③代理展品通关业务、保税仓库管理、展品留购及回运等。

④商务代理:含机车船票、宾馆、旅游代办;花卉出租;电话、传真、打字、复印、名片、速印、电脑商情、电子邮件、信息服务;广播、急救、租车等。

⑤搜集商务信息数据资料,编写商务服务手册。

⑥协调海关、商检、工商、税务、邮电、保险、银行等部门,做好在会展场馆举办有关活动的配套服务工作。

⑦宴会、快餐、饮料、咖啡厅、小卖部、礼品点的设置经营,以及与相关社会化合作单位的外包签约和监督管理。

⑧会议、展览器材的出租、安装、维护、保管。

⑨负责展会所需摊位搭建、改装、拆除,器材配备和展具的外租业务。

⑩编制展厅、会议厅、展具展架、会议器材等出租价格表。

⑪负责对叉车、电瓶车、液压车、平板车等的日常检查、维护、维修及年审工作。

⑫协助保卫部,做好综合服务流程中的安全、消防检查工作。

12) 工程部

①可能的情况下在建设期尽量提前进入工程,了解设计、施工和隐蔽工程项目;参与设备安装和系统的调试接管,为经营期各系统设备的管理、运行、维护奠定基础。

②计算机辅助管理所有机电设备(如设备台账、设备故障统计、设备的维修记录统计、配件消耗情况等)运行情况原始数据的完整统计分析、决策。

③负责保修期内与厂商售后服务的联络及设备的外协加工、维保、承修的联系工作。联系有关部门(劳动保障、供电、消防、技防等)对规定的设备或系统定期检查(如电梯、锅炉、变压器、开关柜、消防报警系统、安保系统等)。

④负责机电设备的固定资产管理,组织固定资产分类编号,保证设备从验收、管理、使用到报废全过程手续齐全。

⑤执行政府各职能部门颁发的有关政策、法规条例、规程和标准等强制性文件;负责所管辖设备(设施)基础资料的管理,原始档案和技术资料汇总、归档;设备管理规章制度的制订、执行。

⑥制订机电设备安全操作规程并搞好运行管理;对执行情况定期考核评定;各类操作维修人员严格按规定持证上岗;加强设备的故障预防管理工作,定期校验安全附件,及时消除各种隐患,以保证设备安全运行。

⑦负责机电设备的经济运行管理,加强初期投资费用管理;加强能源消耗的经济核算,制订节能措施,合理配置人员,努力降低设备的运行、维修成本。

⑧制订和落实设备检查、维护、维修计划,对设备进行定期维护保养和大、中修,同时监督设备供方的服务质量。

⑨负责备品备件的技术和资料管理工作。

⑩所管辖设备(设施)的更新改造管理。

⑪场馆建筑物及附属设施的检查、维护、维修工作。

⑫为用户提供电力、照明、暖通空调、给排水、电梯运输、压缩空气和消防安全等配套设备(设施)的功能及展览、会议期间所需的现场服务。

13) 网络信息部

①负责计算机管理信息系统开发建设,运行维护,软、硬件平台的升级改造,软件应

用、维护、安全等管理工作。

②对场馆内外以电子媒体形式出现的文字、图像和视频的管理与控制工作。

③为用户提供通信网络、音视频等配套设备的功能及展览、会议期间所需的相应管理和服务。

④场馆通信、网络、公共广播、有线电视、电子显示屏、BMS、会议设备系统、楼控、安保、消防报警、气体灭火报警、电力监控等设备系统的维护、维修工作。

⑤场馆 Internet 站点的建设、维护、更新及提供与展会相配套的各种网上支持。

⑥门口机系统的管理、维护,各类会展活动的制卡工作。

⑦VOD 的节目编排、制作,保障系统的正常使用。

⑧场馆内触摸屏内容的制作、更新及设备保障。

14)保卫部

①负责场馆安全保卫、消防设备系统的运行、日常维护、联动检查等工作,治安与消防管理工作;拟订场馆治安与消防工作制度并进行宣传、监督,检查落实情况,及时发现安全隐患并指导进行整改。

②组织会议展览活动及重要接待活动期间的警卫、消防、安全、车辆进出馆区及停车管理等工作;监督会展活动过程中的人员和设备的安全,场馆职业健康安全管理工作,检查和评定职业健康安全管理绩效。

③组织场馆管理体系中各层次过程的危险源辨识和控制工作。

④编制各类紧急情况应急预案;根据实际工作需要,对全员进行应急准备和事故处理的模拟训练;负责场馆重大事故的现场及善后处理工作。

⑤负责进出场馆人员、物资的管理和停车场的收费管理。

⑥与公安、消防、安全监督等部门保持密切联系,并接受其业务检查和指导;协助公安机关侦破重大治安刑事案件和对火灾事故进行调查。

15)广告部

①负责场馆广告资源的开发、管理和服务工作,监督广告发布符合相关法规及场馆的安全管理规定。

②负责有关会展活动特装业务、美工服务、开幕式服务和管理。

③负责广告牌、特装展具、广告展示器材的管理及维护。

④负责场馆内外广告位置的设立与招租,会议展览活动的广告宣传、印刷品的设计。

⑤配合进行场馆的"企业形象规范体系"的规划,特别是 VI(视觉识别系统)所涉及的基本要素和应用系统,将企业的宗旨和场馆服务所包含的文化内涵传达给公众。

另外,有附属酒店的会展场馆还要设置通常酒店应有的相关部门。

以上部门分工是依据一般会展场馆经营活动中所涉及的工作内容来设立的,在具体组织结构设计中各会展场馆还应根据各自的情况和特点,对部门名称、数量、分工和职责等方面灵活处理,可分可合,只要有利管理,方便运作,并经一段时间的试运行后确定。

会展场馆各部门内部岗位职责由部门自行制订,并与公司管理目标相一致,经分管领导审核,人力资源部汇总编成《场馆人员岗位职责》,经总经理批准实施。

2.2.3　会展场馆组织管理与组织结构

1）会展场馆的组织管理

会展场馆组织管理就是运用组织管理的基本原则和方法来管理会展场馆。对于会展场馆的组织者来说，如何使会展场馆现有的各种资源，包括人、财、物等，围绕企业的经营目标有效地运转，是其面临的重要问题之一，合理有效的组织形式是确保会议展览活动正常举办的前提条件，会展质量、效率、效益如何，都与组织管理工作密切相关。

现代会展场馆的组织管理是会展场馆管理职能的组成部分，主要包括以下内容：根据计划所定的目标，列出必须进行的工作和活动，并将其组合，设置相应的部门和人员，分别负责这些工作和活动。制订各部门、人员的权力和责任范围，以及会展场馆组织内人员之间的权责关系，明确场馆各项工作之间上下左右的协调关系。制订一系列制度，以保证组织运转良好，发挥出最大的效能。现代会展场馆组织管理的成效直接影响整个场馆的经营效果，因此，制订合理高效的组织结构在一定程度上可以提高场馆的经济效益。会展场馆最基本的组织结构方式主要有直线制和直线职能制。

①直线制。直线制顾名思义是按直线垂直领导的组织形式。根据法约尔等级链的原则，每条链条都是一个业务部门。场馆的命令和信息是从会展场馆最高层到最底层垂直下达和传递，各级管理人员集各种所需要的管理职能于一身，统一指挥，兼顾多种业务，因此，一般直线制无职能部门，或设一个职能部门，如办公室、财务部（室）等，这一职能部门可能兼有多种管理职能。直线制的长处是组织结构简单，责权明确，层次分明，互相间的矛盾和摩擦较少，工作效率高。直线制组织形式适合规模较小、业务较单纯的场馆。

②直线职能制。会展场馆的组织形式目前较多的是采用直线职能制，这一形式也称"业务区域制"。其特点是把场馆所有的机构和部门分为两大类。一类称业务部门。这类部门可以独立存在，有自身特定的业务内容，如场馆的会议部、展览部、会展策划部、场馆部、综合服务部、餐饮部、商品部、娱乐部、工程部等。它按直线形式组织，结构简单，责权分明，效率高，但不利于横向的多维联系。另一类为职能部门。这类部门不能独立存在，它为业务部门服务，如场馆人事部、安全部、财务部等，它们按分工和专业化的原则执行某一项管理职能。直线制和职能制相结合，各扬其长，互补其短，形成"直线职能制"组织形式。按直线职能制，场馆每个业务部门就是一个业务区域，每个业务部门下面又可根据需要分为若干个业务区域。

2）会展场馆的组织结构模型

会展场馆的组织结构模型是指组织中相对稳定和规范的工作关系模式，如指挥权如何划分，怎样开展分工协作等。受到许多环境因素的影响，不同的会展场馆有不同的组织结构形式，如图2-1所示。

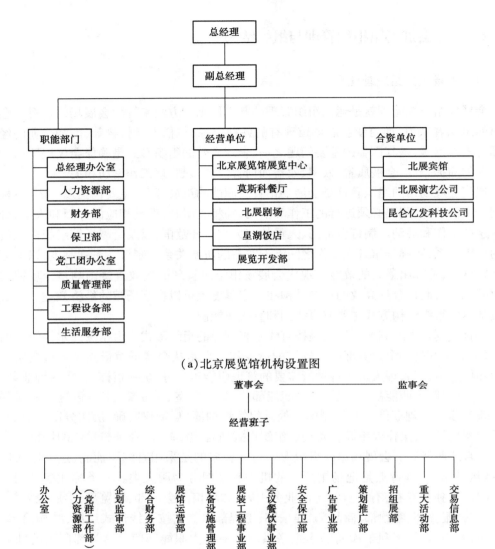

(a)北京展览馆机构设置图

(b)深圳会展中心管理有限责任公司组织架构

图2-1　会展场馆的组织结构模型图

2.2.4　会展场馆的经营运行机制

　　会展场馆的经营运行机制是指会展场馆在经营过程中保证资金在投入和使用后,保持正常的工作状态,并在经营期内充分发挥其功能和效用,实现经营目标(或设计目标)所需要的系统组织和管理工作。其内容包括:

　　①搜集经营运行的输入、输出信息(如场地、展具的使用、成本、供、产、销、人、财、物等),以检查是否达到预定的各项技术经济指标。经营运行信息经过搜集和整理后,供经营运行部门评价使用。

　　②经营运行决策,根据经营运行评价和预期的目标,通过定性分析和定量计算,从不

同的经营运行方案中找出最优秀的方案。

③经营运行计划,即实现最优方案的具体安排。编制经营运行计划要着重考虑能充分发挥全部资源的作用,包括各种经营活动的运行方式、人员的配置、资金的分配、时间的利用、技术质量的标准等的统筹安排。

④经营运行控制。在经营运行中存在着一些不可控的因素,如环境因素、执行功能中人的能力所限、措手不及的偶然因素、参数的随机变化因素等,这些都导致经营运行计划在执行中出现偏差。因此,需要通过输出信息的反馈,不断调整和处理经营运行中存在的问题,使计划处于最优运行状态,以保证经营(或设计)目标的实现。

2.3 会展场馆管理体制创新

2.3.1 资本结构调整

由于会展场馆建设需要大量的资金,因此,我国会展场馆在建设时大多数是由政府出资或政府与大型企业集团联合出资兴建,资本来源较为单一。为了能够更好地促进我国会展场馆建设的发展,提升会展场馆的硬件和管理水平,必须实现投资主体的多元化。

可以通过组建中外合资的会展企业对会展场馆的建设项目进行投资,也可以实现著名外国会展企业单独投资。如由德国汉诺威、杜塞尔多夫、慕尼黑的三家展览公司与上海浦东开发区合资建成的上海新国际博览中心。

还可以鼓励非公有资本投资会展场馆。2005年8月8日国务院颁发了《关于非公有资本进入文化产业的若干决定》,鼓励和支持非公有资本进入以下领域:文化表演团体、演出场所、博物馆和展览馆、互联网上网服务营业场所、艺术教育与培训、文化艺术中介、旅游文化服务、文化娱乐、艺术品经营、动漫和网络游戏、广告电影电视剧制作发行、广播影视技术开发运用、电影院和农村电影放映、书报刊分销、音像制品分销、包装装潢、印刷品印刷等。《决定》特别强调,非公有制文化企业在项目审批资质认定、融资等方面与国有文化企业享受同等待遇。民营企业经营较为灵活,管理较为创新,因此,民营企业进入会展场馆领域,必将在为投资主体多元化做出贡献时,也有利于我国会展场馆管理机制的多元化发展。

2.3.2 会展场馆的合作经营

近几年,国内外会展公司、大中型城市的先进会展场馆,都在进行"管理输出"、组建新的合资公司等多种形式的场馆合作。如2003年7月由上海国际会展中心与宁波新上海物业管理有限公司共同投资组建的宁波国际会展中心管理有限公司,通过投标获得宁波国际会展中心的经营管理权。这是国内有民营背景的公司首次入主管理国有大型展览场馆。

参与竞争并在竞争中占主动地位,是任何一个会展场馆经营机构在越来越开放的中国会展市场的努力方向。而要实现这一目标,合作是必要的也是非常有效的途径。但是选择什么样的合作对象,怎么合作,什么样的合作更有效,怎样的合作更长久和更能使合作双方互惠互利是问题的关键。

合作方实际上各有各的长处,有的有成熟的管理经验从管理上输出,有的有一套灵活的经营策略。从合作模式来说,不是生搬硬套,而是与当地的实际情况相结合,形成一套适合当地发展的管理模式。同时区域性的会展场馆可以开展与当地产业有机结合的活动,这种效果对人的观念、信息的传递、人才的培养和营销网络这几个方面,可以带来较大的推动。合作的最终目的是双方共同受益。

2006 年 5 月香港展览会议场地管理中国有限公司和上海国际展览中心有限公司与郑州国际会展有限责任公司正式签订合作协议,以郑州香港会展管理有限公司的名义,托管经营郑州国际会展中心,为期 15 年。

2010 年 3 月 24 日,经福州市国资委批准,福州海峡国际会展中心正式由厦门会展集团承租经营,承包期限为 10 年。这是厦门会展集团实施输出管理、走出去经营战略迈出的第一步。(参见本章案例《福州海峡国际会展中心经营权竞标文件》。)

中国国际展览中心集团公司已经成立的场馆专业管理公司,就是要在管理自己场馆的同时,寻求到一种真正适合场馆专业管理的模式,做成熟以后,再进行对外输出。旗舰企业创造新的管理模式义不容辞,因此,不久的将来,可能会看到更多专业化的、高起点的"管理输出"或是更高层次的合作。

有业界人士认为,场馆管理输出是一种趋势。政府的资产可以通过招投标的形式来找专业的公司管理。这种趋势是对的,但是在操作上并非一帆风顺,有可能会遇到困难。个别项目可能会有挫折,但是并不影响这种趋势。

所以说中外合作、外引内联、强强联合、以强联弱等,都是会展业发展的必然,中国会展场馆经营管理合作的路子终究会越走越宽。

2.3.3　会展场馆的社会化合作项目

当今社会化生产"大而全"的方式逐渐被"专业化"所取代,会展场馆也不例外,中外合作或外引内联开始出现,许多可外包由社会化合作单位来完成的项目都可以实行合作,既可减轻包袱又可提高质量、多创效益。根据会展业的特点以及各地区不同会展场馆的具体情况,多数场馆都采取各种各样的合作办法,其项目和形式大致有以下几种:

①合作公司:场馆与场馆(展览公司、其他投资者)进行中外合资或中外合作、外引内联等。

②外包项目:将会展场馆的部分项目对外招标进行承包(如餐饮、搬运、保洁、摊位搭建、部分广告资源、植物养护等)。

③合作经营项目:将会展场馆的部分配套项目或空间与外单位进行合作经营。

④委托项目代理:委托外地或本地会展公司促成会展项目或作为招展招商代理。

⑤设立驻外地办事处:派人(或就在当地聘请)在国内外主要城市设立办事机构。

2.4　会展场馆的公共关系与涉外活动

2.4.1　会展场馆的公共关系

关于公共关系不同角度的理解和阐述有很多种。综合归纳给公共关系下一个定义：公共关系是一个社会组织用传播手段使自己与公众之间形成双向交流，使双方达到相互了解和相互适应的管理活动。这个定义反映了公共关系是一种传播活动，也是一种管理职能。

公共关系，简称"公关"，是现代西方市场营销技术发挥中形成的一种管理职能。

会展活动是一项复杂的系统工程，组织者在实施总体战略过程中，需要协调与政府、合办单位、新闻媒体、参展商、社会公众、内部员工等多方面的关系，以达到良好的产业效应、经济效应和形象效应。因此，在会展工作的整体运作中如何成功地实施公关战略，协调和维系与社会各界的多种错综复杂的关系，赢得各界公众好评，取得良好的社会效果与展览效益，成为参与会展活动各方研究的重要议题。

会展场馆的公共关系是为办会办展单位、参展单位、参会人员、观众服务，并维持与社会大众之间相互有利的关系。公关活动可分为两类：日常公关和专门性公关。日常营运工作中的谦虚、礼貌、诚恳待人都是公关手段。因此，文明服务、礼貌待客是企、事业单位内所有人每天公关工作之一，而专门性的公关工作，则由公关和经营部门的专业人员负责。公关要以"真诚、友谊、互利、理解、合作、进步"为指导思想，正确处理各种关系，特别要处理好"义"（职工道德）、"利"（相互利益）、"信"（企业信誉）的关系。公关目标有积极性和消极性两个方面。要用积极性和建设性的方法与公众保持良好的关系，这是它的主要目标。它的另一个重要目标，是对公关中出现的偏差采取及时的纠正措施，促进关系正常化。这是建设性和纠正性的两种公关活动。在建设性活动中要防止出现意外事情，在纠正性活动中，对于已发生的问题，则要尽快妥善地解决，使本组织为公众所了解，从而消除隔阂，相互理解。

1）会展场馆的公关对象

①所属领导关系：要使领导（包括合资企业的股东）了解会展作用的重要性和可靠性，确信会展业的发展趋势，并予以支持和资助。

②职工关系：要使会展场馆内部所有职工明白本场馆的经营目标，同心协力做好本职工作。

③顾客关系：这是经营活动中的社会大众关系，要尽力与办会机构、参展单位、有关团体、参会人员、观众维持好种种关系。

④政府的关系：主要搞好与当地政府有关部门的关系。一个展会从立项到实施，必须接受从国家有关批准单位到工商、税务、卫生防疫、海关、公安、消防、交通，以及环保、市容监察等诸多政府管理部门的审核与约束。作为展会组织者包括会展场馆，都应该积极与

这些管理部门搞好关系,在了解国家相关政策的基础上,积极为各参展商提供便利,同时做好会展流程的维护工作。许多展会属商业活动,有些具有国际性影响,具有外事工作的特点,与政府主管部门建立有效沟通与联系,在危机公关的处理过程中可以获得正确的政策指导和工作支持。

⑤传媒关系:会展活动本身具备传播功能,但会展场馆还必须与其他新闻传媒机构建立经常的协作关系,通过这些机构对在场馆举办的各种会议展览活动发布信息报道,以扩大场馆和展会的影响。一个会展项目无论成败,都不可避免地会引起新闻媒体的关注。因此,与其被动地面对这件事,不如主动积极地做好这项工作。

⑥同行关系:同行可能是竞争者,但会展场馆要与会展同行之间建立和保持友好往来及合作关系,相互学习,交流经验,共同提高会展业务水平,推动会展业的发展。

⑦与社会化合作单位的关系:每个场馆都有许多与外单位合作的项目,如旅游、住宿、餐饮、运输、仓储、租赁、报关、通信、邮电、广告、会务服务、礼品鲜花、礼仪、演艺、印刷、保安等多种服务项目的合作伙伴。要维持与协调好相互之间的关系,构建一个精诚合作的价值链,因为他们的工作直接代表着场馆的服务质量和形象。

2)企业型会展场馆内的公关机制

①咨询建议:公关人员要向场馆领导提出有关事项的建议与忠告,对场馆的决策活动,要从公关立场上提供检讨、认可、劝告等意见,包括对本场馆知名度和信誉方面的评估和政策建议,公众心理(如消费者的心理需求、特征及其变化)的分析预测和咨询建议。

②传播沟通:要为公众提供资料服务。国外企业界十分重视自身宣传,他们认为"公关就是说服大众的技术"。通过各种传播途径(包括广告)使场馆本身及其优良的服务产品为社会公众所了解。

③搜集信息:通过社会交往活动等渠道搜集与本场馆形象和声誉有关的情报信息,作为企业经营管理决策的重要依据。

④社会交际:通过各种社会交往活动,为服务建立及维持优越地位,筹划建立自身的良好形象,提高知名度,与各个方面建立横向联系,尤其是与会展相关行业各职能部门的联系。

⑤教育引导:教育引导场馆职工重视本单位的形象和声誉,树立"顾客至上"的信念,提供优质服务,尽量使顾客满意。

⑥协调关系:包括协调场馆内管理决策部门与职工的关系,协调企业内各管理部门之间的关系和企业与外部公众之间的关系,使企业内部团结和谐,与外部环境相适应。此外,公关机能还包括编撰会展公关报刊、搜集会展资料、做好会展接待工作等。

会展场馆公关工作主要有两个目的:一是扩大场馆及会议展览活动的影响,吸引更多的单位办展办会和参展参会;二是建立关系,与办展办会单位和参展参会企业建立和发展关系。会展公关工作还包括:庆典、开幕式、招待会、联谊、赞助、参观、接待、拜会等。会展公关工作对象主要是办展办会单位和参展参会企业、重要贵宾、展出地的政府职能部门、工商社团、新闻媒体等。公关工作是一项系统的人际交流工作,需要周密的安排。

2.4.2　会展场馆的涉外活动管理

会展场馆的涉外活动管理主要是指承办国外来展的经营管理。场馆接待外展业务，大都通过会展主办单位(对外经贸机构、贸促会)和代理商(国内外会展公司)进行，它的活动同样可分展会前、展会中、展会后三个工作阶段。

1)展会前工作

①展会场地的确定：根据对外开放和"内事服从外事"的原则，凡是国家批准的国外来华展要优先安排其使用场地。

②业务洽谈：对外洽谈要两人以上，根据外展主办单位和代理商的不同情况，分别由业务部门负责人、场馆领导参加会谈，主要向客户介绍展馆的服务内容和标准，做好会谈记录，商定客方所需的服务项目、使用场地的范围及日期。

③开拓相关业务：在洽谈中要主动介绍本馆承办会展业务的能力，承接设计和搭建展台及其他相关业务，充分发挥本馆的优势(如地理位置、展会环境、价格、优质服务等)，争取承接特殊装修业务。

④签订合同：要向客户提供有关事项的使用规定、收费标准、服务规范等，做到手续完备，计算准确，经主客双方商定后正式签约。合同一式两份，主客各执一份，同时复印几份报送有关部门和领导备案。预付金情况要及时与财务部门通气。在场地使用计划图表上标明使用部位、日期，以防疏漏和偏差。

⑤业务联系：掌握展会计划进度，加强与参展商和主办单位联系，及时处理有关来函、来电、信件，使有关事宜在展前尽早明了，对来往函件要编号立卷或电脑储存。

⑥内部协调：在展会进馆前一个月将施工图纸、资料汇总整理交施工部门(如果图纸施工难度高，准备时间应适当提前)。展览经营部门可采用任务单通知，填明施工内容、安装部位、完工日期，并严格履行承办部门的签收手续，落实施工方案。在进馆前15~20天内对有关部门进行一次全面检查和督促。会议部门要对客户的特别需求如专业器材、会议休息期间的点心等提前做好准备，展会前工作是为了展会的顺利进行，确保展会任务的圆满完成。

2)展会中工作

①进馆交接：会同主办单位、安全保卫部门、施工部门共同查看场地，办好交馆手续，积极为主办单位进馆布置和举行开幕式创造良好条件。

②现场服务：可设立展会现场服务中心，建立客户负责人微信群，向参会参展单位提供对外服务项目。凡客商需要委托的事项，要填写委托书，做到有凭证、手续齐全，然后由服务中心及时督促各有关部门落实。商务中心(服务台)可设国内外长途电话、传真、复印、计算机网络宽带等服务。严格收费标准，采用现金、微信、支付宝收付，遵守解款制度及外汇管理制度，要求账目清楚、准确无误。

3)展会后工作

①退馆事宜：会同有关部门共同对使用部位按原交接情况办理退馆手续，如遇损坏等

问题,须按规定妥善处理。同时,遵循"顾客至上、信誉第一"的原则,主动征询顾客意见;要特别重视顾客的投诉,及时向有关部门和场馆领导汇报,不断改进工作。

②展会后总结:认真填写每个展会的情况汇总表或书面总结,向有关领导报告,并将资料综合归类存档。

总之,涉外活动政策性很强,影响较大,须慎重对待,既要热情待客,又要不卑不亢。对涉外人员和相应的岗位服务人员要挑选外语口语较熟练的员工,并要求:一是进行外事教育;二是要严格外事纪律,要使外事活动有章可循,力争与国际接轨,把外来的国际展会办得更好。

另外,会展场馆接待重要外宾来访参观等,同样要规范接待工作,按照会展场馆的涉外活动类别进行管理。

本章小结

通过本章的学习,必须懂得适应所面对的不同体制会展场馆的组织构建和管理模式,多种经营形式并存的岗位设置、运作流程等,开展各项具体工作;能对会展场馆各项公关活动和涉外活动进行管理。

复习思考题

1. 会展场馆主要有哪几种管理体制及特点?
2. 会展场馆的正常运营最基本应设置哪些主要部门?
3. 你认为会展场馆有哪些项目可以进行社会化合作?
4. 会展场馆的公共关系可分为哪些方面?

实　训

考察一个会展场馆,了解该企业的组织架构,并分析其合理性。

案 例

福州海峡国际会展中心经营权竞标文件

福州市贸发局
福州新榕城市建设发展有限公司
（二〇一〇年一月二十二日）

目录

为进一步提升福州海峡国际会展中心会展业务的服务质量,提高经营效益,经福州市人民政府批准,现通过公开竞标方式确定福州海峡国际会展中心经营管理单位。具体竞标事宜如下:

一、竞标内容

1.福州海峡国际会展中心会议中心、展馆及附属停车场等设施。

2.地下商场(8.5万 m^2)。

具体服务项目、内容、质量标准以附件2"委托经营条件"内容为准,中标后作为合同基础。

二、对竞标人的资格要求

1.具有独立法人资格,注册资本须在2 000万元以上,营业执照经营范围涵盖会议展览业务的有能力经营管理会展中心的企事业单位。

2.具有展览面积6万 m^2 以上展馆经营管理经验。

3.具备良好的信誉、服务保障体系、财务状况及良好的履行合同的能力。

4.中标后必须在福州注册设立具有独立法人资格的经营管理公司,独立核算并在福州纳税。

三、报名

1.有意向的单位可以在福州市政府官方网站下载竞标文件。

2.报名时间：

截至 2010 年 2 月 2 日下午 17:00。可以以传真方式报名,报名传真电话:×××-×××××××
×。

3.报名时提交下列证照文件的传真件:

(1)有效的企业营业执照副本(加盖公章);

(2)企业税务登记证(加盖公章);

(3)企业法人代码证(加盖公章);

(4)法定代表人身份证;

(5)法人代表签署的愿意参加本项目竞标的声明文件。

四、现场踏看

有意向的投标人可自行前往海峡国际会展中心建设现场进行踏看。

地址:福州市仓山区城门镇林浦洲

时间:2010 年 2 月 2 日之前

联系人:×××

电话:×××-×××××××

五、竞标书

1.应含内容:

参加竞标的投标人必须制作包含下列基本内容的竞标书参加投标:

(1)报价书(报价统一采用人民币,单位元);

(2)公司基本情况;

(3)管理总体构想;

(4)财务管理制度及收费标准的测算。

2.装订:竞标书统一使用 A4 纸制作,纵向装订,壹式伍份,其中正本壹份,副本叁份,
电子版文件壹份。

3.密封:竞标人应将竞标书装入信封加以密封,在信袋上注明投标项目名称,并在封
签处加盖单位公章和法人印鉴。

4.竞标书一经提交,不予退还。

六、竞标书送达

1.接收竞标书截止时间:2010 年 2 月 3 日上午 9:30。

2.接收地点:福建省福州市象园路 72 号福州市贸发局 6 楼会议室。

七、开标

1.开标会时间:2010 年 2 月 3 日上午 9:30。

2.地点:福建省福州市象园路 72 号福州市贸发局 6 楼会议室。

3.参加竞标的单位必须委派代表持法定代表人授权委托书及身份证明参加开标会。

八、评标

开标会结束后,招标单位组织评标委员会对各单位的投标进行评审,结果报市政府批

准后通知各投标人。

九、合同签订

中标的单位在接到中标通知书后一周内与招标单位签订合同,合同期限为十年。

十、竞标费用

竞标人自行负责与竞标有关的全部费用。

十一、附件

附件1:福州海峡国际会展中心概况

附件2:委托经营条件

附件1

海峡国际会展中心项目简介

海峡国际会展中心是为适应海峡西岸经济区建设和福州城市发展而建设的省、市重点工程。该项目的建设将发挥福州作为省会中心城市的"辐射、示范、带动"功能,对提升海峡西岸区域经济综合实力具有积极的作用,是福州城市迈出鼓台老城、向东部新城发展的重要一步,对加强闽台经贸文化交流,增强台湾同胞及海外侨胞的民族凝聚力,促进祖国统一大业具有重要意义。福州海峡国际会展中心将成为海峡西岸标志性建筑。

福州海峡国际会展中心由国际一流的德国欧博迈雅建筑设计所进行方案设计,北京市建筑设计研究院承担初步设计及施工图纸设计工作,中国建筑股份有限公司承建。总建筑面积38万 m^2,其中地上23万 m^2,地下15万 m^2,项目计划总投资约35.5亿元人民币,拟于2010年上半年竣工。

会展中心建筑综合体布局呈"V"字形,由会议中心连接左右两个展馆组成。会议中心位于会展岛中轴线上,呈椭圆形,长200 m左右,宽约110 m,建筑高度38 m,地上四层,地下一层。大会堂面积4 380 m^2,席位2 034席,可以满足2 000人的会议要求。多功能厅面积3 500 m^2,可以满足2 000人的宴会或新闻发布会、大中型商业会议、产品展示会等需要,此外还设有大小会议室31间。两个展馆分别位于会展岛中轴线东、西两侧,单体总长度为4 468 m,宽约130 m,净展览面积8万 m^2,整个展区共可分8个展馆,共可设置4 048个国际标准展位。此外,在地下一层还布局有907个车位的大型停车场及8.5万 m^2 的商业用房。

海峡国际会展中心由福州市四大投融资平台的福州新榕城市建设发展有限公司作为业主负责建设,建筑方案设计方是德国欧博迈雅设计所,北京市建筑设计研究院负责施工图设计,由中国建筑股份有限公司主承包施工。

附件2

福州海峡国际会展中心委托经营条件

(一)承包范围

展馆、会议、餐饮、广告、地下商场。

(二)以承包的形式缴纳承包费

其中,地下商场项目:由承包方经营,前2年(2010—2011年)免缴承包费,第3年(2012年)起商场经营总收入扣除费用后,收入由业主和承包方按五五分成。

（三）资格条件

承包方注册资本须在 2 000 万元以上，在福州组建独立核算的法人机构。

（四）承包要求

1. 不得改变展览、会议空间的结构、功能、用途，不得经营与展会无关的项目。

2. 展厅利用率，第 1 年必须达到 27% 以上。

3. 必须确保政府主办的展会活动，且场租按市场价标准给予五折优惠。

4. 承包期内设施维护、大修及技改项目由承包方负责，合同期满必须保持设备正常使用，即第 9 年要做恢复性维修。

5. 外包期间创办的品牌专利归海峡国际会展中心。

6. 承包期限为 10 年。

7. 承包方应接收现有展馆的运营团队人员。

（五）承包方应向业主缴纳保证金 2 000 万元或出具保函担保

（摘自福州市人民政府网站，2010-01-27）

案例讨论：

对一个城市投入巨资建设大型会展场馆，请外地会展公司来管理，你的看法如何？

第3章
会展场馆经营战略与目标管理

【本章导读】

经营是企业以市场为对象,以商品生产和商品交换为手段,开展销售与技术服务,以实现企业预定目标的一系列有组织有计划的经济活动。会展场馆通常是从事会展经营的服务性企业,同样要以市场的需求为依据,以场馆建筑、设备和会展专业技术力量为基本手段,开展多功能服务的会展经营活动,提高会议展览的经济效益和社会效益,向全社会提供更多更好的服务。本章着重介绍会展场馆的经营目标与市场定位、计划管理、经济效益的分析与评估、主要经营项目的运作流程。

【关键词汇】

经营目标　计划　指标　流程

3.1 会展场馆的经营目标与市场定位

3.1.1 会展场馆经营观念与目标

会展场馆开展经营活动的基本观念,是以最佳的多功能服务,满足人民群众物质与文化生活的需求,为社会主义两个文明建设做出贡献,以搞好展览服务为目标,以提高服务质量求生存,以完善服务设施、开拓服务领域求发展,以合理的成本求效益。需要强调的有以下四点:

①市场观念:场馆要在充分了解市场动态和观众需求的基础上,有针对性地、有目的地提供会展服务。这就要加强对市场、对参展参会者和广大观众的调查研究,及时掌握市场信息和市场动态,使会展服务与社会需求紧密结合起来。

②竞争意识:经营就是市场竞争。开展会展经营活动,必须引入竞争机制,在竞争中发挥自己的优势,扬长避短,改革创新,使会展场馆对参展参会者和观众更具有吸引力。

③开发观念:为了有效地开展竞争,就要不断地开发会议展览业务,开拓市场,扩大服务领域。要开展关于新技术、新设备、新材料、新工艺、新方法的开发性研究,努力实现会展业的现代化。充分开发利用好会展场馆现有的各种资源,做到人尽其才,物尽其用,挖掘和发挥场馆的潜力。

④效益观念:会展经营和其他经营一样,直接目的就是获得效益。其不同点在于会展经营更强调在社会效益基础上的经济效益,追求社会效益与经济效益的统一。要想方设法,以合理的成本和较少的投入,提供最佳的服务,来获取较好的社会效益和经济效益。

会展场馆经营的目标是其经营观念的具体体现。其总目标是为促进与发展市场经济和提高人民群众的物质与文化生活水平服务。在这个总的目标下,会展场馆根据自身条件和外部环境,确定本馆在一定时期内经营活动的发展方向和奋斗目标。经营目标包括对国家和社会的贡献目标、展览市场占有目标、场馆发展目标和效益目标四个方面。

3.1.2 会展场馆的市场定位

会展场馆要实现相对的分工,特别是在国内的大城市中,会展场馆的数量正与日俱增,会展场馆在发展中如果没有明确的市场定位,很难在市场竞争中获胜。

1)按照规模予以市场分类

按照会展的规模来进行经营定位分工是较为可行的方式,因为会展场馆的规模就决定了举办会展活动的规模大小。会展场馆在经营时按照自身的规模确定发展战略,这与会展场馆硬件本身有直接联系,因此操作起来同样有效。

2)按照行业予以市场分类

按照行业领域来划分会展场馆的目标市场也是较为常见的方式,但是由于会展场馆在大体功能上较为相似,因此,一般具有一定规模和设施的会展场馆对不同行业均具有一定的普适性。因此,按照行业予以市场分类,不能实现理想的市场划分,有时还会引起更为激烈的市场竞争。

3)按照办展形式予以分类

办展的形式是参展商和观展者较为注重的方面。办展形式对于会展场馆来讲,主要有两种:一种是引进展;一种是自办展。目前大多数展览场馆都在先经营引进展览项目积累经验的基础上,再开拓自办展业务,以提高展馆经营利润率。

对于会展场馆,尤其是中小型会展场馆在建设时可以预先实行特色化设计,通过与众不同的场馆设计,实现某种特殊的办展形式,从而获得特定的市场群体的关注。

4)按地区的产业结构和基础定位

会展场馆所在地区的产业结构对场馆的市场定位起到相当重要的作用。以下以长春市的会展业和厦门市的"石材展"为例。

长春国际展览中心和长春国际会展中心是长春市的主要会展场馆,其市场定位紧扣该市的产业基础,全市先后成功举办了"汽博会""农博会""教育展""雕塑展""民博会"等大型品牌展会以及"电影节""冰雪旅游节"等著名节庆活动。综合起来看,近年来长春市会展经济的发展可以概括为:品牌展会初见端倪,展会特色更加突出,国际化份额明显增加,市场化步伐进一步加快等特点。不断自我提升,并为会展业的发展奠定了坚实的基础。

厦门与国内最大的石材加工基地接壤,拥有超过1 200家石材进出口企业,掌控着该市以及周边10 000多家石材加工厂资源,有4个大型荒料集散地和销售市场,集中了世界各地的各类优质石材。石材贸易量占全国60%以上,占全球比重约达15%,石材产业和港口优势,促使厦门日益成为国际石材产业贸易中心。凭借得天独厚的产业优势,"中国厦门国际石材展"自2001年创办以来,秉持"以出口为导向,进出口贸易与国内订货相结合"的办展方针,突出国际化、专业化、市场化特点,经过十几年的历练与培植,已成为石材业界家喻户晓的品牌。

2013年3月6—9日,"第十三届中国厦门国际石材展"展览面积已达160 000 m²,设置国际标准展位8 250个,有来自全球54个国家和地区的近2 000家企业,成为全球最大规模的石材行业专业展览会。至2019年"第十九届中国厦门国际石材展"展览面积达180 000 m²,展位数达9 300个。

总之,会展场馆无论采取何种经营定位的方法,都应作为会展场馆建设设计的有机组成部分,将市场经营定位作为其发展的战略核心,并从场馆设计、建造、管理等方面紧紧围绕该经营方向,实现最终的战略目标。

3.1.3 会展场馆的目标管理

目标管理是以目标为激励手段进行民主管理的一种形式,属于向导型的激励方法。其基本思想是首先确立会展场馆办会、办展工作和会议展览经营的总目标;然后各个部门及其工作人员根据总目标的要求,设定自己的分目标,并呈报上级认可,形成一个"目标链",进而依据各自的目标制定工作方针和工作进度;最后,以目标达成度作为考核每一个部门和个人的工作绩效的唯一标准。

目标管理的特征是:

①鼓励职工积极参与全馆总目标的制订。

②强调总目标与部门目标及个人目标的有机结合,使职工对目标产生高度的认同感,以及实现目标的责任感。

③提倡以目标作为自我控制、自我管理的手段,促使职工在目标实现的过程中,得到自我满足和自我发展。

我国会展场馆的目标管理,是围绕保障会议展览经营活动进行的,并按质、按量、按时地完成会议展览筹备和展出任务。每一场会议或展览就是一个总目标,安排场地、工作进程、场馆保洁、展览设计、会场气氛、制作布置、展台搭建、设备器材、组织观众、财务收支等,都是部门目标和班组目标或个人目标,这些都要定人、定岗、定时、定质、定量、定性,互相配合,明确职责,及时检查,共同完成。明确会展场馆的目标管理是完善科学管理制度,创造性地实现会展场馆工作任务的一项重要措施。

3.2 会展场馆的计划管理

3.2.1 会展场馆计划管理的概念和意义

1)会展场馆计划管理的概念

会展场馆计划管理就是根据内外环境条件,用目标管理的方法,通过对计划的编制、执行、控制,确定会展场馆的经营目标,指导经营业务活动,保证取得良好的效益。计划管理有双重含义:一是指对计划编制本身的管理;二是实施计划,用计划管理会展场馆。计划管理是一种管理职能,是从提供编制计划依据到计划目标最终实现的全过程中发挥作用的职能。

2)会展场馆计划管理的意义

计划管理对会展场馆的经营业务活动具有指导、规范和控制的作用,科学的计划管理是保证会展场馆实现科学管理的必要条件。

①计划管理是会展场馆管理的首要职能。对会展场馆的管理是通过执行管理职能实现的。在场馆各管理职能中,决策和计划是管理的首要职能。决策和计划为其他管理职能发挥作用提供了目标和纲领。

②计划管理是现代会展场馆管理的客观要求。计划使管理者全面地思考实现目标所需要做的或可能遇到的事情是什么,它能帮助管理人员预测未来,在一定程度上减少未来的不确定因素。即使出现一些不能预见的事情,也能做到妥善处理。

计划将帮助管理者选择更加有效的经营管理方案。在计划制订过程中能发现、利用更多降低成本、防止浪费、提高利润的机会,避免盲目、杂乱无序的经营管理行为。

计划也有利于控制,因为计划提供了评价下属工作状况和场馆经营实绩的标准。不实行计划管理,实际就是危机管理。

会展场馆的业务部门众多,分工越来越细,每个部门、每项工作都有自身的决策目标,客观上要求有一个总目标为各具体部门指明共同努力的方向,要求有一个代表统一意志的纲领来组织、指导、协调各部门的行动,这个目标和纲领就是会展场馆计划。

3.2.2　会展场馆各阶段计划的编制

管理的基本职能是计划、组织、指挥、调节和控制。会展场馆的任何一项管理制度和管理活动,实质上都是执行上述五种职能,并通过这五种职能来实现场馆的工作目标,达到提高场馆两个效益的目的。以下就会展场馆的计划管理进行介绍。

计划是对未来活动方案的一种说明,它说明未来活动的目标以及达到目标的措施、方法和时间。计划管理在整个管理职能中处于首要的地位,它是各项管理工作的前提,是管理者对各项工作进行指挥、实行控制的依据和基础。会展场馆的管理同样也要把计划管理放在第一位,其他各项管理都要围绕场馆计划的实现来开展。

在会展场馆实际计划管理过程中,最常使用和制订的计划为:长期计划、年度综合计划和会展活动项目计划,这些计划组成会展场馆的计划体系。

1)长期计划

长期计划,是会展场馆在较长时间如3年、5年、7年内,在发展方向、规模、设备、人员、经济、技术等方面建设发展的长远性、纲领性计划。会展场馆长远计划是一种战略性计划,它规定会展场馆的发展方向和所应达到的目标。会展场馆制订长期计划是一个决策过程。会展场馆通过对会展市场的调查研究,在掌握了可靠的数据和对国内外会展业的发展水平有了正确估计的情况下,把场馆在这段时间内的经营决策具体化为长期计划。长期计划的核心是会展场馆的发展目标,由于这些目标不是在短时间内能达到的,因此,长期计划不仅要指出目标,而且要指出达到目标的途径。会展场馆长期计划的内容主要有以下几点。

①场馆目标:从总体上确定整个会展场馆的未来目标,其中包括所要达到的各项主要指标,对场馆品牌、水平、标准、规模、经营方向、经营内容等的描述,场馆对市场的预测和市场占有情况,场馆各项经济效益指标增长情况等。

②场馆建设与投资:场馆在计划期内对固定资产投资的总体规划。场馆要确定各种固定资产建设的目标和方向,场馆扩建改建项目,确定对现有固定资产的更新改造、新设备的设置、职工福利设施建设等。场馆要计划所有这些项目的投资额、资金来源、投资安排(投资总额的分配、分期投资额)、投资效益测算、跨年度工程进度安排等。

③场馆经营管理:场馆在计划期内经营管理要达到的水平,如管理体制改革,组织的调整和新模式,管理人员的配备和业务文化素质的培养,管理手段的更新方向,中外方管理的更替和交接等;从体制上考虑,或发展集团经营,或单独经营等都需要规划。

④场馆规模：规划场馆发展的规模和接待能力，如果要扩大场馆接待能力，就要相应地扩建、征地、增加设施等。

⑤职工培训计划：是对场馆管理人员和职工的来源、要求的规划，提高人员素质所要达到的标准，以及为达此标准所需要的培训层次、培训方式、时间安排。

长期计划规划期较长，存在着许多不可预见的影响因素。因而在制订长期计划时，既要使规划指标明确、规划具体，同时各项指标要留有充分的余地。在制订长期计划的基础上再制订场馆年度综合计划。

2）年度综合计划

场馆年度综合计划是具体规定计划期全年度和年度内各时期场馆各个方面的工作目标和任务的计划。年度综合计划是场馆在计划期内行动的纲领和依据，是场馆中最重要的计划。从时间上说，年度综合计划要统御全年度。从内容上说，年度综合计划要包括全场馆及各部门各种业务的目标、任务、经营方式等。

年度综合计划可分为两个部分。

第一部分是场馆综合部分，包括场馆的目标和任务，确定场馆所有计划指标和附加指标，并对指标分解做综括的说明，这一部分由于它的综合性，称为场馆经营业务总计划。

第二部分是部门分类计划，包括各业务和职能部门为达到场馆目标，各自所应执行的目标和任务。部门分类计划有以下几个方面。

①市场推销计划。市场推销计划从市场实际出发，规划会展场馆可以承接展览的类别、期数和面积，可以承接各类会议场次、接待人数和客户结构，确定客户及市场占有率；规划与客户单位的联络方式及确立合同关系，提出对客户单位的推销联系方式、市场营销的主攻方向、市场营销策略。

②场地管理计划。根据经营业务总计划，具体核定场馆的承接能力、接待人数，及这些指标在时间上的分段分配和各单元的分配。为达到场馆计划指标，完成营业收入和利润指标，制订场馆的经营决策，如在可利用的空间新增服务项目，设备设施的添置和更新改造，空间种类结构变化，出租项目、空间管理用品及员工服务用品配置等。计划要规定场馆的劳动组织形式，人员安排和编制定员，各岗位的劳动定额、业务组织形式、人员培训等。对场馆所属部分的各功能用房及其他空间也均要制订相关计划。还要在计划中提出服务质量计划、物资消耗计划、设备设施维护保养计划。

③餐饮计划。餐饮计划包括餐饮收入计划及为达到此目标的经营决策计划。根据经营业务总计划，确定餐饮方面的营业收入、营业收入构成（如宴会、快餐、团会、酒吧、风味、饮料间、咖啡室等部分的收入在营业额中所占的比例）。为达到计划目标，要确定经营决策，如菜单的制订，投料单及菜食价格的确定，各类菜食毛利率，餐饮设施决策。在计划中要确定餐饮部流动资金占用及来源，饮食品及原料的存储和采购量，厨师技术力量的配备和培训计划，服务形式的基本设计，服务质量计划，餐饮设备设施的配置与更新，物料能耗测算和成本控制计划。

④商品销售计划（有设立商场的会展场馆）。根据经营业务总计划，确定营业收入、毛利率；确定商品经营的内容，经营方式，各类商品和各柜组的经营方针和经营策略；核定流动资金的占有和周转，各柜组流动资金分配及效益指标；确定商品采购形式、采购计划；

确定优质服务、售后服务等方式和控制办法。

⑤劳动工资计划。主要对会展场馆的人员及劳动报酬制订目标,做出决策。劳动计划要确定场馆正常运转所需人数,场馆职工人数,职工分类,职工构成比例,招用临时工和志愿者计划,职工人数的部门核定,招聘技术工种或特殊工种人数,需增加或裁减人员数;计划要确定人员素质标准,劳动组织的基本形式,计划确定的招收、培训、学习、上岗等具体人数和时间;核定场馆全员劳动生产率、创利率和创汇率。

工资计划要确定场馆工资总额和平均工资额,职工工资的构成和分配形式。工资计划要核定场馆奖金、津贴和工资的支付额度。同时,要分析计划期内场馆的工资变动状况。

⑥设备建设和维修计划。设备建设和维修计划是对场馆设备进行投资建设、保养维修的计划。该计划要制订设备的需用量,需添置设备的种类、数量、资金来源,制订设备更新改造和报废计划。

该计划对场馆设备的现状要做出分析和评估,对设备实行归口保养,设备部门要对设备保养的控制做出规定,确定日常修理的方式和工作量,计划修理的方法和工作安排,并根据不同类型的设备确定修理的时间和方法,及在计划修理期间设备使用的替代方案、经费预算、力量安排等。

⑦物资计划。物资计划是为会展场馆各部门完成接待和供应任务而提供各种物资保障的计划。物资供应计划要确定各部门所需各种主要物资的种类及基本要求(如规格、质量、使用特性等),计划期内物资的需用量、物资储备量、物资进货渠道、物资的采购批量。该计划还要确定物资保管的体制和方法,仓库管理方法,资金占用量和来源,物资供应方法,计划各部门各类物资的消耗量或消耗比例。物资计划应由财务部会同各使用物资的部门进行测算核定后再行制订。

⑧财务计划。财务计划是根据各部门和整个会展场馆的决策和预算,为保证这些决策的实施而在财务上做出的相应规划。财务计划主要包括固定资产计划、流动资金计划、利税计划、专用基金计划、财务收支计划、成本费用计划。财务计划要规定场馆资金的一些主要方面,如固定资产折旧费、大修理费、流动资金需用量、流动资金周转速度、流动资金部门分配、利润总额、收入总额、收入和利润构成、利润率、各种专用基金的收入与支出、成本及费用的计划量等。

会展场馆的财务计划应与场馆的经济责任制、场馆经济指标测算与分析等内容结合在一起。

⑨基建及改造计划。其主要是针对有土建或较大规模的会展场馆建筑施工或装修计划而言的。基建计划有两部分内容:一是基建或改造的内容,如项目、规模、投资,委托的土建和设计单位;二是基建或改造的进度安排,基建或改造要与其他部门配合的范围和要求等。会展场馆年度综合计划主要由上述这些部分组成。场馆年度综合计划由于内容复杂具体,时间上纵贯全年,因而该计划具有全面性,对场馆实际业务活动的开展起到协调制约作用。年度综合计划是场馆在计划年度内的决策,根据这一决策而产生各部门的决策,因而该计划带有权威性和严肃性。它对会展场馆经营业务活动的开展有指导和目标的意义,因此,计划制订要慎重,一经制订,就要抓紧落实,进行控制,以保证计划的顺利完成。

3)会展活动项目计划

会展场馆年度综合计划规定了场馆在计划年度内的目标和任务,这些目标和任务是在年度内由各部门分阶段逐步完成的。为了保证年度综合计划的完成,作为年度综合计划的补充,一般会展场馆还需制订会展活动项目计划。会展活动项目计划分为两类。

①月计划。月计划是以时间单位月为范围,依该月的时序而制订的会展活动项目计划。这个计划根据年度综合计划和各月预报预订会展项目的实际情况,具体规定每个月的计划指标和各部门的日常业务工作,它是年度综合计划在各个月的具体化,围绕会展活动项目,各部门都要制订相应的业务计划。如场地管理计划、物资采购供应计划、劳动工资计划、财务收支计划、工程设备和维修计划、工程后勤供应计划等。

由于会展场馆承接的会议展览项目有各种类型的淡、旺季,每个月的业务量、业务内容、客户、经济状况都会有所不同,因此,各个月计划也是不完全相同的。月计划要求逐月制订并详细具体。

②会展活动项目计划。会展活动项目计划是指会展场馆针对某一项会议或展览任务而专门制订的计划。会展业以会议和展览为中心开展各项工作,由于会议与展览的时效性和系统性,要求会展场馆的管理者在有限的时间内做好各项组织协调和管理工作,在这一过程中以项目的概念来实现时间、技术、人力的有效利用,服务好办会、办展、参会、参观的客人,最大限度实现会展目的。这一计划主要是根据会展项目的性质、规格、规模、重要性和特点,对接待的标准和具体内容做出决定。其特点是时效短、重点突出。

会展活动项目计划要对已确定的目标拟订会议(会前、会中、会后)、展览(展前、展中、展后)的时间、工作内容、规格标准要求等方案,分配各部门的具体任务,确定项目进行中的各个重要细节。该计划还要设计时间表,如接受项目时间、准备时间、进馆布置时间、开会时间、开幕时间、撤馆时间等。对各种任务和具体事项要落实到部门,有的则要落实到人,重要会展项目还要有倒计时的提示。

会展场馆的长期计划、年度综合计划和会展活动项目计划组成了会展场馆的计划体系,这些计划在或长或短的时间里,从各种业务方面指导和控制着会展场馆的发展和场馆业务的进行。因此,要制订好会展场馆的各项计划,必须运用科学的计划编制方法,建立科学的计划编制制度和编制程序。根据自身条件和客观需要,把会展场馆的长期发展规划与现实发展计划,宏观战略规划与微观的作业计划结合起来,制订出有科学价值和指导意义的完整计划。

3.3　会展场馆的计划指标及其分解

3.3.1　对会展场馆经济效益的分析

会展活动的经济效益分为场馆(专业展览机构)本身的直接经济效益和展览活动所实现的间接的、宏观的综合经济效益两个方面。

1) 会展活动的直接经济效益

会展场馆在会议展览经营服务活动中所取得的合法收入或利润属于会展的直接经济效益。主要包括参展参会费(自办展、会)、入场券收入、会议和展览场地出租费、摊位出租费、展台出租费、展具出租费、会议展览设计费、会场气氛布置费、特装制作加工费、劳务费、广告宣传费以及会展场馆的各种配套服务项目(装卸、搬运、仓储、花卉出租、餐饮、商务中心、商场等)的收费等。有些与其他单位合作的服务项目,如金融、邮电、通信、交通、运输、旅游服务等,会展场馆本身有收益的,也应计算为场馆的直接经济效益。

考核与追求会展活动的直接经济效益,对实现会展的目标、促进会展业的发展、推动社会的进步都具有重要意义。

提高会展的直接经济效益,可以增强会展场馆的活力,使它有可能改善会展服务设施,扩大服务范围,提高服务质量,从而提高会展的社会效益。

2) 会展的综合经济效益

会展的综合经济效益是指会议展览带来的宏观的、社会性的、间接经济效益。它又包括两个不同的层次:一是与会展直接有关的间接经济效益,如参展商在展览期间达成的交易额,有关服务单位在展会期间收取的服务费用等;二是与会展间接有关的经济效益,如会展期间该城市与地区内商品零售额的提高,饭店、宾馆、文化娱乐业、旅游业收入的增加以及交通运输等服务业的收入等。此外,由于举办会议展览活动,能推动一个地区或一个城市基础设施的建设,使城市面貌和投资环境得到改善,也属于会展的综合性经济效益。考核与追求会展的综合性宏观经济效益是十分重要的。在一定意义上来看,会展的经济效益主要在于其宏观经济效益,会展对社会的巨大贡献也正在于此。由于会展对一个城市、一个地区和一个国家的经济发展有巨大的启动和推进作用,因此,各经济发达国家和许多发展中国家都十分重视举办会议展览活动。许多国家把会展业视作一个地区或一个城市发展的支柱性产业,带动着整个地区、城市经济的繁荣和发展。从我国的经济发展来看,会展业在促进沿海地区和各开放城市的经济发展方面,发挥了巨大的推动作用,并已逐步向内地延伸。

3.3.2　评估会展场馆经济效益的方法

评估和计算会展场馆的经济效益,是对场馆的劳动耗费、劳动占用以及会展经营服务成果的比较和考核。与评估会展的社会效益不同的是,评估经济效益主要通过定量分析,即通过分析各种经济指标来进行。由于中国会展界目前还没有形成统一的评价会议展览经济效益的指标体系,而且各会展场馆隶属关系不同、体制不同、规模大小不一,情况差别很大。本章提出会展场馆(含具备会展公司或具备饭店职能的会展场馆)以下一些通用的评价指标和评价方法供参考。更系统、更科学、更完备的会展经济指标评价手段和评估计算方法,还有待会展界的进一步研究和归纳以及国家有关部门的制订。

1)会展场馆(含具备自办会展项目)直接经济效益的评价指标

(1)会展项目的总成本(总投入)

会展项目的总成本是指一定时间内,会展经营与服务活动中物化劳动和活劳动消耗的总和,是会展与服务活动中所耗费的人力、财力、物力的货币量表现。核算会展活动的总成本,是分析会展经营服务水平,计算经济效益的重要依据。其计算公式是:

会展项目总成本 = 物化劳动转移价值 + 劳动者为个人需要新创造的价值 + 劳动者为社会需要新创造的价值

具体来说,就是会展活动中各种原材料消耗费用、燃料动力费用、设备折旧费用等加上会展活动设计、制作、服务人员及管理人员工资、福利和税收。

(2)会展项目总收入(总产值)

会展项目总收入是指会展场馆在一定时期以货币量表现的总经营服务效果。它包括会议展览活动的收入,如参展、参会费(自办展、会),展厅、会议厅、展具等租赁费,会展设计、制作、布置费,展出服务费,门票收入等;还包括各项配套服务的劳务费收入和销售收入等。考核会展的总成本和总收入是考核会展经济效益的主要指标。

(3)会展项目的净收入(净产值)

会展项目的净收入是会展经营服务活动中新创造的价值。其计算公式是:

会展项目净收入 = 会展活动总收入 − 物质消耗价值

或者按收入分配的方式计算,其计算公式为:

会展项目净收入 = 职工工资及福利基金 + 税收 + 利润 + 其他非物质消耗支出

计算会展项目的净收入,是分析会展项目的直接经济效益,计算会议与展览活动的消费与积累之间的比例关系,评价会展经营服务水平的重要依据。

(4)会展项目经济效率

会展项目经济效率是会议展览的总投入与总收入的对比,它是考查会展项目经济效益的重要相对数指标,是观察与分析会展项目经济效益水平的重要数据。其计算公式是:

会展项目经济效率 = (会展项目总收入 − 会展项目总投入)/会展项目总投入 ×100%

会展项目经济效益越高,表明会展场馆经营服务的消耗低、质量高、效益好。

(5)会展项目利润率

会展项目利润率是表明资本赢利程度的指标,是表明会展经营服务质量好坏的重要指标。其计算公式是:

会展项目利润率 = 会展项目利润总额/会展项目总收入 × 100%

(6)展厅、会议厅(设施、设备)利用率

这是反映会展场馆建筑、设备与设施利用程度的指标,对展厅、会议厅及设备利用率进行分析,对挖掘与发挥会议、展览的潜力,提高经济效益有重要意义。其计算公式是:

展厅(会议厅)利用率 = 展厅(会议厅)实际利用面积数(m^2)/展厅(会议厅)面积总数(m^2)×100%

以上公式主要是计算在一次展览(会议)中展厅的利用率。此外,还应考核在一年之中展厅(会议厅)的实际利用率。其计算公式是：

全年展厅(会议厅)利用率 = 全年实际利用展厅(会议厅)面积总数(m²)/[全馆展厅(会议厅)面积总数(m²)×365]×100%

与上述指标相反，就是展厅、会议厅(设备)闲置率和全年展厅、会议厅(设备)闲置率。展厅、会议厅利用和闲置系数是衡量展厅、会议厅经营管理水平的重要标志。

(7)场馆可供出租面积每平方米利用率

场馆可供出租面积每平方米利用率是指在特定的某一时间段，如一天、一个月、一个季度或一年内，已出租的或计划出租的平方米数在可供出租面积的平方米总数中所占的比例。它的计算公式是：

场馆可供出租面积每平方米利用率 = 已出租的或计划出租的平方米数/可供出租面积平方米总数×100%

这个指标的意义在于：

①反映场馆工作量的变化；

②反映场馆服务质量的变化；

③反映市场份额的变化。

(8)场馆每平方米收入

每平方米收入是指在特定的时间内如一天、一个月、一个季度、一年等，场馆可供出租的每一平方米的平均收益率。它的计算公式是：

每平方米收入 = (已出租或计划出租的每平方米的实际租金 × 已出租或计划出租的平方米数)/(每平方米台面租金×可供出租平方米总数)

这一指标将场馆经营收入细化到每平方米，它的意义在于：

①反映场馆创收能力；

②反映场馆竞争实力；

③评价场馆经营效益的重要依据。

每平方米收入的高低，从一个方面反映场馆经营的效益。当然，评价场馆经营效益不能只看收入，还要计算成本支出。但在展览场馆这个独特的领域里，由于存在一定程度的合理的场馆空置率(国际上有一种说法，利用率达70%就算饱和)，场馆每平方米收入越高就越能抵消场馆空置所造成的损失。

(9)每平方米毛利润率与场馆总毛利润率

每平方米毛利润率或场馆总毛利润率，是指在某一时间段，通常是一个月、一个季度或一年内每平方米或整个场馆租金收入在扣除运营成本，如人力、水电、推销费、营业税收之后(不包括财务成本，如折旧、利息等)的剩余部分。这两项指标的计算公式是：

每平方米毛利润率 = (每平方米收入 − 运营总成本/可供出租平方米总数)/每平方米收入×100%

场馆总毛利润率 = (总收入 − 总成本)/总收入×100%

毛利润率是反映场馆经营效益的最直接和最重要的指标。

(10)市场渗透率

市场渗透率是指一定时间内场馆的实际出租面积在所在地区或全国场馆市场所占的

份额。它的计算公式是：

市场渗透率＝场馆实际出租平方米总数/所在地区或全国实际出租平方米总数×100%

以北京展览市场为例,2002年实际出租面积约1 400万 m^2,而中国国际展览中心的实际出租面积约750万 m^2,占市场份额的一半,也就是它的市场渗透率超过了50%。

(11)顾客回头率

顾客回头率是指场馆的使用者有无再次使用的意愿与实际行动。场馆的顾客主要有:组展商、参展商、参会者、搭建商和观众。目前,顾客回头率是通过顾客满意度的调查结果来推算的,由于他们在接受这种调查时往往带有感情色彩,因此,应重点放在对顾客的实际行动的调查与分析工作上。例如,去年在你的场馆办了100场展览,而今年减少到80场,其中原因很可能是一些组展商对你的管理水平、设施水平、场地规模不满意;又如去年某一展览在你的场馆举办时,有500个参展商,而今年只有400个,原因可能与组展商的能力和工作质量有关,但也可能是这些参展商对场馆的服务不满意,不愿再来参加在你的场馆举办的展览会。场馆经营者可以通过顾客回头率来检查自己的工作,避免客源流失。

(12)会展项目劳务(服务)效益

会展项目的劳务与服务效益,一般采用绝对数额指标,不取比率数。可分别统计生活服务收入、商业服务收入、会展劳务服务收入等。反映全馆总体劳务效益的指标,称作会展劳务效益,其计算公式是:

会展项目劳务(服务)效益＝会展项目总收入/全馆职工总数

(13)会展项目服务满足率

会展项目服务满足率,是会展项目应提供的服务同实际提供服务的对比,它反映会展项目服务满足顾客需求的程度。其计算公式为:

会展项目服务满足率＝已实施会展服务项目/应开发会展服务项目×100%

会展项目服务满足率越高,反映会展场馆多功能服务的水平也越高,为观众和参展者服务的质量也越好。

由于会议展览经营与服务的范围广、项目多、种类复杂,各类场馆在实际操作中可根据实际经营情况灵活运用,也可以另行设计更具针对性和可行性的经济效益考核指标。

2)展览综合经济效益的评估方法

(1)展览贸易成交额

这是反映展览宏观的综合经济效益的重要指标。其中包括以下几个内容:
①展品现场销售额,指参展者通过展示展销活动,在展览会期间实现的销售金额;
②签订贸易合同数及合同金额;
③签订技术贸易(许可证贸易)合同数及合同金额;
④签订贸易意向金额。

(2)展览交易成功率

展览交易成功率即展览会期间所发生的实际成交数与交易行为总数的对比,它反映展览为经贸活动服务的效率与水平。其计算公式为：

展览交易成功率＝已签约交易行为数/展览期间交易行为总数×100%

（3）展览的宏观社会经济效益

博览会或展览会都会给社会带来巨大的经济效益,这些效益都是可以估算的,但在操作上比较复杂,而且要取得社会各界的支持与配合才能进行。展览的宏观社会经济效益,主要有以下内容：

①其他各服务单位配合展览会开展服务活动的经济收入,如银行、邮局、保险公司及其他服务单位的展览服务收入;

②城市(或地区)在展览期间商业、餐饮业、饭店宾馆、文化娱乐业、交通运输业等方面增加的收入;

③城市(或地区)为服务展览会,在各项基础设施和城市建设方面的投资及其成果。

3)具备饭店功能会展中心所属宾馆的经济效益考核指标

（1）客房出租率

客房出租率反映住宿设施的使用情况。计算公式为：

客房出租率＝报告期内每天租出的客房数之和/(报告期内实有客房数×报告期天数)×100%

（2）客房平均房价

客房平均房价反映客源的质量情况。计算公式为：

客房平均房价＝报告期内客房营业收入之和/报告期内出租客房数之和

（3）人均停留天数

人均停留天数反映了客源的质量情况。计算公式为：

人均停留天数＝报告期内客人住宿天数之和/报告期内住客人数之和

（4）全员劳动生产率

全员劳动生产率指饭店平均每一职工(包括其他人员)在单位时间内(日、月、季、年)实现的营业收入。计算公式为：

全员劳动生产率＝报告期内饭店营业收入之和/报告期内饭店平均职工人数×100%

（5）人均实现利税

人均实现利税指饭店平均每一职工实现的利润和上缴国家的税金(包括营业税、城建税等)总额。计算公式为：

人均实现利税　＝(报告期内饭店利润＋税金总额)/报告期内饭店平均职工人数

（6）人均创汇额

人均创汇额指饭店平均每一职工在报告期内实现的外汇收入。计算公式为：

人均创汇额＝报告期内饭店平均外汇收入/报告期内饭店平均职工人数

（7）利润率

利润率指报告期内饭店实现的利润总额占营业收入总额的比重。计算公式为：

利润率＝报告期内饭店利润总额/报告期内饭店营业收入总额×100%

（8）营业收入构成

营业收入构成指饭店营业收入中各部门（如客房、餐饮、商品及其他部门）收入所占的比重。

（9）设备完好率

设备完好率指报告期内饭店完好的设备之和除以报告期内饭店拥有的全部设备之和。计算公式为：

设备完好率＝报告期内完好设备之和/报告期内全部设备之和×100%

（10）客人满意率

客人满意率指报告期内客人满意程度。计算公式为：

客人满意率＝报告期内被调查客人满意人数之和/报告期内被调查人数之和×100%

（11）客人投诉率

客人投诉率指反映报告期内饭店住宿客人的投诉情况。计算公式为：

客人投诉率＝报告期内投诉客人数之和/报告期内住宿客人数之和×100%

事实上，从完成任务的投入资源目标、产出结果目标与服务管理目标等方面考虑，还有许多目标指标可供选择。会展酒店的经营管理者在选用目标指标时，还可参考本地区或国内外同类酒店经营的目标指标数值。

上述各类经济效益指标，都是通过数量指标来反映的。这种定量分析评估的方法，一般来说，可以表现会展场馆经济效益的大小。但是，由于会展业不同于一般工业企业，它的主要产出不是有型产品而是服务，因此，考核会展的经济效益，除了数量化的指标外，还必须有服务质量指标，考核会展服务的质量水平和满意程度。这方面目前还没有较具体的质量考核指标，可分别按不同的会展服务项目，以评估社会效益的方法（调查、访问和观察）来进行服务质量的评估。把会展服务的数量指标与质量指标综合起来进行评估，就能较准确地反映会展活动的真实经济效益。

3.4 会展场馆主要经营项目及流程

会展场馆以会议展览活动为主要经营内容，而会议展览活动的实现必须靠场馆各部门全体员工来共同完成，因此，每个场馆必须制订相关的工作流程来规范各部门的工作，保证每个会议展览项目的圆满实施。

3.4.1 展览项目服务流程

为在展览过程中向客户提供优质的服务，对业务部门、展厅服务台、场地管理、工程、通信网络、广告、商务、安全保卫等现场管理与服务制订流程，确保展览服务质量（见本章案例——某场馆展览项目服务流程）。

3.4.2　会议活动项目服务流程

参考本书第 6 章。

3.4.3　会展场馆自办展的策划流程

因篇幅有限,参考本系列教材《会展实务》《会展项目策划与组织》。

本章小结

　　通过本章的学习,要懂得如何制订会展场馆的长期计划、年度综合计划和会展活动项目计划;能根据实际情况充分挖掘"会展场馆"内外可供经营的项目并进行运作;能在经营过程中为降低成本、提高效益对各类指标进行测算和分析;懂得策划和运作具体的会展项目;建立良好的客户关系。

复习思考题

　　1.会展场馆的使用率偏低有哪些原因? 为什么?
　　2.会展场馆计划管理的概念和意义?
　　3.会展场馆的计划有哪些类型? 各有什么特点?
　　4.经济利益是会展场馆最高目标的观点对吗? 为什么?
　　5.列举会展场馆直接经济效益评估方法中的三个项目,并加以说明。
　　6.展览会结束后,场馆还要进行哪些方面的工作?

实　训

　　考察某会展活动,从现场各方面发现该场馆经营项目设置是否合理,并思考如何改进提高。

案 例

某会展中心展览项目工作流程

1）合同签订后展前的服务工作

（1）业务部门工作

①根据项目特点及客户要求，制订完善的工作单，报批后下发。

a. 根据主办单位的要求，组建展馆现场服务保障机构，并做出明确的分工。

b. 展览工作单应包括：展会名称，展出地点，展出时间（布展、正式展出、撤展、展会作息时间等），开幕式时间，开幕式地点，项目部门及负责人，联络电话，各部门分工（明确工作内容），对设备（设施）配置要求，开启和关闭时间，证件，餐饮要求等。

c. 工作单附件可包括：清晰准确的展位分布图（含搭建图），最新的展商名录（含楣牌内容）及各展位的租赁项目服务要求，主办单位会议活动的时间、场所安排，主办单位展馆现场工作机构的组成情况、人员分工（含工作职责及联系方法等）及工作流程，各小组的现场签单有效人，各种现场服务签字确认单及统计表，以上内容均应得到主办单位的书面确认。

d. 遇两个以上的展览会举办时间出现重叠，制订方案时应将时间重叠的项目做综合考虑，以利于各项目间服务提供的协调与衔接。如果项目均由一个业务部门承接，应一并做成一个方案；如果项目不是由同一业务部门承接，应主动与相关的业务部门协调，在无法达成一致的情况下，应及时上报公司，由公司领导协调解决。

e. 工作单连同附件制订完成后，上报公司分管领导审核，经总经理批准，并及时告知主办单位，而后下发至相关部门。

②召集双方分工小组的负责人（含现场有效签单人）开现场协调会，使人员直接对接，以保证现场服务的便捷，同时下发各种表格资料。

③双方同时派人对准备工作做最后检查。

以上过程中如有发生双方签字确认的文字材料，业务部门应负责保存原记录，以便日后作为解决纠纷的原始依据。

（2）服务部门的工作

①服务部门协助业务部门为客户提供专业咨询及服务确认，为避免沟通渠道的交叉而造成信息传递的重复、遗漏及不确定，服务部门原则上不直接与客户发生联系，只通过业务部门的项目经理一个口对外。

②场地管理部按照《展览服务管理工作规范》《储运管理工作规范》《开幕式服务工作规范》的要求，进行标准摊位搭建，预约租赁服务项目的管理，提前到达货物的管理，保洁管理，运输准备，花卉、绿色植物租摆准备工作。

③工程部按照客户提供的信息、《展览工程服务工作规范》《开幕式服务工作规范》，计算用电负荷，进行标准摊位射灯、插座和预约用水、用电、用气的布置。

④网络信息部按照展厅服务台的通知、《展会网络通信服务工作规范》《开幕式服务工作规范》，派人做好展厅通信、网络及相关设备的租赁工作，同时按照《广播室管理工作

规范》和业务部门提供的要求进行常规广播及特殊广播服务。

⑤广告部按照《广告(特装展位)制作工作规范》负责特装、广告的制作、开幕式布置及承接美工服务的工作。

⑥会务部按照《会议服务工作规范》做好展览期间会议的现场服务准备工作。

⑦保卫部按照《消防治安控制程序》《开幕式服务工作规范》做好展位搭建及特装的消防安全核查工作,发现问题,立即通知相关部门进行整改。

⑧餐饮部按照《餐饮管理工作规范》《饮料间管理工作规范》做好展览会的餐饮供应工作。

⑨综合服务部按《商务中心管理工作规范》做好商务中心、小卖部、花卉出租等配套服务的准备工作。

2)展览期间现场服务的工作

(1)业务部门的工作

①业务部门(或项目负责人)向展厅厅长提供展位图和相关资料,若条件允许,可提供组委会项目负责人的联系电话、参展企业目录、展商参展手册、展览会议活动安排表等相关资料,便于展厅服务台的咨询服务。

②主办单位在合同规定外要求增加服务项目时,展厅服务人员凭业务部门或业务项目负责人的书函(或主办单位书函)提供服务。展览结束前,业务部门或业务项目负责人做好增加服务项目费用的结算和跟踪签单及数量统计工作。

③跟踪检查展馆服务进度及质量,现场协调,做好布展加班安排。

④配合消防及安全部门现场检查,发现问题积极同主办单位协调,立即进行整改。

⑤将各小组汇总的现场签单做分类统计,与现场实际服务进行对照,及时补缺补漏(签单),同时对场租外(或合同外)的费用做初步核算,为展后结算做好充分的准备,最好能将总额概数及时通报对方,为展后结算确认做好铺垫。

(2)展览期间服务部门(含展厅服务台及各部门抽调到展厅服务的临时小组相关人员)的工作

①展厅服务台工作。

a.根据公司指令,布展第一天各部门安排固定人员向展厅厅长报到。各展厅服务人员按照《关于员工仪表、言谈、举止的规定》的要求上岗,展厅厅长做好工作安排。

b.布展期间,客户到展厅服务台咨询时,服务台人员应做好咨询服务。客户需要展馆提供现场服务项目时,服务台人员依照《展览服务管理工作规范》做好服务项目的租赁工作,现场收取服务费用,并及时上缴财务部;对于签单项目,展厅服务台按照"先签单后服务"的规定,做好现场签单的工作,并及时将情况通报业务部门;若客户反映租赁的服务项目在使用过程中出现故障(如展架锁头松动、电源跳闸、射灯不亮、楣板字刻错等)时,服务台人员认真填写"展厅现场派工单",移交相关服务人员及时进行处理。若客户要求提供的服务不属于展馆现有的服务范围(如要求提供一些布展时使用的小工具、小配件等)时,服务台人员应尽可能地协助客户解决(如告知小卖部有否出售或美工服务点能否承接等)。

c.客户在规定的布展时间外要求加班,按以下办理:

客户直接交费的由服务台人员向客户说明展馆的加班管理规定,并向客户提供"加班申请单"填写,同时做好加班客户的数量统计,在客户向展馆交纳加班管理费后,安排值班人员配合加班。

主办单位同意统一支付加班管理费的,服务台人员凭业务部门或业务项目负责人的口头或书面通知提供服务,并将实际加班时间记录在案。展览结束前,业务部门或业务项目负责人凭主办单位的书面函件向其收取加班管理费。

d. 展览期间,展厅服务人员依照《展览服务管理工作规范》《展馆安全管理规定》《展馆防火规定》《展馆物业管理规定》《社会化用工使用管理办法》等有关规定,监督参展商、社会化用工遵守合同、法律法规及展馆有关规定,做好展厅的现场巡视检查工作,发现损毁基础设施时,按照《物品防护控制程序》执行,要求对方按损害程度进行相应赔偿。

e. 撤展时,服务人员做好展厅的现场巡视检查和展览设施的管理,督促保洁人员做好展厅污染面积严重位置的清洁。

f. 发生突发事件时,服务人员依照《应急准备和响应控制程序》的有关规定处理。

g. 展品的运输、装卸,由运输管理员在厅长的领导下,按照《储运管理工作规范》进行作业。

②场地管理部按照工作单、《储运管理工作规范》《展览服务管理工作规范》《医务室管理规范》《工作环境控制程序》提供现场服务。

③会务部按照工作单、《会议服务工作规范》提供现场服务。

④工程部按照工作单、《展览工程服务工作规范》《开幕式服务工作规范》进行供电、照明、空调、电梯、供水、供气等保障工作和现场服务工作。

⑤保卫部按照工作单、《消防治安控制程序》《开幕式服务工作规范》等有关规定,做好展厅治安、消防、安全工作。

⑥网络信息部按照工作单、《网络通信服务工作规范》《广播室管理工作规范》《开幕式服务工作规范》,做好播音、各展厅的网络通信安装和开幕式音响设备的保障工作。

⑦广告部按照工作单、《广告(特装展位)制作工作规范》提供相关服务。

⑧办公室按照工作单,各部门及各展厅服务台对保障物品(如快餐、饮用水等)、交通的需求,协助做好保障物品的领取或发放、车辆值班等后勤保障工作。

⑨综合服务部按《商务中心管理工作规范》《餐饮管理工作规范》《饮料间管理工作规范》,为客户提供打字、复印、话务、传真、机票预订等有偿配套服务和餐饮服务。

⑩质检部对展览现场服务工作进行检查、监督,发现问题及时处理,并做好记录。

a. 若是发现服务人员未按公司规定的各项服务工作规范及工作单的要求提供服务,应及时令其纠正并做好记录。

b. 若是由于工作单在执行过程中未能达到预期的质量目标及效果,应及时与业务部门进行沟通,针对问题采取纠正措施,及时纠正问题。

c. 若是由于公司规定的服务工作规范在执行过程中未能达到预期的质量目标及效果,应及时针对问题加以总结,以持续改进服务工作规范,可能时应采取纠正措施。

如遇撤展难度较大的项目,应由公司召集相关部门开专题会议,讨论制订撤展方案,必要时可邀请主办单位相关负责人到会参与讨论。

3)展览结束后的工作

①业务部门与现场实际服务进行核对后,整理各小组汇总的现场签单进行最终的分

类统计，同时计算出光地场租外（或合同外）的费用，上报公司领导，经批准后通报主办单位；对方如提出优惠请求，经总经理决策后方可承诺，但不论是否优惠，主办单位均应在离开本展馆前，在展后结算单上签章确认，并在约定时间内全额付款，业务部门负责落实；业务部门协助主办单位写好展览总结报告，上报展览批复部门；业务部门与主办单位洽谈该项目下一届展览的场租事宜，争取能成为例展，以做到业务的持续发展。如果是全国巡回展，应尽量争取该项目再次到本展馆举办。同时也可探讨其他项目的场租业务。若发现客户拖欠余款或在展后结算中发生遗漏，由此给公司造成的经济损失，由业务部门负全部责任。

②财务部在相关部门的协助下，完成展会项目总收入的统计核对工作，并核算各部门的收入，以便年度的考核及奖金分配。

③各部门协助业务部完成展后结算工作，同时针对此次展览场馆服务方面发现的问题，结合客户反馈或投诉的意见及建议，认真总结经验教训，主动与客户沟通，深入分析，持续改进，不断完善管理体系。

④质检部根据实际情况提出不足，持续改进。

案例讨论：

一次展览活动的完成，涉及场馆内部配合的相关工作甚多，如何使各部门的工作既不重叠，又不空缺，以上案例中该会展中心展览项目工作流程还有哪些方面可以改进？

第4章
会展场馆人力资源开发与管理

【本章导读】

　　会展业存在竞争是必然的,而竞争的内容也将从综合实力的竞争具体到人力资源的竞争,因此,会展场馆的人力资源开发与管理至关重要。本章主要介绍会展场馆人力资源概述,会展场馆人事组织机构与管理制度,会展场馆人才的招聘与志愿者管理,会展场馆员工队伍的专业化培训等。

【关键词汇】

　　人力资源管理　　岗位设置　　人才招聘　志愿者　专业培训

4.1　会展场馆人力资源概述

4.1.1　会展人力资源

所谓人力资源管理,就是通过对人和事的管理,处理人与人之间的关系,人与事的配合,以充分发挥人的潜能,并对人的各种活动予以计划、组织、指挥和控制,以实现组织的目标。人力资源管理,不仅是对人的管理,而且要结合对事的管理,要通过对人和事的管理,人与事的协调,发挥人的潜能,来实现组织的目标。

我国改革开放以来,社会各方面的发展取得了巨大的成就。全国许多城市都十分重视会展经济的作用,会展业已经成为新兴的经济助推器。近些年来,许多地方大兴土木,一座座新型的会展中心拔地而起,然而,会展场馆"软件"的提升与硬件的发展却尚存距离。发展会展经济需要有许多先进的会展场馆,而更需要有许多一流的会展场馆经营管理人才。加入 WTO 之后,中外合资合作会展公司和会展场馆的出现,外国展览公司在我国设立分公司、办事处或代表处等,中国会展业将面临新的挑战。

广义的会展人才包括会展核心人才、会展辅助性人才以及会展支持型人才。会展核心人才包括会展项目开发、策划和会展高级运营管理等人才,他们在行业中层次最高、专业性最强;会展辅助性人才包括广告宣传设计、展台搭建、运输、器材生产销售等人才;会展支持型人才则包括高级翻译、住宿旅游接待等人才。

就全国各地的实践来看,政府部门对会展业发展的扶持主要体现在政策和投资上,尤其是对大型和特大型会展设施和会展场馆建设的支持和资助。这是因为大型会展设施的建设投资巨大,企业自行解决有困难。相对而言,政府在培养人才与引进人才方面的投入则可能会有所不足。因此,会展场馆经营管理单位对场馆人力资源的开发与管理就显得更加重要。

根据中国会展经济研究会统计工作专业委员会所做的《2018 年度中国展览数据统计报告》指出:国内高等院校自 2002 年创办会展专业以来,至 2018 年,29 个省(区、市)的 57 个城市累计有 347 所高等院校开设会展经济与管理专业(本科)或会展策划与管理专业(专科),同比 2017 年增加了 11 所,增长 3.27%。其中,本科院校 123 所,专科院校 224 所。从分布看,广州 23 所、上海 22 所、北京 18 所分列前三。有 14 所大专院校设立会展研究院、研究中心或研究所。会展科班人才正在不断地充实会展产业链的相关单位,同样也为会展场馆增添了朝气蓬勃的新生力量。

4.1.2　会展人力资源不足的矛盾

伴随着会展业的迅猛发展,近年来会展人力资源不足的矛盾日益突出。当前的问题集中表现在以下四个方面:

①会展专业人才严重缺乏。长期以来我国会展业一直以政府主导为主,商业化运作开展较晚,基本上没有培养出规模化的会展专业人才队伍。

②从业人员业务素质总体偏低。会展从业人员的受教育程度、组织策划水平、市场开拓与创新能力,都还有待进一步提高。

③专业结构不全。会展业是一个涉及多个关联产业的现代服务产业,一个大型的会展活动就是一个系统工程,从业人员需要具备更宽、更高和更全面的知识,目前会展从业人员的专业结构是不全面的,会展及相关专业科班出身的人才比例偏小。

④人才分布不均。特别是中部和西部地区的会展人才更加缺乏。

现代会展业是一个涉及面广、政策性强、专业化程度高的产业,对专业人才和复合型人才的需求特别大。目前展览公司中绝大多数管理人员专业知识不够,造成展览公司资质差,展会水平普遍不高。相当数量的展览公司一般都是招聘几个人就开始经营,作业人员没有参加过专业培训,由此导致展览总体水平低,无论从设计、创意到服务等方面,都与国外发达国家存在很大的差距。专业人才缺乏,专业队伍建设滞后,制约了会展业的发展。

4.1.3 会展场馆人力资源

就具备会展公司职能、有自办会展活动的场馆而言,其人才包括会展核心人才、会展辅助性人才和会展支持型人才。会展业中几乎所有涉及的专业都可以在会展场馆中找到,大型会展场馆更是如此,因此,有的人将会展场馆比喻成小社会。特别是会展场馆的岗位涉及多工种、多专业、多学科,这就决定了会展场馆人力资源管理工作面对多种人才进行计划、组织、控制、沟通和激励的复杂性和重要性。

会展场馆的人力资源管理有自己的特色,需要彻底摆脱传统的人事管理模式,根据企业发展的战略,有计划、有步骤地对人才进行培养、招聘和筛选。根据会展营销战略、实施规划安排储备人才,在合适的环境和时间使合适的人才充分发挥其良好的技能,并构建高效率的组织。会展场馆人力资源管理的一个重要任务是与员工共同设计职业生涯发展计划,并系统性地对员工进行培训。在现代市场经济环境中,已经不能寄希望于员工永远忠诚于一家企业,应该承认人才流动的大势所趋。因为企业已经不能承诺为员工提供终身制的保障,而代之以保障的,是企业为员工提供了机会:工作出色,取得成功并得到发展机会。为员工提供培训,当员工离开企业时,应该比他刚到时能力更强,知识面更宽。只有如此,才能留住能够在企业发挥重要作用的员工,也才能吸引到企业需要的优秀员工。

4.2 会展场馆人力资源管理及流程

4.2.1 会展场馆人力资源管理

会展场馆人力资源管理的含义:会展场馆的人力资源管理是指会展场馆的经营管理公司根据国家人事和劳动保障工作方针、政策,运用科学的原理、原则和技术方法,通过制定人事政策、人事工作制度,对其所属工作人员和人事工作进行一系列综合管理活动的总称。它是会展场馆管理活动的重要组成部分,也是会展场馆挖掘人才资源、加强人才队伍建设的重要途径。人力资源管理的具体内容包括对工作人员的录用、分类、培训、任免、考核、晋升、调动、工资、福利、待岗、内退、辞退、离休、退休、退职以及对专业人才的管理等。

1)录用

录用是任用的一种形式。它是通过一定的方式,把非本场馆工作人员或待业人员任用为本场馆工作人员,或将职工任用为管理干部。录用是补充和更新职工队伍的基本手段,也是加强职工队伍年轻化、知识化、专业化建设的基础工作。坚持公开公平竞争、择优淘劣的原则,是对录用工作的起码要求。

2)考试

录用工作人员应通过考试,考试分为高级考试和普通考试两类。报考中层以上的人员,应通过高级考试,报考办事人员需通过普通考试。

3)考核

对工作人员在一定时期的德、能、勤、绩进行全面的考查和评价,以此来判断工作人员与其从事的工作是否相称。

4)奖惩

会展场馆奖惩主要根据各场馆的规章制度、劳动纪律和岗位责任制,实行如下原则:有功必奖,有过必罚;功奖相称,过罚相当;以奖为主,以惩为辅;奖惩及时,注意效果。

5)调动

根据工作需要,按照有关规定,通过一定的行政手段改变工作人员隶属关系或工作关系,重新确定工作岗位,使会展场馆的职工队伍结构发生变化。调动包括调任和转任。

6)专业人员的管理(人才管理)

会展场馆有许多专业技术人员,对这些人员的管理具有许多不同于其他人事管理的特点。

(1)专业技术人才管理的基本原则

①方向原则。即坚持正确的发展方向。

②信任原则。即充分信任,大胆放手使用,把他们放到最恰当、最合适的岗位上,真正做到有职、有权、有责。

③能级原则。人才管理实际上就是按能级管理,做到专业对口,因能级施用。对不同能级应有不同的责、权、利,坚持在动态中使用和管理人才。

④择优原则。在人才培养、使用、管理中,都要有利于优秀人才的成长发展,有利于选拔、使用优秀人才和充分发挥其作用。

⑤激励原则。鼓励竞争,激发他们的潜在智能,增强事业心和责任感。

⑥协调原则。协调专业技术队伍内部诸因素的矛盾,使其协调发展。

（2）专业技术人员管理的具体方法

①根据会展场馆工作特点管好用好现有人才,既要用其所长,又要安排在适当的群体结构之中,做到尊重知识、尊重人才、知人善用、人尽其才,充分调动他们的积极性、主动性和创造性。

②参照相近或相关的专业系列,实行会展场馆专业人员的职务评定并实行任期目标制和聘任制。

③积极开发人才资源,特别是开发人才的智力资源。对现有人才不断进行继续教育,以更新和补充知识、扩大知识面、增长才干,提高职级水平。

④领导要理解和关心专业人员,努力改善他们的工作条件和生活条件,尊重他们的劳动,积极采纳他们的合理化建议。对有成就的专业技术人员要配备得力助手,帮助他们更好地完成专业工作任务。

4.2.2 会展场馆通常必须设置的岗位

会展场馆(在保洁、搬运、搭建、植物养护、花卉出租、酒店等采取社会化合作外包的情况下)通常必须设置以下岗位,其中可根据具体情况实行专职与兼职相结合,也可根据其组织机构的不同,将岗位归口不同的管理部门,并视各场馆的规模和特点配置所需人数。

1)总经理室人员岗位

总经理、副总经理(若干人)、总会计师(财务总监)、总工程师、总经理秘书、公关秘书(设有公关部的除外)等。

2)办公室及行政后勤人员岗位

办公室主任、副主任(采购)、副主任(餐饮)、副主任(法律事务)、法律事务管理人员、档案管理人员、商务中心工作人员、文书、总台接待人员、办公用品管理与仓管人员、采购与后勤人员、车队长、驾驶员等。

3)人力资源部人员岗位

经理、副经理、人事专员。

4)财务部人员岗位

经理、副经理、会计核算员、出纳人员、发票专管员。

5)会展策划部人员岗位(具备会展公司职能的场馆)

经理、副经理、高级会展策划师、会展策划师、助理会展策划师、业务员等。

6)会务部人员岗位

经理、副经理、会议室管理员、物品管理员、服务员等。

7) 会议展览部人员岗位

经理、副经理、经理助理、项目经理、业务员等。

8) 场地管理与综合服务部人员岗位

经理、副经理、展位搭建管理员、运输管理员、仓储管理员、医务室人员、场地管理员等。

9) 工程部人员岗位

经理、副经理(若干)、经理助理(兼维修主管工程师)、仓管员、电气主管工程师、电气维修人员、电梯主管工程师、空调主管工程师、空调维修人员、综合维修人员、运行主管工程师、电气运行人员、空调运行人员、给排水运行人员、消防运行人员等。

10) 保卫部人员岗位

经理、副经理、带班员、警卫、消控操作员、监控操作员等。

11) 网络信息部人员岗位

经理、副经理(若干)、综合线路维护人员、对讲机系统维护人员、办公设备维护人员、通信系统维护人员、交换机工程师、网络系统主管工程师、服务器系统主管工程师、应用软件工程师、网站导览系统维护人员、消防报警系统主管工程师、楼控系统主管工程师、综合安保系统主管工程师、门口机显示屏维护人员、电力监控系统主管工程师、智能照明系统主管工程师、公共广播系统主管工程师、气体灭火报警系统主管工程师、闭路电视系统维护人员、会议音响设备工程师等,根据情况不同可身兼数职。

12) 广告部人员岗位

经理、副经理、主管人员、业务人员、设计人员、制作人员、内勤人员等。

13) 质量检查部人员岗位

经理、质检人员。

4.2.3　会展场馆人力资源管理流程

为确保全体会展场馆工作人员能够胜任各自岗位的要求,通常会展场馆都根据各自不同情况制订人力资源管理流程。大致内容如下:

1) 职责

①人力资源部是会展场馆人力资源的归口管理部门。
②各部门配合、参与人力资源的管理。

2）工作流程

（1）公司人员岗位职责的确定

人力资源部按照质量/职业健康安全管理体系职责要求,根据公司发展战略和公司制订的组织结构、部门职责,制订《公司人员岗位职责》,明确各岗位职责,由公司分管领导审核后,报总经理批准执行。

（2）定岗与定编

人力资源部在每年年初根据公司发展需要及公司领导层的决策制订各部门人员编制,对各部门每年的定岗定编进行管理和控制;各部门与员工根据公司下达的人员编制,结合本部门职能和提供服务的需要进行双向选择;部门经理拟订部门人员聘用及定岗定级方案,经分管领导审核后提交人力资源部,由人力资源部汇总后报公司总经理办公室会议讨论确定。

（3）考核

①人力资源部根据《公司人员岗位职责》及公司发展战略和业务需要,适时对公司所有管理人员、技术人员、业务人员和服务人员(包括特殊工种)进行考核。

②考核的实施。

a.试用期人员的考核。新进员工在试用期满前向本部门提交自我鉴定及申请书,部门经理对其进行考核评定,经分管领导审核后提交人力资源部,由人力资源部汇总后报公司总经理办公室会议讨论确定,考评过程及结果均填写在"员工转正定级申请审批表"中。

b.业务人员业务能力的考核。业务人员在每年年终提交业务人员自我评价书面材料,并与公司领导面谈,同时结合本年度业务完成情况及部门经理的评价综合考核评定。

c.技术人员的考核。采取不定期的技术比赛、现场操作演示,结合搜集到的意见反馈情况(表扬、投诉等)及部门经理的评价等方式综合考核评定。

d.服务人员的考核。采取大型展会后现场服务负责人(如展厅负责人、会议负责人等)的评定、不定期的技术比赛、现场操作演示,结合搜集到的意见反馈情况(表扬、投诉等)考核评定。

e.中层干部的考核。每年年终被考核干部提交个人述职报告,并采取上级评议、下级无记名评议、交叉评议与考核小组个别约谈相结合的方式考核评定。

f.高层干部的考核由董事会安排。

③考核结果的使用。

a.试用期员工。公司将根据其考核结果确定是否录用或延长试用期、被聘用的岗位、所签订劳动合同类型及工资级别。

b.一般人员(业务人员的年终业务能力考核及技术、服务人员的不定期考核)。考核结果将作为是否续聘、签订劳动合同类型、核定岗位工资及分配奖金的依据。

c.中层干部。年终考核结果作为分配奖金及新一年度是否继续聘任的依据。

d.高层干部由董事会安排。

e.根据绩效考核结果、公司管理方针目标及持续发展的要求,提出人员能力更新要求,包括必要时修改和更新《公司人员岗位职责》。

④人事措施。

人力资源部根据考核结果,提出需要的招聘、调整及培训等方案,经公司分管领导审核,报总经理批准后实施。

(4)招聘与试用

①人力资源部根据《人员招聘与录用办法》,对员工招聘及试用工作进行管理与控制。

②应聘员工应提供满足岗位能力的证据,如毕业证、从业资格证、工作经历、英语、计算机等相关能力证明证书,并填写于"应聘人员登记表"中。

③新进员工试用期满,填写"员工转正定级申请审批表"。

(5)人事调配

①人力资源部根据部门人员编制及公司人力资源实际情况,结合双向选择及考核评定结果,负责具体实施人事调配工作,包括人员内部流动、待聘、离职、升职、部门缺员的补充等。

②人员内部流动、待聘、离职具体参见《员工流动管理办法》。

(6)员工培训

①培训分类。

a.公司员工培训按培训实施部门分为:集团培训、公司培训、部门培训、班组培训、外出培训。

b.按培训内容分为:新员工入职培训、岗位培训、特殊工种培训、转岗培训、待岗培训、安全培训。

②培训计划。

a.各部门根据需要,确定培训目的、内容及方式,报人力资源部。人力资源部综合公司情况,每年编制公司培训计划,确定培训的时间、地点、人员、目的、内容和方式,报公司分管领导审核,经总经理批准后,下达计划,并做好培训准备。

b.根据公司业务发展需要及服务要求,人力资源部适时对公司培训计划进行评价和调整,确保所实施的培训是所需和及时的,培训计划的调整要确保在公司内得到及时沟通。

③培训实施。

a.集团培训、公司培训、外部培训由人力资源部实施,部门、班组培训由各部门、班组实施。

b.培训实施可包括:

●按培训计划落实教材、教案及辅导材料。

●确定合适的教员。

●组织员工按时参加培训。

●组织培训考试,取得培训合格证或满足岗位要求的证据。

●记录培训人数、时间、出勤状况、考核情况、小结。

●需由相关政府主管部门培训合格并取得资格证,持证方能上岗的特殊工种培训,由人力资源部负责组织,并收集特殊工种人员培训取证资料。

●员工外出学习、培训、进修需填写"外培申请表",经部门经理审批并报总经理批准,转人力资源部登记。外培结束后,培训人员应将培训教材、资料等上交部门或公司档案室,同时将学习、培训及进修结果反馈到人力资源部后,人力资源部方可给予签证报销。

c.培训教师的确定:外聘教师的途径是专业培训咨询公司和机构的介绍,有相同培训内容需求的企业介绍;确定是否合适的办法是了解教师的背景和经历,了解听过课的人或公司企业介绍教师讲课效果,让拟聘教师提供讲课内容提纲,有条件时可做调研性听课。

④培训考核与评估。人力资源部负责对培训进行考核与评估。

a.组织考核。

b.评估培训工作的有效性,评价内容包括:

●教材、授课教师、教学水平、方法、时间等。

●员工的考核成绩。

●员工的实际操作能力。

●工作效率、客户满意度和反馈意见。

⑤培训记录。

人力资源部负责培训记录的搜集和保管,需要进入人事档案的培训记录,应确保按期归档。

(7)人事档案管理

人力资源部负责制订《人事档案管理规定》,对所有人力资源方面的资料和记录予以管理和控制。

4.3 会展场馆人才的招聘与志愿者管理

4.3.1 员工聘用准则和流程

为建立一支高素质的员工队伍,会展场馆必须制订员工聘用的相关规定和流程。通常有以下内容:

1)有关规定

①员工聘用必须符合国家和地方的有关政策、法令、法规。

②要坚持"必须"的原则,即只有必须进的员工才可以聘用,杜绝人浮于事。

③必须经总经理批准。

④聘用的员工必须符合场馆的基本要求:思想正派、素质优良、技术达标、身体健康、年龄适当及具体岗位等的要求。

⑤必须坚持标准、按照程序。

⑥场馆对聘用的员工实行合同制,聘用的员工必须与场馆签订合同。

2) 员工聘用程序

聘用员工是项政策性很强的管理工作,整个组织管理均在人事部的统一负责下进行。其具体程序如下:

①提出用工申请。各部门因工作需要须聘员工,应首先向人事部提出聘用员工申请。人事部在核实用工是否必需后,提出工作意见,附部门聘用员工申请,一并报主管领导审核。主管领导签署意见后,报总经理审批。

②确定聘用条件。总经理批准后,人事部应立即通知用工部门提出聘用标准。聘用标准应包括:文化程度、技术等级、年龄限制、身体要求、健康标准等具体要求。

③确定聘用方式。用工部门提出聘用标准后,由人事部确认聘用方式。

聘用方式包括:起用人才库,内部征聘,员工推荐,社会公开招聘。

④初选。初选工作由人事部承担,即应聘人员填写"应聘人员审批表"后,人事部根据用工部门设定的聘用标准,经一般性询问和观察,了解应聘者是否符合聘用基本条件。

⑤面试。人事部将初选合格人员名单、资料提交用工部门,双方共同确定面试名单、时间、地点,由人事部门通知应聘人员参加面试。用工部门须事先拟订面试提纲,并与人事部共同面试。面试以用工部门为主。面试后,用工部门须将面试合格人员名单转人事部。

⑥技术考核。需笔试或技术考核人员在面试合格后,由人事部与用工部门共同确定考核名单、时间、地点,由人事部通知本人。考核前,用工部门须拟订具体考核内容、方法报人事部审查。考核由人事部主持和监督,一律实行封闭评分制,必要时请专家参与评定。技术考核合格后,各用工部门负责人在"聘用人员审批表"签署意见报人事部。

⑦复审。如需复审,由用工部门与人事部协商后,由人事部另行通知,并组织实施。

⑧体检、政审。对拟聘用人员,人事部组织统一体检。体检费用个人垫付,合格者可以报销,不合格者费用自理。根据工作性质和需要,人事部要针对性地对候职人员进行政治审查。

⑨审批。体检、政审合格后,由人事部签署意见报主管领导审核后报总经理批准。

⑩培训。对批准的聘用人员,由人事部发出《入职培训通知书》,应聘人员按指定时间到公司参加培训。培训内容:场馆基本知识教育,包括简介、企业精神、企业文化、企业目标、企业前景、礼节、礼貌、消防知识、《员工手册》及场馆有关规定,并对有关人员进行专业技术培训。培训结束,经考核合格者按要求填写有关表格,并签订劳动合同。

⑪正式报到。根据人事部通知,新员工应在指定时间到人事部报到。新员工报到时将领取员工牌、工作服、工衣柜及钥匙、就餐证等。对在报到时未能将学历、学位证书、职业资格证书、失业证、人事档案等文件办齐者,要限期3个月办好,否则不予转正,终止试用期。

⑫试用期。聘用人员须试用3个月,并实行试用期工资。试用期结束,由用工部门在"试用人员审批单"上签署转正、延期或终止试用的意见后报人事部,人事部根据部门意见,办理相关手续。

4.3.2 关于志愿者的管理

1) 国际志愿者行动起源及特点

在国际社会,志愿者源于对战争的人道主义援助,他们为人类的解放事业做出了重要贡献。在和平年代,志愿者帮助弱者、消除贫困、保护环境,为维护社会秩序和世界和平做出了巨大努力,在建立良好的人际关系、净化社会风气等方面起到了积极作用。像欧美国家的志愿服务已有数十年的历史,建立了比较完善的志愿服务制度和体系,建立了跨地区、跨国界、跨洲界的服务网络,积累了不少经验。

志愿服务的突出特点有:一是专业性强。参加志愿服务的人员大多具备一定的专业技能,如教学、救护、翻译等。二是注重立项操作。从事的志愿服务大多不是凭空臆造的活动,而是往往经过调查研究,分析是否可行,这样也能增强其科学性和可操作性。三是规范化、法制化。法国、德国等国已把志愿服务与"国家服务"联系在一起了,一般地讲,青年或者须服民役,或者须服兵役,民役包含参与一定量的公益服务。不少国家的政府已把志愿服务纳入其社会保障体系和法律体系,从而使志愿服务工作成为越来越多公民的自觉行为。四是向国际化发展。一些国家的志愿服务工作是在联合国国际志愿服务协调委员会等机构协调和指导下开展的,不少项目是跨地区、跨国界的,志愿人员常常被派往世界各地从事一定时间的志愿服务,因而具有较大的国际影响。

联合国还把每年的 12 月 5 日定为"国际志愿者日",目的是鼓励全球各地政府及团体,于当天共同表彰志愿者对社会所做的贡献,并借此提醒社会人士积极支持及参与义务服务。

2) 中国青年志愿者行动概况

青年志愿者行动是在总结学雷锋活动和借鉴国外志愿者工作经验的基础上,由团中央于 1993 年下半年发起。1993 年 12 月,团中央把握了当时社会生活中的热点,急社会之所需,以铁路春运为契机,铁路系统 2 万多名青年开展的"铁路青年志愿者迎春运"服务活动,首先向社会亮出了"青年志愿者"的旗帜,与此同时,北京青年志愿者开展社区服务,深圳青年志愿者开展心理咨询服务,南北呼应,使青年志愿者逐步走进了人民群众的日常生活中。"全国大中学生志愿者 94 新春热心行动""为老科学家、老教育家、老干部献爱心青年志愿者行动""全国青年志愿者学雷锋奉献日"等活动先后推出,引导广大青年在服务社会、弘扬新风方面做出了积极贡献,使青年志愿者行动在团内、青年中和社会上产生了强烈的影响,逐步深入人心。1999 年 1 月,江泽民亲笔题写了"中国青年志愿者",这是对青年志愿者行动的充分肯定和热情勉励。从 2000 年起,每年的 3 月 5 日被确定为"中国青年志愿者日"。

中国青年志愿者行动的基本任务是:改善社会风气,建立温馨、和谐、友爱的新型人际关系,为改革开放和经济建设创造良好的社会环境;适应社会主义市场经济发展和社会主义精神文明建设的需要,推动青年志愿服务体系和市场经济中多层次社会保障体系的建立和完善;培养青年的公民意识、奉献精神和服务能力,促进青年道德整体水平和科学文化素质的提高；为城市发展、城镇管理、社区建设、抢险救灾及大型社会活动等公益事业提供志愿服务；为有特殊困难、需要帮助的社会成员以及贫困地区提供志愿服务。

3）志愿者介入的会展与节事活动

当大型的会议展览和节事活动决定在会展场馆举办，正式开始的日期日渐逼近时，会展场馆总是需要大量的临时人员协助。一个几天的展会或活动，根据其规模大小，在前期和中期往往需要数百人甚至数千人来完成各项配套服务工作，场馆人力资源部门要保证活动期间用工的大量需求，除了要雇佣一定数量的临时工外，还要招募大量的志愿者，通常在高等院校内进行。面对满怀激情参加社会实践的学生和自愿为大会服务的各类专业人员，从挑选、面试、办证、培训、分配、管理、督导、激励等，需要进行大量和细致的工作。

我国许多城市在举办会展与节事活动时都招募志愿者参加，如每年9月8日在厦门举办的"中国国际投资贸易洽谈会"，从其前身的"福建投资贸易洽谈会"开始，组委会已有十几年"9.8志愿者"的管理经验，如图4-1所示。在杭州举办的"西湖博览会"主办单位也积累了许多招募志愿者为博览会服务的经验，并制订了《西湖博览会志愿服务管理办法》（见本章末尾的案例二）；深圳的义工为一年一届在深圳举办的"中国国际高新技术成果交易会"做了大量的工作。

图4-1　志愿者在场馆现场工作

北京奥运会赛会志愿者总需求约为7万人，残奥会赛会志愿者总需求约为3万人，主要在北京地区招募，以北京高校学生为主要来源。同时，面向全国各省市自治区居民、港澳同胞、台湾同胞、海外华人华侨和留学生、外国人招募一定数量的赛会志愿者。

通常每个报名参加志愿者工作的人都要填写自己的专长和选择，经过核实确定，从事专门业务的志愿者如医生、翻译、电脑技师、司机等都要出示有效的专业证明，然后要经过测试和面试，再经过有关部门的审查，证实没有不良记录后才够资格。

志愿者要经过行为规范守则和职业道德教育的培训。如悉尼奥运会规定：从穿上志愿者服装时起，便不准在公众面前吃东西、嚼口香糖、吸烟、喝酒；不准随意坐在观众的位置上；不得要求与领导、贵宾合影；不准使用粗俗的语言；不准开不适当的玩笑；不准为比赛的输赢打赌；收受小礼物要报告，不得收受贵重礼品；在岗位上不得打私人电话，不得做个人交易；与残疾人讲话要俯身而听，不要去注意对方的残疾之处，而要特别关注他的困难与要求，帮忙前要先礼貌地征得对方同意，以避免伤害对方自理自立的自尊心等。

志愿者热心公益、无私奉献的行为对主办城市乃至主办国的民众有强烈的示范作用，从而启发社会良知,鼓励人们多为他人考虑,为社会着想,利于社会风气的改善,加强社会的亲和力和凝聚力。志愿者是国家的代表,展示着一个国家民众的道德水平。

尽管会展场馆与其他行业组织的人力资源部门职能相似,但会展节事活动中劳动力和各类专业人员需求的突然膨胀和突然收缩,对会展场馆的人力资源部门来说极具特殊性和挑战性。因此,对志愿者的招募和管理工作也是各会展场馆人力资源管理工作中的重要组成部分,直接影响到在该场馆举办的活动能否顺利进行并获圆满成功。

4.4　会展场馆员工队伍的专业化培训

4.4.1　会展场馆提高职工素质的途径

会展场馆职工素质提高的途径是指采用多种形式,通过多种渠道,多层次地提高会展场馆各类人员的政治思想、科学文化、技术业务、经营管理,以及心理、体魄方面素质的方法。会议和展览是综合性活动,有丰富的内容与意蕴,涉及社会科学和自然科学的各个领域。会展场馆不仅需要各项举办会议节事活动的策划人才、业务人才,而且还需要较多较强的管理人才、财会人才、工程技术人才、公共关系和外语等人才。

根据许多会展场馆的实践经验,提高职工素质主要通过以下途径:

①坚持政治理论教育和展览业务教育相结合,加强思想政治工作。理论联系实际,遵照提高思想认识同关心解决职工生活中的实际问题相结合的原则、民主原则、表扬和批评相结合的原则、身教重于言教的原则等,对职工进行社会道德观念教育、民主与法制教育、美学教育、馆规馆纪教育、会展服务教育以及研究职工心理变化规律进行思想动态分析教育等,从根本上提高职工的政治觉悟,培养出一支有理想、有道德、有文化、有纪律的职工队伍。

②从实际出发,搞好职工培训。职工培训属继续教育,要因地制宜,制订可行规划,切实做好安排,多形式、多层次地循序渐进。可以能者为师,走"内涵"智力开发的路;也可将退休的专业技术人员组织起来,形成新的智力机构,充分发挥他们的作用。

③现场培训,学以致用。现场培训包括岗位练兵、技术表演和专题讲座。即:贯彻岗位责任制技术等级标准应知应会等要求,有计划、有步骤、有目标地开展技术业务培训、业绩考核和新技术、新方法、新规则的推广运用;通过技术业务能手的典型示范,使大家从学习中普遍地改进操作方法,提高业务技术水平;结合工作的需要,聘请行家,针对某个专门问题,讲解技术业务管理知识。

④业余教育。通过各层次的职工业余学校或业余补习班,分期分批地对职工进行政治、文化、业务技术、管理等教育。

⑤脱产学习,继续教育。面对当今科技创造周期、知识陈旧周期、知识物化周期缩短的新趋势,任何人都要不断更新知识,不断前进。对技术业务骨干要有计划地抽调脱产或半脱产参加各种学习进修,或参加国际考察研究等活动,使其得到不断提高。

⑥学徒培训。通过师傅带徒弟,直接在岗位工作时间中培训专业人员。对场馆中部

分新招进的设备设施操作人员有计划地进行初级技术的补课,和新老之间的传、帮、带,以尽快缩小全员之间的素质差距。

⑦建立岗位考核制。根据各工作岗位特点,提出要求,并不断提高等级标准,定期进行理论考试和实绩考核,不断开发职工智力的潜在能量,从绩效上考核职工的创新能力、适应能力、动手能力和综合运用知识的能力。

⑧开展生动活泼的竞赛活动。包括多种形式的学习、工作、文体等竞赛活动和文明岗位评比竞赛,既能增强职工的职业道德素养和主人翁责任感,又能提高学习工作效率。

⑨开展当好第一个顾客的活动。会展场馆的职工既是每个会展活动的参与者,又是一个预审的顾客。开展当好第一个顾客的活动,可以客观实际地总结经验教训,提高知识水平和业务技能,激发职工参与管理的自觉性,进一步提高全员素质和整个会展场馆的管理水平。

4.4.2　关于员工培训

某会展场馆员工培训运作规范:

1)场馆培训主管部门为人事部

2)场馆员工培训体系

场馆员工培训体系由人事部培训人员、各部门负责培训人员为主组成。

3)员工培训种类

员工培训分入职培训、岗前培训、在职培训及外派培训四种。

(1)入职培训

凡新进场馆工作的员工(正式员工)必须接受入职培训,如表4-1所示。

表4-1　会展场馆新员工入职培训的内容

培训内容	授课人	参加者	组织者
公司概况介绍	公司领导	新员工	人事部
场馆经营管理模式及运作规范	公司领导	同上	同上
会展专业知识	公司领导	同上	同上
员工手册及有关规章制度	人力资源部	同上	同上
公共设备与设施的使用	工程部	同上	同上
办公自动化 OA 系统的使用	网络部	同上	同上
会展礼仪	公关部	同上	同上
外事纪律与法律常识	办公室	同上	同上
治安与消防常识	保卫部	同上	同上
财务制度与成本意识	财务部	同上	同上

（2）岗前培训

员工在上岗之前须进行岗前培训,未经培训的员工不准上岗。

岗前培训的主要内容有:部门制度和有关规定,岗位责任制,工作程序,专业知识。

岗前培训由各部门安排进行。培训前各部门必须提出岗前培训计划,送人事部备案,并填写相应的岗前培训跟踪调查表,由人事部根据各部门计划督促及检查。

（3）在职培训

场馆根据营业状况和经营需要安排在职培训。

在职培训内容有:业务培训、专题培训。

业务培训由各部门负责进行,并根据部门情况报出培训计划,报人事部备案;专题培训由人事部负责安排,人事部将根据中心具体情况和实际需要提出培训计划报主管人事领导批准。

（4）外出培训

场馆根据业务发展需要,不定期地选派员工外出培训。外出培训包括专业培训、外出考察等形式。具体程序如下:部门提出外出培训的申请(包括培训内容、参加人员情况、时间、地点、培训费用等情况),人事部进行审核,人事部将申请报告上报主管人事领导批准,外出培训负责人负责整个培训过程的总结并上报人事部备案。

4.4.3 关于培训费用管理

本部分指由场馆承担培训费用的项目,根据不同场馆的情况确定不同的额度标准。

场馆承担的培训费用包括:因工作需要必须参加相关业务培训发生的费用;会展场馆根据发展需要,不定期地选派员工外出培训学习发生的费用。

1）培训费用办理程序及有关要求

①部门将培训申请报人事部(包括培训内容、参加人员情况、时间、地点、培训费用)。

②经人事部审核后报主管人事领导批准,个人费用超过××元的培训项目须报请总经理批准。

③批准后按中心有关规定办理请款手续。

④培训费用超过××元者须与中心签订培训合同。

⑤培训结束后将取得的有关证书及培训总结转人事部存档。

⑥报销时由人事部部长根据有关培训情况,在报销凭证上签字后,按中心正常报销程序办理报销。

⑦人事部日常培训费用,由人事部部长审批。

⑧人事部外聘教师及发生××元以上培训费用报主管领导审批,超过××元的培训费用报总经理审批。

2）培训费用与签订劳动合同年限的关系

①培训费用累计超过××元者,须与中心签订有关培训合同。

②其中培训费用累计在××元至××元者,须与中心签订2年劳动合同。

③培训费用累计在××元至××元者,须与中心签订3年劳动合同。

④培训费用累计在××元至××元者,须与中心签订5年劳动合同;累计达××元以上者,须与中心签订8年劳动合同。

3)培训费用的赔偿

违反培训合同者,将按规定比例赔偿培训费用;提前与中心解除劳动合同者,除按劳动规定赔偿违约金外,须赔偿剩余年限的培训费用。对于下述情形之一,中心按劳动合同有关规定解除劳动合同的,员工须赔偿培训费用,否则中心不予办理相关手续。

①严重违反劳动纪律或中心规章制度的。

②严重失职、营私舞弊、对中心利益造成重大损害的。

③被依法追究刑事责任的。

赔偿比例:按平均分摊法赔偿。用累计培训费用除以应签劳动合同年限,得出每年分摊平均费用,再除以12个月得出每月分摊培训费用。

4.4.4 培训合同书

场馆与员工签订的培训合同书内容:

××会展中心与_____就培训事宜达成如下协议:

①××会展中心派_____到_____参加_____培训学习(考察),历时(时间)_____天,总费用_____。

②培训者在学习期间应遵守有关规章制度,完成学习考察计划,取得相应证书或合格证明及培训学习资料。

③完成培训后须详细整理培训(考察)报告,与相关资料一同报人事部留存,并向主管领导及有关人员汇报学习收获,同时根据本部门或人事部的要求,将学习(考察)所得对中心相关人员进行培训,扩大学习效果。

④本次培训费用_____元,累计培训费用_____元,根据《中心员工培训费用管理规定》,培训者须与中心签订_____年劳动合同。

⑤如经学习、培训未能取得相应证书和合格证明,中心有权确定由参加学习的本人支付培训费用的比例。

⑥对违反培训合同者,中心将按《中心员工培训费用管理规定》予以处理。

⑦未尽事宜由双方协商解决。

⑧本式合同一式两份,双方各执一份。

培训者签名:_____   ××会展中心代表(签章)_____
　　　　年　月　日　　　　　　　　　　　　　年　月　日

4.4.5 关于会展系列职业资格证书

随着劳动和社会保障制度越来越规范化,新的职业和职业资格证书不断出现,但大批从事场馆租赁和活动策划、现场运营管理的人员始终没法找到适合自己的专业职称。

国外会展人才培养体系相对成熟，并在长期的实践中形成了完善的会展理论，如德国、美国均有高校和培训机构两种人才培养模式，他们的人才培养更注重实践能力的锻炼。"国际会展策划师"已成为一个相当成熟的职业，并且设置相应的证书考核标准。

我国自 2004 年末起，国家有关部门发布了会展策划师等系列相关新职业，并配套培训、考核鉴定和颁发职业资格证书的工作，这为适应会展行业的快速发展提出了一个前瞻性解决方案。首先，培养一批既具有创新策划能力又具有现代经营理念的会展中、高级管理人才，可以有效提高我国会展行业在国际上的核心竞争力；其次，策划与管理是会展企业最重要的业务能力，培养一大批初、中级不同层次的会展策划管理人员，既可以满足目前会展行业对于人才的迫切需要，又能解决一部分人员的就业问题。总之，会展策划师、会展管理师职业的设立，其根本作用在于全面提高我国会展从业人员的素质，满足会展行业发展对人才的迫切需求，又能提升会展行业面向国际的综合竞争力，这对于我国会展行业的持续、健康发展有着重要的现实意义和深远的历史意义。

以下列举会展策划师系列的相关内容供参考。

（1）职业定义

会展策划师是指从事会展的市场调研、方案策划、销售和营运管理等相关活动的人员。

（2）从事的主要工作

①会展（会议、展览、节事活动、场馆租赁、奖励旅游等）项目的市场调研。

②会展的立项、主题、招商、招展、预算和运营管理等方案的策划。

③会展项目的销售。

④会展的现场运营管理。

（3）资格等级

资格等级包括：会展策划员、助理会展策划师、会展策划师、高级会展策划师。

（4）证书

经考试合格者，获得劳动和社会保障部中国就业培训技术指导中心颁发的《全国会展策划师》职业岗位培训认证合格证书。

会展策划师是国家劳动和社会保障部于 2004 年末发布的 10 种新职业之一。

至 2017 年 9 月 12 日，中华人民共和国人力资源社会保障部发布《人力资源社会保障部关于公布国家职业资格目录的通知》人社部发〔2017〕68 号文，在附件《国家职业资格目录（共计 140 项）》中，专业技术人员职业资格 59 项，含准入类 36 项，水平评价类 23 项；技能人员职业资格 81 项，含准入类 5 项，水平评价类 76 项，都没有会展策划师职业资格。

本章小结

通过本章学习应懂得会展场馆通常必须设置的岗位，能够按照会展场馆人力资源管理及员工聘用的准则和流程开展工作,自觉遵守会展场馆员工守则,积极参加各种员工培训,提高各项素质。

复习思考题

1. 会展场馆人事管理的具体内容包括哪些?
2. 会展场馆如何进行员工的招聘?
3. 应该如何对志愿者进行管理?
4. 根据许多会展场馆的经验,提高职工素质主要通过哪些途径?
5. 人力资源管理流程主要有哪些?
6. 会展策划师的主要工作包括哪些方面?

实 训

多数会展专业的学生都参加过企业的实习实训,或会议节事活动志愿者的工作,根据自己所学的知识,结合实际,设计一套大型活动招募和管理志愿者的方案。

案 例

案例一 某会展场馆员工守则

(1)总则

①热爱祖国,遵守国家的政策和法令,遵守社会公德。

②热爱会展中心,爱岗敬业,钻研业务,勤奋工作。

③自觉遵守中心的各项规章制度。

④忠诚老实,团结友爱。

(2)服从领导

①下级服从上级是中心管理的基本原则,员工应自觉服从领导的工作安排和调动,不得公开顶撞领导,不得无故拒绝、拖延、敷衍或擅自终止领导安排的工作。

②对于领导不当的安排或调动,员工有权提出建议、意见或向更高一层领导反映,但在指令更改之前,员工必须坚决执行。

(3)恪尽职守

①员工必须严格遵守工作纪律,不得擅离职守,不准串岗、聊天、吃零食、嬉闹、大声喧哗。

②员工须详细了解自己的职责范围,明确工作程序,熟悉本职工作的业务范围、操作规程、技术要求及专业常识。

③掌握并不断提高工作技能,提高工作效率和工作质量。

④工作时间专心工作、精神振作、紧张有序，私事不用办公室电话，不接待亲友，不办理个人私事。

⑤不在禁烟区吸烟。

（4）请假、报告

员工因故需申请各种假期，应根据中心规定，提供有关材料和书面申请，经批准后，方可休假。在工作中根据要求和规定，要及时请示和报告工作。在中心期间，如个人人事资料发生重要变更，如家庭地址、电话号码、自费学习取得新学历证明等，应及时报告人事部。

（5）着装

①中心根据员工岗位的工作需要，制订工作服装的发放标准，并由管事部负责实施和管理。

②配发工装的员工上班时间必须穿着统一发放的制服，下班时应将制服存放在本人的更衣柜内，不准将制服穿着回家。

③所有工作人员的着装必须保持清洁、平整，不得带有污迹、褶皱，无开线、掉扣，不准卷衣袖、裤腿。

④着装应得体、整洁、端正，工作服须定期换洗。

⑤皮鞋应保持光亮，鞋后跟不得钉钉。

⑥工种变动须更换工作服，离职必须交回制服，如有遗失或损坏按规定赔偿。

（6）仪表仪容

①员工必须注重仪容仪表的美感，保持衣冠、头发整洁，按指定位置佩戴胸牌。

②男员工发长不盖耳、不遮领，不准留大鬓角、小胡子，胡须应天天刮，不得烫发。

③女员工应保持清雅淡妆，打扮适度，不得浓妆艳抹，避免使用味浓的化妆品，头发应该梳理伏贴。

④直接为宾客服务的员工在在岗时间里，除结婚、订婚戒指之外，不得佩戴其他任何饰物，其他岗位人员不得佩戴过长的饰物。

⑤经常剪指甲，保持清洁，不得蓄长指甲，不得涂有色指甲油。

⑥注意个人卫生，无汗味异味，上岗前不得饮酒或吃葱、蒜等异味食品，保持口腔卫生。

⑦坐姿要上身挺直，不得弯曲，与他人谈话时两腿不得跷叠和晃动。

⑧行走时保持步伐轻盈，双臂自然摆动，不可摇头晃肩。

⑨站时应挺胸、收腹，不得叉腰、抱肩，不得倚靠他物。

（7）礼节礼貌

①对待客人态度要自然、大方、热情、稳重，做到微笑服务，用好敬语。

②与客人相遇时，要主动让路；与客人同行时，应礼让客人先行；同乘电梯时应让客人先上先下。

③见到上级要主动问好，上班时称"早上好"，其他时间称"领导好"，工作时间相互称呼一律按职务称"×主管""×部长""×经理"。

④接待客人时，要把握好握手的分寸；握手应姿势端正，用力适度，左手不得揣兜。

⑤与客人谈话时应站姿端正，讲究礼貌，用心聆听，不抢话、插话、争辩，语气温和文

静,声音适度,听到意见、批评时不辩解,冷静对待,及时上报。

⑥接转电话时,要先说"您好,我是××会展中心的×××",声音要温和,用文明用语,需要记录,要准确无误。

(8)上、下班打卡

①除高级管理人员,所有员工一律实行上下班打卡制度。

②如因事假、公差、外勤等原因不能按时打卡,应向所在部门报告,并按实际抵、离时间打卡。

③不得代人打卡或委托他人打卡。

(9)工作证件

①员工由中心发给工作证件和胸牌,在工作时间必须按规定的位置佩戴。

②工作证件、胸牌如有遗失、被窃应立即向部门报告,并申请新的证、牌,每次补领应交付××元手续费。如因时间长久而被损,可凭旧换新。

③员工调离时应将工作证件、胸牌交回人事部。

(10)员工衣柜

①员工衣柜专为更衣使用,应保持清洁,不得存放现金、有价证券。

②更衣柜钥匙应妥善保管,不得私自加配,若有遗失应立即报告部门领导及保安部。

③保安部及有关人员有权随时检查。

④未经批准,不得私自调换更衣柜。

(11)爱护公物、保持环境卫生

①爱护中心的一切公物财产,节约用电、用水、办公用品及易耗品,不准私自拿用公物。

②养成讲卫生的美德,不随地吐痰,不乱丢纸屑、果皮、烟头及杂物,不乱涂乱画,如在公共场合发现有纸屑、杂物等应随手拾起来,以保护中心环境的清洁。

(12)保密

未经批准,员工不得向外界传播或提供中心的有关资料。中心的一切有关文件及资料不得交给无关人员。如需查询,可与中心办公室联系。

(13)员工形象

中心要求员工应具有:

品质:自信自律、坦荡诚实、爱心宽容;

意识:奉献意识、服务意识、竞争意识;

能力:业务能力、共事能力、创造能力。

案例二　西湖博览会志愿服务管理办法

为了规范地组织实施西博会志愿者行动,促进杭州市精神文明建设,特制订本规定。

①西博会志愿者行动是由杭州西湖博览会组委会办公室、共青团杭州市委、杭州市志愿者协会联合发起的,招募和组织志愿者为西博会提供一系列志愿服务的大型社会公益活动。其他任何单位、个人未经主办单位同意和授权,不得以"西博会志愿者"的名义组织活动。

②西博会志愿者工作部是西博会组委会办公室、共青团杭州市委和杭州市志愿者工

作指导中心共同组建,依托杭州市志愿者协会开展西博会志愿服务行动的宣传发动和组织管理协调工作的专门机构,办公地点在共青团杭州市委(杭州市志愿者工作指导中心),下设管理组、活动组、宣传组和联络组,分别负责志愿者的招募、培训、管理和考核,志愿服务活动的组织实施,志愿服务工作的对外宣传和联络等工作。

③西博会志愿者主要为西博会相关部门提供辅助或配套工作,服务时间以业余时间为主,可提供的服务项目主要有宣传、外语翻译、礼仪接待、会务、讲解、驾驶、导游、应急服务等。

④西博会志愿者服务的对象主要以西博会中公益性、宣传性、形象展示性的工作为主,原则上不参与纯商业性的服务工作。在特殊情况下,需要志愿者为市场化运作的项目提供服务的,须经西博会组委会办公室志愿者工作指导中心同意后予以安排。

⑤西博会志愿者的招募由志愿者工作部根据需要设立招募点,主要通过媒体发布消息,接受志愿者团体和个人报名。

⑥西博会组委会相关部门或项目承办单位如需要志愿者提供服务,应事先填写由西博会志愿者工作部印制的"西博会志愿者需求申请登记表",并于开展志愿服务前10天交西博会组委会办公室审核后向西博会志愿者工作部下达安排计划,对不符合条件的可以不予提供志愿服务。需求表中填写的工作岗位、工作时间等内容确定后,使用部门不能随意改变。如遇特殊情况实需变动的,须提前3天与西博会志愿者工作部协商调整,否则西博会志愿者工作部可不予派遣志愿者。

⑦西博会志愿者的调配由西博会志愿者工作部统一负责实施。具体根据西博办的调配计划,按照使用部门的需求,并依据招募志愿者的专长进行合理安排。如有特殊需求,由西博会志愿者工作部和使用部门共同协商解决。

⑧西博会志愿者的培训由西博会志愿者工作部和使用部门共同完成。西博会志愿者经培训后方可上岗。西博会志愿者工作部负责编印《西博会志愿者培训手册》,对全体志愿者进行志愿服务工作和西博会知识培训;使用部门负责对所需志愿者进行岗位技能的培训。西博会组委会办公室对培训工作提供协助和指导。

⑨西博会志愿者与服务对象之间是自愿、平等的服务和被服务关系,应该相互尊重,平等对待。

⑩西博会志愿者的上岗服务。

a.西博会志愿者须持由西博会志愿者工作部出具的"西博会志愿者证"到所服务的部门报到。

b.上岗服务期间,每批志愿者由志愿者工作部指定1~2名专门的负责人进行带队管理,工作上统一由各使用部门按照约定的服务岗位专业要求进行管理,西博会志愿者工作部配合做好有关工作;志愿者工作必需的用餐、饮水、劳动与安全防护、交通等后勤保障工作由各使用部门负责解决。

c.使用单位如需更改志愿服务的内容或延长志愿服务期限,应提前3天与西博会志愿者工作部联系,在征得西博会志愿者工作部和志愿者本人同意之后,方可更改服务内容或延长服务期限,否则,志愿者有权拒绝。

d.西博会志愿者工作部可以根据志愿服务的需要,为志愿者办理相应的人身保险。志愿者在参加西博会志愿服务时人身受到伤害的,按照国家有关规定处理。

e.西博会志愿者是高度组织化的志愿服务群体,未经西博会志愿者工作部派遣,任何人不得以西博会志愿者的名义开展活动。

⑪西博会志愿者岗位纪律。

a.志愿者须自觉服从西博会志愿者工作部的组织安排,遵守服务单位制订的规章制度,认真完成交办的任务。

b.上岗服务期间,志愿者必须妥善使用志愿者证等专用标记,仪表端庄,举止稳重,文明礼貌;在规定场合必须身着西博会志愿者服装。

c.志愿服务活动坚持自愿参加的原则,志愿者一旦报名参加志愿服务活动,就应以诚信的原则信守自己的承诺,如有特殊情况不能继续参加志愿服务,应提前一周向西博会志愿者工作部提出离岗申请,交回各类西博会志愿者的证件和标志以及服务的有关资料。

d.志愿者必须尊重志愿服务对象的权利,保守志愿服务对象的个人隐私和商业秘密,不得向志愿服务对象收取或变相收取劳动报酬。

⑫西博会志愿者的评价表彰及违纪处理。

a.工作鉴定。

由使用部门和西博会志愿者工作部共同负责,从服务态度、服务时数、服务质量等方面对志愿者工作进行鉴定,并填写"西博会志愿者工作鉴定表"。

b.表彰奖励。

●西博会志愿者工作部对活动中表现突出的典型事例通过新闻媒体和内部宣传载体进行宣传和表扬。

●每年评选表彰优秀西博会志愿者。根据杭州市志愿者星级制度按服务时数对符合条件的西博会志愿者进行"星级志愿者"评比;对前20名授予西博会奖章;表现特别优秀的,由西博会组委会办公室提请市委、市政府予以表彰。

●对优秀西博会志愿者先进事迹等,由西博会志愿者工作部向其所在单位进行通报。

c.违纪处理。

志愿者如有不符合要求或有违纪现象,服务单位有权做出终止使用的决定,但必须事先与西博会志愿者工作部联系,说明事实情况;志愿者如有严重违纪或违反社会公德的行为,经调查核实后,将清退出西博会志愿者队伍,并由西博会志愿者工作部通报其所在单位或社区。

⑬本办法印发之日起执行,原《西湖博览会志愿者服务管理工作若干规定》(西博办〔2002〕23号)同时废止。

杭州西湖博览会组委会

案例讨论:

1.案例一的"会展场馆员工守则"是否合理? 你认为作为一个会展场馆的员工是否必须严格遵守?

2.结合案例二的"西湖博览会志愿服务管理办法",讨论大型会展节事活动对志愿者管理工作的重要性。

第 5 章
会展场馆财务管理

【本章导读】

　　会展场馆具有许多社会功能,但作为企业性质的会展场馆,一个很重要的经营目标就是通过举办会展活动追求经济上的可盈利,实现场馆的保值和增值,并在周而复始的现金流转过程中尽可能增加收入、降低成本,进而实现利润的最大化,可见财务管理在会展场馆经营管理中的重要性。本章主要介绍会展场馆财务管理的各项工作,包括:会展场馆财务管理概述,会计核算与财务分析,预算编制与财务控制,统计与内部审计工作,经营价格,票务及收费管理。

【关键词汇】

　　财务管理　资金管理　会计核算　财务分析　预算编制　财务控制　内部审计　经营价格

5.1　会展场馆财务管理概述

财务管理是指以机关、企业、事业单位或其他经济组织为主体,对财务活动进行计划、决策、核算、控制、监督等工作的总称。其经济关系包括国家与企(事)业之间统一领导和相对独立的关系,与其他单位或经济组织之间在市场经济规律制约下的等价交换、资金结算关系,与本单位内各部门之间在决策部门领导下的分工合作关系,以及所属职工之间体现的按劳分配关系。这些财务关系均是在资金运动的过程中发生,体现着社会主义生产关系的性质和特点。

会展场馆财务管理是指会展场馆在办会办展等经营过程中,对财产、资金、成本、费用、利润及分配等,实行管理、调节和监督的总称。其内容包括:财务收支计划的编制、执行和检查、分析,各项资金的筹措、管理和使用,以及成本管理、盈利管理和票务管理等。财务管理的要求是:各项财产、物资、资金都要有完整的账目记载;有明确的使用、保管责任制,有严格的交接手续;固定资产、流动资金的使用、费用摊销、成本核算等都要严格执行国家有关规定;调拨或购买的财产、设备、材料等都要验收入库,及时入账;发出物资要办理会计手续;建立和健全仓库盘点制度和现金管理制度;对于盗窃、侵吞和破坏国家财产的犯罪分子必须依法惩处等。从而保持财产、物资、资金的完整无损,账物相符,使财务工作更好地为会展场馆办会办展等经营活动服务,不断提高经济效益。

5.1.1　会展场馆的财务管理主要应做好资金管理

资金是以货币形式表现的财产、物资等。资金管理就是利用货币的价值形式,对固定资金、流动资金和专用基金进行综合管理。

1)固定资金管理

固定资金是固定资产的货币表现。固定资产主要指房屋、展厅建筑、设备、展具及运输工具等长期为办展经营服务的劳动资料和长期为生活消费服务的物质资料。固定资金管理包括两方面:一是固定资产折旧,其折旧额和折旧率既可分别用公式计算,也可按其不同类型和一般使用条件,规定综合折旧率;二是固定资产的日常管理,采取各种措施,保护资产完整无损和防止丢失,提高利用率。其具体措施是在明确计划固定资产的基础上,实行分类分级归口管理,建立账册。

2)流动资金管理

其目的在于节约流动资金的使用,加速资金周转,提高使用效果。流动资金的管理原则是坚持计划管理,使资金供应为办展需要服务;严格控制各类用品的购置。具体做法:核定流动资金定额,加强集中统一领导,制订资金来源计划,明确资金支出的审批权限。财务部门要按计划和需要为各部门供应资金,对每笔资金支出的有关凭证要认真审查复核;管好各项财产物资,合理组织业务活动和使用流动资金,合理控制物资库存量;加强账户和支票及现金管理,严格执行现金限额管理制度,及时清理债权债务;建立经营管理责任制,充分发挥经济杠杆作用,把各项经济指标逐项分解,按照责、权、利结合的原则,层层落实,使经营管理各个环节都明确各自的岗位责任和资金在运行过程中各部门、各环节所应负的责任,并与奖惩挂钩。

3)专用基金管理

专用基金管理包括按计划使用、贯彻节约原则等。

5.1.2　会展场馆财务管理的手段和方法

会展场馆财务管理的手段和方法如下。
①建立财务制度,实行财务指标的分解和分口管理。
②在预测的基础上编制财务计划,预测和控制财务指标完成情况。
③认真进行财务分析,积极调度、平衡财务收支。
④认真组织日常财务管理。
⑤定期进行财务检查和清产核资。

5.1.3　会展场馆财务管理人员应具备的基本素质

会展场馆财务管理人员应具备以下基本素质。
①思想道德素质。事业心强,敢于负责,积极完成本职工作,准确、客观地反映本馆经济活动;热情为顾客服务;严禁弄虚作假,坚持原则,执行制度,廉洁奉公,不谋私利。
②业务技术素质。掌握会计基础理论和基本技能,既能记账、核算、检查、分析,又能进行经济预测、决策和控制,并能使用电子计算机,掌握现代经营管理知识(如目标管理、固定资产投资研究等)。
③熟悉会议展览业务,当好领导参谋。
④掌握相关学科知识,在财务管理中,能及时发现问题和解决问题。

5.2　会展场馆的会计核算与财务分析

5.2.1　会计核算

1)明确会计任务

①提供会计资料。具体包括:编制和审核会计凭证,登记会计账簿,编制会计报表。
②参与经营决策。具体包括:提出各种备选决策方案,出主意,提建议,参与重大决策方案的讨论,当好参谋。
③实行预算和计划管理。制订财务计划,并参与其他计划的制订,寻求落实计划的措施,监督计划的执行,考核计划完成情况。

④进行会计检查。一方面,以国家的方针、政策、法规、制度为标准进行会计稽查;另一方面,要以会展场馆内部的各项规章制度和计划进行检查,以保证会展场馆经济活动的合法性。

⑤进行会计分析。对会展场馆经济活动、会计报表及有关情况进行定期或不定期的分析,检查计划及有关部门或人员的经济责任完成情况,测算是否达到预定的目标。

⑥保护会展场馆财产安全。通过会计核算建立各种财产的使用及管理制度,严格收发,及时核算,定期清查盘点,维护财经纪律,保护会展场馆财产安全与完整,维护会展场馆利益。

2)掌握会计核算内容

(1)资产核算

①流动资产核算,包括现金、银行存款、存货、短期投资和应收账款核算。

②长期投资核算,包括股票投资、债券投资和其他投资核算。

③固定资产核算,包括场馆房屋与建筑物、机器设备、运输设备和工具器具等核算。

④无形资产核算,包括专利权、商标权、非专利技术、著作权、土地使用权和商誉权核算。

⑤递延资产核算,包括开办费、租赁固定资产改造工程及大修理支出核算。

⑥其他资产核算,包括临时设施、特种储备物资、诉讼中的财产等核算。

(2)负债核算

①流动负债核算,包括短期借款、应付票据、应付账款、应付工资、应付税金、应交利润、预提费用、其他应付款的核算。

②长期负债核算,包括长期借款、应付债券、长期付款等核算。

(3)所有者权益核算

①债权人权益,包括短期借款、应付票据、应付账款、应付工资、其他应付款等。

②投资者权益,包括:投资人投入的实收资本、资本公积,如股本溢价、财产重估增值、接受捐赠等;盈余公积,指税后提取的各种公积和公益金;未分配利润,指留待以后年度分配的利润。

(4)收入核算

收入核算指会展场馆提供各种服务所取得的营业收入,分为基本业务收入和其他业务收入。

(5)费用核算

会展场馆在经营过程中发生的各种费用分为直接费用、间接费用和期间费用,其中间接费用又分为营业费用、管理费用和财务费用。

(6)利润核算

会展场馆在一定期间的经营利润分为营业利润、投资净收益和营业外收入净额。

3）会计核算的方法与标准

（1）设置会计科目和账户

按会计核算的内容，分设资产负债、所有者权益、收入、费用、利润等各类科目及账户。

（2）采用借贷记账法记账

其记账规则是：有借必有贷，借贷必相等。

（3）填制会计凭证

①填制原始凭证。原始凭证包括自制原始凭证和外来原始凭证两种。原始凭证应具备的基本内容包括：名称和编号；填制凭证的日期；填制凭证单位名称或填制人姓名、经办人员的签名或盖章；接受凭证单位名称；经济业务的内容，经济业务的实物数量、单价和金额。

②制作原始凭证汇总表。原始凭证汇总表应具备的主要内容包括：名称和编号；经济事项内容；单项金额和合计金额；所附原始凭证张数；制表人员和审批人员签名或盖章。

③填制记账凭证。记账凭证应具备的基本内容包括：名称和编号；填制日期；科目、子目、摘要；金额；附件张数；制证、审核、记账、会计主管人员的签名或盖章。

④制作记账凭证汇总表。记账凭证汇总表必须具备的主要内容包括：总表的名称和编号；编制汇总表的日期；会计科目及子目；借贷资金；所附记账凭证张数；制表、复核、汇账人员的签名或盖章。

（4）登记账簿

账簿按核算需要和用途分为总账、明细账和辅助账三个层次。按外表、形式又分为订本账、活页账、卡片账三类。登记账簿必须规范，基本要求是：

①负责登记账簿的会计人员，在登记账簿前，应对专门复核人员已经审查过的记账凭证再复核一遍。

②如果认为记账凭证的处理有误，可暂停登记，及时向会计主管人员反映，由会计主管做出更改或照记的决定。在任何情况下，凡不兼任填制记账凭证工作的记账人员都不得自行更改记账凭证。

③登记账簿的间隔时间不得超过一个星期；明细账的登记时间间隔要短于总账；日记账和债权债务明细账，每天至少要登记一次；作为经管现金和银行存款日记账的专门人员，出纳须每日掌握银行存款和现金的实有数，谨防开出空头支票和影响经营活动的正常用款。

（5）做好成本核算

①严格成本费用的各自开支范围，正确区分哪些是成本，哪些是费用，哪些是营业外支出，哪些是资本性支出。

②正确确定成本、费用的归属期，均应按照"权责发生制"的原则，正确划分收益性支出和资本性支出，以及本会计年度支出和以后会计年度支出。

③成本、费用支出应当和营业收入相互配比，当月实现的营业收入，应将与其相关的成本费用、税金同时登记入账，编制会计报表。

④严格掌握成本、费用开支范围和开支标准。要分清是否属于成本、费用的开支范围，是否超出成本、费用的开支标准，发生超范围、超标准的应及时反映汇报，求得合理解决。

⑤严格审核成本、费用支出凭证是否符合财务、会计制度，正确运用相关的科目和子目，并熟悉成本、费用支出的核算方法。

⑥采用定额管理和归口分级管理，加强成本的分析考核。

（6）做好财产清查

会展场馆财务部应对各种财产物资、往来款项定期做好清查盘点，将盘点的实有数和账面数相核对，如有不符，应查明原因，调整账簿记录，使账实相符。

（7）编制会计报表

编制会计报表的基本标准如下：

①数字真实。在编制会计报表时，要严格以账簿记录为依据，不准提前结账或编表后结账，做到账实相符，有关会计指标衔接一致；编制会计报表之后，要认真稽核，经总经理、财务部经理、会计主管人员签名或盖章，共同对会计报表的真实性负责。

②计算准确。必须按权责发生制的原则记账，收入与成本、费用应当相互配比，各项财产物资应当按取得时发生的实际成本计算；正确划分损益性支出和资本性支出，发出存货应按规定的方法确定其实际成本，对于固定资产、无形资产、递延资产、低值易耗品等应按规定的方法记价，并进行计提折旧和摊销；按规定预提应付费用和预付的待摊费用，严格划分成本、费用的支出界限，正确核算利润和利润分配等；对于影响决策的主要业务分别核算，并分项反映，保证核算资料的口径一致、划期统一和指标可比。

③内容完整。会计报表必须按照会计制度规定的种类、格式、项目和内容填报齐全，不重不漏，相关指标衔接，汇总指标恰当；各种会计报表相同的指标，一定要相互核对一致，有些数字经过调整后要核实，不得漏填项目，出现差错。

④报送要及时。中心的会计报表必须按规定的时间和报送方式及时报出。

（8）健全会计档案

每年度终了，要按照归档的要求，将会计凭证、会计账簿、会计报表等归档保管，装订成册。其中会计凭证要随时装订，会计账簿、会计报表要按年度装订，并按永久、长期、定期分类整理，编写目录。

①会计档案的保存年限是：原始凭证、记账凭证、汇总凭证保管15年；银行存款余额调节表保管3年；总分类账、日记账和辅助账簿保管15年；现金日记账和银行存款日记账保管25年；涉及外事的会计账簿、会计凭证永久保管；月份和季度会计报表及说明保管5年；年度会计报表（决算报告）永久保管；会计移交清册保管15年，会计档案保管、销毁清册保管25年。

②借阅会计档案要办借阅手续。会计档案保管期满要销毁时，应编制《会计档案销毁清册》，提出销毁意见，报上级审批后，并派人参加监督。

4）会计科目设置标准

要根据新会计制度中的会计科目设置标准，设置规范的会计科目。

5)会计报表编制标准

(1)资产负债表

资产负债表反映会展场馆某一特定时期全部资产、负债和所有者权益的财务状况。资产负债表的编制标准是:

①资产负债表的编制需要通过试算平衡、填列报表项目和复核三个阶段。确实无误后,加盖有关人员图章,按规定时间报出。

②资产负债表的"年初数"的各项数字,根据上年末资产负债表"期末数"填列。

③资产负债表"期末数"的各项数字填列采用直接填列法和分析整理填列法两种。对短期投资、其他应收款、待摊费用、累计折旧、在建工程、无形资产、递延资产、短期借款、其他应付款、其他未交款、实收资本、资本公积和盈余公积,均根据总分类账户的期末余额直接填列。

④对货币资金、应收账款、坏账准备、存货、待处理流动资产净损失、待处理固定资产净损失、长期投资、固定资产清理、应付账款、应付福利费、未交税金、未付利润、预提费用、长期借款、应付债券、长期应付款、未分配利润等项目,应对其总分类账户和明细分类账户期末余额进行分析、计算、调整、整理后填列报表项目,采用分析整理填列法填列"期末数"。

(2)损益表

损益表反映会展场馆在一定时期内(月份、年度)最终经营成果。损益表编制的标准是:

①根据总分类账户的净发生额直接填列。如营业收入、营业成本、营业费用、营业税金及附加、管理费、财务费、营业外收入、流动资金来源和营业外支出。

②根据有关账户实际发生额分析填列。

根据表内有关数字计算后填列,包括经营利润、营业利润、利润总额。

(3)财务状况变动表

财务状况变动表综合反映一定时期内会展场馆运用及其增减变动情况。它根据会展场馆一个年度各种资产和权益项目的增减变化,来分析反映资金来源和用途,系统地说明会展场馆的财务动态。

(4)年终财务状况变动表

其编制主要采用分析整理填列法,依据资产负债表的本期和期初,损益表的有关总分类账和明细分类账中的数据分析整理填列。

(5)利润分配表

利润分配表反映会展场馆利润分配状况和年末未分配利润节余情况。

(6)营业收支明细表

营业收支明细表是"损益表"的附表,反映会展场馆经营成果的组成部分以及会展场馆营业收入的构成。营业收支明细表的编制,应根据会展场馆总分类账和明细分类账项目的核算内容直接填列。营业利润或亏损根据营业收入减去营业成本、营业费用、营业税金及附加等的计算结果填列。

5.2.2　财务分析

1) 确定财务分析目标

掌握会展场馆偿债能力、运营能力和获利能力,以便正确确定会展场馆经营目标和经营方针;修改、确定会展场馆有关标准,以便对会展场馆经营活动进行有效的控制;寻找会展场馆经济发展的规律,以便修改、制订会展场馆财务计划。

①明确财务分析内容。

分析内容包括:资金筹集分析,资产利用率分析,劳动利用率分析,对外投资分析,成本和费用分析,营业收入、税金和利润分析,会展场馆负债分析。

②选择财务分析方法。

③比较分析法。常用的比较分析法有两种:

一是差异分析法。首先选定正确的标准,然后与报告期有关指标比较揭示差异,引起注意,寻找原因,挖掘潜力。

二是因素分析法。针对差异,系统分析产生差异的原因,并找出引起差异的主要原因。

④概率分析法。把两个相关的指标相除求出相对数,然后对各种相关数进行观察、比较,从而认识和掌握会展场馆经营活动的规律。

⑤平衡分析法。会展场馆在经济活动中存在着许多平衡关系,只有保持合理平衡,经济活动才能正常发展,此种方法根据合理平衡的要求,观察场馆经济活动。

⑥动态分析法。不是将一个标准期或一个分析区进行对比,而是通过较长的历史时期资料观察,寻求某项指标变动趋势,从而有效地分析会展场馆未来的经济活动。

⑦财务分析指标运用。

2) 常用的分析指标

(1) 流动比率

流动比率又称营运资金比率,指会展场馆流动资产与流动负债的比率。流动比率实质上是会展场馆流动资产与流动负债的比例关系,既说明场馆偿债能力,又反映场馆流动资产占用。指标值小,说明场馆偿债能力不足,经营风险大;指标值大,说明场馆偿债能力强,负债少。一般来说流动比率以200%为宜。

(2) 流动资产周转率

流动资产周转率指一定时期内流动资产周转的次数,或周转一次需要的时间。它反映流动资产周转的速度,说明场馆流动资产管理水平,是考核会展场馆流动资产利用率的重要指标。

(3) 应收账款周转率

应收账款周转率指一定时期内赊销收入净额与应收账款平均余额的比率。它是考核应收账款回收快慢的指标,反映会展场馆经营决策和结算资金的管理水平。

（4）存货周转率

存货周转率指一定时期内存货周转的次数。它是考核场馆管理水平,衡量存货是否过量的重要指标。

（5）资产负债率

资产负债率又称负债率,100%以下说明企业具有偿债能力。

（6）人工成本率

人工成本率指人工费与营业收入之比。人工费包括工作人员的工资、奖金及福利费。人工成本率说明百元营业收入中人工费用的含量,掌握该指标,有利于正确编制营业预算和控制人工费用,它是用来说明会展场馆人力资源利用水平。

（7）固定资产周转率

固定资产周转率指营业收入与固定资产平均总额之比。这里的固定资产平均总额,指的是固定资产净值的平均总额。它是衡量固定资产利用效率的一项指标,表示会展场馆固定资产的利用水平。

（8）资本金利润率

资本金利润率指利润总额与资本金总额之比。该项指标表示每百元资本金能带回多少利润,说明会展场馆的获利能力。

（9）营业收入利润率

营业收入利润率指利润总额与营业收入之比。

（10）成本费用利润率

成本费用利润率指利润总额与成本费用总额之比。该项指标从成本费用消耗方面观察会展场馆的获利能力,说明每百元成本费用消耗可带回的利润。

5.3 会展场馆的预算编制与财务控制

5.3.1 预算编制

预算编制是会展场馆经营管理的重要组成部分,它规定计划期内费用耗费水平、经营成果和成本降低的任务,是对经营成本进行控制和分析的依据,也是编制财务计划的重要依据。正确编制和认真执行预算计划,有利于挖掘降低成本的潜力,有利于落实内部经济责任制,改善经营管理,提高经济效益。因此,场馆各部门在经营过程中,一定要以预算计划为依据进行工作,使整体工作在计划之中运行。

1）预算构成

（1）经营损益预算

对年度的营业收入、成本费用及盈利等指标做出预算。

（2）流动资金运用预算

根据损益预算所得盈利，计算流动资金的来源总计，减去固定资金运用，便可得到可运用的资金，进而制订可供各部门运用的资金预算。

（3）资产性支出预算

根据流动资金运用预算和各部门提供的支出要求，分轻重缓急，严格审查并报领导审批，然后列入支出项目并确定限额。

2）经营损益预算

在编制经营损益预算前，各部门应根据需求提供相关资料和计划。

①会议展览部应提供会议和展览的场次、规模数据及包括各项服务收入预测的营业收入计划，并根据会议展览需要提出物资采购、广告、差旅费及需要动用货币资金等支出计划。

②管事部应根据会展场馆的物业管理合同提出物资采购及需要动用的货币资金等支出计划和物业管理营业收入计划。

③人事部应提出会展场馆年度内工资、奖金、各种津贴、劳务费、培训费以及医疗费等支出计划。

④工程部应根据场馆设备运行状况，提出设备配件零星配置、修理及水电等项费用的支出计划。

⑤办公室应提出会展场馆办公用品、低值易耗品及一切在场馆管理费用中支出的其他费用支出计划，还要提出车队的养路费及车辆修理费用等支出计划。

⑥经营部应根据会展场馆的经营状况，提出场馆经营计划。

⑦保卫部应根据本部门的工作需要提出费用支出计划。

⑧财务部提出归还银行借款、上缴税金等有关财务收支计划。

⑨根据上述各部门所报的收、支预算资料，财务部编制会展场馆的损益性预算。

3）预算编制

经过预算审定会议做出结论之后，财务部据此对各部门做出半年度的损益预算并做出简要的说明分析。

4）流动资金运用预算

根据"经营损益预算"及"资产性支出预算"的资料，分析计算而得到"流动资金运用预算"的各项指标。

①把每月的纯利润及与现金变动无关的折旧、开办费摊销等做流动资金的主要来源。

②把固定及必须支出的项目如银行贷款、各部门年度内购置资产性支出等，列入"资

金运用"项中。

③把所有支出金额汇总成"流动资金运用总计",然后与"流动资金来源总计"相减,得到预算年度内流动资金盈余或短缺。

在预算编制过程中要做好综合平衡工作。财务部要加强与各部门的联系,若发现资金不足,可报总经理再行研究,进一步削减各部门不急需的项目支出。

5) 资产性支出预算

①各部门首先把往年预算购置未能实现的项目列出,以便考虑列入本年度预算。

②各部门已获批准的项目资金,要尽可能准确地测算出来,然后列入"流动资金运用预算"内。

6) 各种预算编制要求

①财务部及各部门要以务实的态度管家理财,以敬业的精神开源节流,不断提高预算编制工作水平。

②负责预算编制人员,要根据场馆各部门报送的预算资料,既要汇总编制好年度内的预算,又要编制好季度预算,更要编制好月份预算,以便财务部以此为依据考核各部门预算执行情况,挖掘降低费用的潜力,贯彻经济责任制,提高经济效益。

5.3.2 财务控制

会展场馆财务控制是会展场馆财务管理的重要内容,主要包括:

①经营决策控制。会展场馆高级决策者所进行的管理控制,既要做好长期投资决策,又要做好短期经营决策,并将这些经营决策通过经营方针、经营计划、财务预算等贯彻实施。

②组织机构控制。要从提高财务管理效率出发,合理设计、调整企业组织机构,并明确规定各机构在财务管理方面的职责。

③责任控制。会展场馆财务活动涉及场馆的每一个员工,因此,对每个岗位上的每个人都要明确规定财务管理责任,做到事事有人管,人人有专责,办事有标准,工作有检查。

④人事控制。要重视财会人员的地位,发挥财会人员的作用,加强财会人员的培训,提高财会人员的素质;同时,要对全体员工进行财务管理教育。

⑤程序控制。要对财务活动中每项业务的控制规定最佳次序和要求,以保证财务工作的质量。其内容主要包括:现金和银行存款的收支控制;应收账款和应付账款的控制;采购与存货的控制;工资、固定资产、无形资产、递延资产及其他资产的控制和对外投资控制等。

⑥牵制控制。规定对财产物资的收付和会计事物的处理必须由两个人以上共同完成,使之相互牵制,避免出现差错和舞弊行为。

⑦会计控制。对会计工作的每一环节,从凭证填制、账簿登记一直到报表的编制及其管理实施控制。

⑧标准控制。会展场馆要在财务分析的基础上,制订技术经济标准及其相应的财务

预算或财务计划,用以指导财务活动,并据以检查财务活动,进一步找差距、查原因、采取措施、增加收入、减少支出。

⑨图表控制。对于物资消耗、费用开支、设备运行等,应在财务分析基础上,确定平均值,然后确定控制幅度,绘制控制图,做好日常观察记录,分析异常状况,采取措施消除场馆在经济运作中的不正常现象。

⑩制度控制。会展场馆要贯彻执行《企业财务通则》和《会计制度》,更要根据自身管理财务的需要,建立健全财务管理制度,并对职工进行培训,使这些财务制度能得到真正的贯彻执行。制订财务制度,要在掌握企业经济发展规律的基础上进行,不能随便制订,也不能随便修改,更不能随领导人的变动而变动。

5.4　会展场馆的统计与内部审计工作

5.4.1　统计工作

1)统计工作的任务

①准确、及时、全面、系统地提供有关会展场馆经济发展情况的资料,并进行统计分析和预测,为场馆加强内部管理提供依据。

②对会展场馆的各项指标、计划、发展规划和预算的执行情况进行检查监督。

③为管理和研究会展场馆情况提供资料。

④为政府各级管理部门和会展场馆对外宣传提供资料。

2)统计工作阶段划分

①统计调查。统计人员要根据统计研究任务,制订统计调查纲要,选择并运用科学和切实可行的调查方式,搜集有关资料和情况,记入有关统计总账。统计调查的基本要求是准确、及时、全面地搜集统计资料。

②统计整理。统计人员要根据需要将所搜集的资料按有关要求进行科学汇总,使之条理化、系统化,综合说明某一经济现象的特征。

③统计分析。统计人员还要运用经过加工处理的统计资料和各种统计分析方法,对各种分组资料和总计资料进行分析,以揭示会展场馆经济发展趋势和特点,做出科学的结论,对改善管理提出建议。

3)统计台账

要认真做好统计台账工作。统计台账要按向外报送统计报表的要求和会展场馆内部管理的需要设置,并按时间顺序分别进行统计资料登记。所登记的统计资料,要进行严格审核,要有原始记录为依据,原始记录要真实可靠。

4）统计报表

根据统计台账和原始记录,按照有关要求的指标项目、表格形式、报送程序和时间编制并报送统计报表。

5.4.2　内部审计管理

1）明确内部审计任务

内部审计是会展场馆内部审计人员在总经理领导下,为了加强场馆经营管理对经营活动的全过程及各个方面进行检查的评价活动。其基本任务是:

①检查评价会展场馆所制订的各种经营方针、计划(预算)、程序、制度、规范及其依据。

②对会展场馆经营目标的合理性及实际状况做出评价。

③保持会展场馆信息系统的完整协调,增进财务报表的可信性和其他信息的准确性。

④促进各部门合理利用资源,充分发挥场馆的人力、物力和财力的作用,并确保各种财产安全完整。

2）内部审计职权

①检查凭证、报表、决算、资金和财产,查阅有关文件资料。

②参加有关会议。

③对审计中有关事项进行调查并索取证明材料。

④对正在进行的严重违反财经法规,严重损失、浪费行为,做出临时的制止决定。

⑤对阻挠、破坏审计工作以及拒绝提供有关资料的,报总经理处理,并提出处理建议,必要时经总经理批准可临时采取措施处理。

⑥提出改进经营管理的建议和纠正违反财经法纪的意见。

⑦对严重违反财经法纪和造成重大损失、浪费的人员,提出追究责任的建议。

⑧对审计中的重大问题,及时向总经理汇报。

3）内部审计原则

①合法性。会展场馆内部审计要以国家有关法规为依据。

②合理性。会展场馆内部审计工作要一切从实际出发,实事求是地看问题,防止主观和偏听偏信。

③全面性。要全面地、全过程地看问题,要考虑各方面因素对会展场馆经营活动的影响,要从发展的角度历史地看问题。

④利益性。要合理、合法地处理国家、投资者、内部员工三者之间的利益关系。

⑤开拓性。要促进会展场馆开展新业务,拓宽市场,改进管理,提高服务质量。

4）内部审计方法

（1）检查书面资料

①审计查账。主要有：审阅法、复核法、核对法、核实法、比较法、调节法、账户分析法、顺查法、逆查法、细查法和抽样法等。

②审计分析。主要有：财务分析、经济活动分析、技术经济分析等。

（2）检查客观实际情况

①审计调查法。主要有：观察法、查询法、函证法、专题调查法、专案调查法等。

②审计盘存法。主要有：直接盘点法、会同盘点法等。

5）编制内部审计报告

（1）非正式报告

非正式报告指审计项目尚未完成，审计过程中针对某一具体问题而提交的报告，其目的是求得这一问题的尽早解决，尽快引起有关方面的关注。

（2）正式审计报告

正式审计报告指审计项目完成以后所编写的，包括全部审计结论和建议的报告。

5.5　会展场馆经营价格、票务与收费管理

5.5.1　会展场馆的经营价格管理

所谓价格管理，即对商品价值货币表现的调节与管理。

会展场馆的经营价格管理即对会展场馆经营范围内所体现的商品价值货币表现的调节与管理。场馆的经营价格，主要是指由场馆与主办单位合作共同策划组织会议展览活动的分成；展厅、会议厅、商务用房、辅助空间、广告位、展具、各类器材的出租；摊位的设计与搭建、门票、仓储、运输、商务中心、餐饮、客户住宿、气氛布置、美工制作、水、电、气等的收费体系和价格策略。场馆经营项目的价格，大体可分为相对固定的和因其性质、内容、难易程度或艺术、科技水平不同而灵活变易的两类，通常也都有上下限的变易幅度。合理地掌握好价格的调节与管理，是搞好会展场馆经营的重要经济手段，也是在行业竞争中取胜、赢得客户、留住客户的重要原因之一。

1）影响和决定会展场馆的经营价格的因素

（1）成本核算

成本核算主要指按照经营主体基本条件的价值计算，诸如会议展览场地、器材设备、服务设施的优劣及其投入，服务质量与技术难度，以及级差地租原理的运用等。这些都是制订会展场馆经营价格的基本依据。

（2）市场调查

密切注意与掌握市场流通的价格信息，是调节与制订会展场馆的经营价格的重要辅助条件；与国内同类城市同档次展馆价格进行比较，与省内周边城市展馆价格比较，若是巡回展要与前几期在其他场馆收费进行比较。

（3）展会规模

考虑一次租用展厅的总面积及时间长短，根据总量确定优惠程度。

（4）影响力

根据名牌展览或一般展览，高层次会议或一般会议，考虑能否为场馆增加品牌影响的因素。

（5）展会类别

考虑专业展、综合展、展销会，国际性、全国性、地方性，定期展、不定期展、巡回展、一次性展或将长期举办的展会等因素。

（6）承办单位

新、老客户合作诚意、配合默契程度、信誉、办展历史和业绩等。

（7）时间段

淡季、旺季、假期，买方市场、卖方市场等。

（8）活动项目

考虑单项或多项；综合捆绑计费或分项单列计费及相互间的平衡关系。

（9）合作方式

纯粹出租场地或前期合作（共同投入或单方投入）结束时扣除双方确认的费用后分成等。

（10）场馆因素

从新馆经营初期的低价位到创立品牌场馆后的逐步提升。

（11）产生效益

场馆的直接经济效益、潜在效益、社会效益。

（12）其他

除以上因素外还必须考虑场馆在经营管理过程中遇到的各类公共关系的因素。

2）会展场馆经营价格的制订原则

会展场馆的经营价格一般应掌握以质论价的原则，并随行就市、顺应市场需求，不过高也不偏低。过高会影响客户的光顾和产品的销售，偏低则影响会展场馆本身的收入。精明的价格管理工作者不应墨守成规，要善于观察和谋略，不断探求价格规律，以利增加收入。诸如供不应求时适时提高价格，供大于求时随机降低价格；薄利"多销"、厚利"多销"、"多销"多利等。保持会展场馆的经营价格稳定与高效的关键，是要提高会展场馆服务设施、服务技术的质量以及服务的水平，即"以质取胜"。

3)会展场馆经营价格的制订

通常采取成本加成定价法,就是在经营成本的基础上加上一定比例的利润和税金,得出基本价。由具备经营意识和市场经济意识的专业人员和财会人员共同研究,报总经理审批,并报当地物价部门批准。而经营价格的具体执行则针对不同对象,根据市场需求、竞争因素及以上提到的各种情况,由业务部门在谈判时按场馆规定的幅度灵活掌握进行调节。

5.5.2 会展场馆的票务管理

场馆的票务管理是指入场券、参观券、请柬、交易证等的服务与管理。搞好票务管理是会展承办单位组织参展参观客户的基本环节,也是会展场馆的财务和保卫工作的组成部分。

1)入场券、参观券(请柬、交易证)的作用

①媒介、联络、导向作用。介绍会议展览名称、会期展期时间、地点、主承办单位等。
②凭证作用。开会、参观都要凭票入场。
③组织、控制作用。票务发放数量是组织观众、控制人流的有效手段。
④传播作用。运用票面广告,扩大宣传效果。
⑤增收作用。有些入场券、参观券都是有价的,可以增加一定的经济收入。
⑥美化作用。设计、印刷美化票面,以增加对观众的吸引力。
⑦公关作用。美观大方的请柬、入场券可以表达盛情、尊敬和欢迎之意。
⑧统计作用。入场券、参观券的印刷编号,是各项统计的依据。

据此,精心组织,合理安排,搞好入场券、参观券的分配和销售,是会议和展览活动的重要工作之一。

2)票务管理的内容

票务既有经营、公关的内容,又有财务管理和人流控制的内容。它包括入场券、参观券印刷、保管、发放、销售和票务统计等一系列工作。具体内容有:

①票券印刷要按照会议展览规模、会期、预测观众总数,根据设计的票面样稿,由业务部门与印刷厂联系,签订合同,对其印刷的数量、价格、纸质、字体(形)、色彩以及交货日期等都要在合同中明确规定,以做验收和结算费用的依据。

②大型会展活动一般设票务组,专职管理各类票券的接收、盖印(票务章)、分配和出售工作。票务组的人员配置,可根据展览规模大小设专职或兼职,也可临时组建调配人员。

③由于会展活动的组织者不同,因此,票务的安排方式亦不同。一般说,会展主办单位对票务负有直接责任,具有安排分配的权利,会展场馆有时虽然是会展活动的承办者,但承担着许多具体任务(包括票券发放和销售),因此,主办与承办双方,在筹办会展活动之初,就要妥善协商,确定票额的合理分配比例,并由会展场馆票务组执行。会展场馆自

己主办的会展活动,由场馆票务组负责安排;若联合主办的会展活动,则按协议规定办理。

④入场券和参观券分为赠券、售券两种,根据会展活动的性质和内容决定一种或两种。一般情况下,国际性的技术展览、国内科技成果展览、技术展评会、法制宣传展览等,大都采用按系统组织参观或专业参观的方法,一般不收费用。此外,国内许多展览、展销会都是收费的,并采取赠券和售券两种方式兼用,票价按不同展览、规模和展出价值而定。订货会的交易证收费较高,其收益归主办单位,联合主办则共同得益。其他各种会议则根据其规格和类别,有收费有不收费。

⑤票务发放采用赠券、售券相结合的方式。赠券要加盖赠券印章,主要安排给办会办展、协作单位、领导部门、新闻单位和参会参展人员等。这是内外公关活动中务必注意的问题。至于赠券的数量多少,要视不同展览灵活掌握,一般控制在票券总数的30%左右。售券采用组织团体预售与零售相结合,通过向社会各界广发票券预售通知和通过新闻媒介发布广告信息。

⑥入场券、参观券的售券与赠券要分别管理。售券属于有价券,应纳入财务管理范畴。票券印妥后,财务部门、票务组要进行验收入库。票务组要把印刷、发放数,包括赠券、售券的比例分配等详细情况开列清单报财务部门审核,并报主管负责人批准执行。要建立财务、管票、售票三环相互联系、相互制约和相互监督的规章制度,并建立两套与财务相适应的账目:即保管员的"票券管理账"和售票员的"领、售票及现金账"。现在采取网上预约电子门票的方式必须设立专用账号严格管理。

⑦展会结束,票务组应将赠券分发和销售统计表报财务部门,经财务核对,款项一致后,签署意见上报主管负责人审批归档。余票由财务部门验证封存,一年后上报上级批准销毁。

本章小结

通过本章的学习要知道会展场馆财务人员必须具备的素质,了解会展场馆财务管理的手段、内容和方法,懂得计算会展场馆各项财务指标和经营价格的制订,分析影响和决定会展场馆经营价格的多种因素并进行各类价格的管理。

复习思考题

1. 会展场馆财务管理的手段和方法主要有哪些?
2. 简要介绍会展场馆的预算编制。
3. 如何进行会展场馆的财务分析?
4. 会展场馆财务控制是会展场馆财务管理的重要内容,主要包括哪些方面?
5. 会展场馆的收入主要有哪些?
6. 影响和决定会展场馆经营价格的因素有很多,主要有哪些方面?

实　训

选择两种常用的财务分析指标结合案例进行说明。

案　例

某会展中心展厅、会议厅收费标准

1）展厅租用部分（以下均按人民币收费）

（1）室内展厅、室外展场租用价格（表5-1）

表5-1　室内展厅、室外展场租用价格

项　目	元/[m²（毛面积）·天]	备注
室内展厅		1. 室内各展厅_____m² 起租；大堂_____m² 起租；价格含基本保安、通道清洁、公共照明费，但空调费另计。
室外展场		2. 室外展场_____m² 起租；价格为光地租金，保安费、环境清洁费另计。 3. 展场开放时间为（　）—（　），其余时段使用，按小时另收加班费。

（2）国际标准展位价格（表5-2）

表5-2　国际标准展位价格

规　格	价　格	出租天数	备注
3 m×3 m	_____元/期	_____天以内（含_____天），包括布展、开展、撤展时间	1. ____个标准展位起租。 2. 含基本保安费、公共照明费、通道清洁费、展位搭建费及标准展位配置（不含展位内地毯）。 3. 展场开放时间为（　）—（　），其余时段使用，按小时另收加班费。

（3）展位搭建、改动价格（表5-3）

表 5-3　展位搭建、改动价格

项目/规格		价　格	备　　注	
展位搭建	3 m×3 m	＿＿＿元/展期	展位内铺地毯,并覆盖 PVC 薄膜	1. 标准展位配置:三面展板、一块楣板、两盏射灯、一张洽谈桌、两把洽谈椅,如需要可提供 5A 插座一个。 2. 此价格适用于本展馆内提供的服务,如需到其他地点服务,另收运输等费用。
		＿＿＿元/展期	展位内不铺地毯	
	3 m×4 m	＿＿＿元/展期	展位内铺地毯,并覆盖 PVC 薄膜	
		＿＿＿元/展期	展位内不铺地毯	
	3 m×2 m	＿＿＿元/展期	展位内铺地毯,并覆盖 PVC 薄膜	
		＿＿＿元/展期	展位内不铺地毯	
展位改动	展板拆除	＿＿＿元/块		
	变动展板	＿＿＿元/块		
	新增展板	＿＿＿元/块		

（4）展厅空调费（表 5-4）

表 5-4　展厅空调费

项　目	价　格	备　　注
展厅空调费	＿＿＿元/[m² (毛面积)·天]	1. A 展厅计费面积为＿＿＿ m²;B 展厅计费面积为＿＿＿ m²;C 展厅计费面积为＿＿＿ m²…… 2. 展场开放时间为（　）—（　）,其余时段费用另计。

（5）施工管理费及保证金（表 5-5）

表 5-5　施工管理费及保证金

项　目	单　位	价格/元	备　注
施工管理费（特装展台）	m²（参展净面积）		施工单位应提前与场管部联系,办理施工手续,交纳施工管理费,方可进馆施工
施工证件费（特装展台）	人		
施工车辆证	辆		
自铺地毯管理费	m²/期		
特殊装修保证金	展位/期		正常拆卸撤离展馆后无息退还
条幅广告吊挂保证金	幅		正常拆卸后无息退还

（6）展厅加班费用价格（表 5-6）

表 5-6　展厅加班费用价格

加班时间	计价单位	价格/元	界定标准
（　）—（　）	元/（展厅·小时）		参展面积大于＿＿＿ m²,小于一个展厅的,以一个展厅计
24:00 以后	元/（展厅·小时）		

续表

加班时间	计价单位	价格/元	界定标准
（　）—（　）	元/(展位·小时)		参展面积小于____
24:00 以后	元/(展位·小时)		m² (含_____ m²)

备注	1. 需加班的单位请于当日____点前填报加班申请书,逾期加收____%。 2. 加班价格包括大堂及室内连廊、室外展场。 3. 价格含基本保安配备、基本照明、通道清洁费(不含空调费)。 4. 免费加班时间:展览会开幕前一天(　)点—(　)点,展览会闭幕当天(　)点—(　)点。(除展览组委会另有限制) 5. 如需提前布展,根据展厅位置、使用面积、时间等费用另议。

2) 会议空间租用部分(表5-7)

表5-7　会议空间租用部分

会议室 (编号)	面积 /m²	价格(空调费另计)		摆设及容纳人数	提供的配套 服务或照明
		半天	全天		
大堂		____元/(m²·天) (空调费____元/天)		可根据要求摆设	(餐饮类用途加收保洁费:____元/天)
商务用房		____元/(间·期) (____天以内含____天)		_____ m²	一张洽谈桌、两张洽谈椅、5A 插座一个、普通照明
贵宾室		____元 (空调费____元/天)	____元	会见式:(固定摆设) ____人	标准配置
1#会议室		____元 (空调费____元/天)	____元	课桌式;戏院式;回字形 __人 __人 __人	标准配置 + 话筒____支/扩音设备
2#会议室		____元 (空调费____元/天)	____元	宴会式:(固定摆设) ____人	所有人员提供矿泉水、纸笔;绿色植物____盆
3#会议室		____元 (空调费____元/天)	____元	课桌式;U 字形;圆形 __人 __人 __人	标准配置 + 话筒____支/扩音设备
厨房		_____元/餐 (水电气费用另计)			含全套厨房设备,不含用完保洁
员工餐厅		____元/天 (空调费____元/天)		餐桌椅:____套	固定摆设
国际会议厅		____元 [租用同传耳麦:____元/(套·天)] (空调费____元/天)	____元	阶梯环绕式:____人 (固定摆设) (中间椭圆形桌)	标准配置:____盆绿色植物;空白背景板;跟踪投影系统;发言表决系统;____声道同声传译系统;话筒____支/扩音设备

续表

会议室 （编号）	面积 /m²	价格（空调费另计）		摆设及容纳人数	提供的配套 服务或照明
		半天	全天		
咖啡厅		＿＿＿元	＿＿＿元	咖啡桌椅：＿＿＿人 自助式：＿＿＿人	咖啡桌椅（餐饮加收： ＿＿＿元/场的保洁费）
		（空调费＿＿＿元/天）			
大型多 功能厅		＿＿＿元	＿＿＿元	其他摆设（普通会议）： ＿＿＿人	标准配置＋话筒＿＿＿ 支/扩音设备、＿＿＿盆 绿色植物；空白背景 板、舞台
		（宴会、酒会加收 保洁费：＿＿＿元/场） （空调费＿＿＿元/天）		宴会式（酒会）： ＿＿＿人	
办公室		＿＿＿元	＿＿＿元	办公	办公桌椅
		（空调费＿＿＿元/天）			
备　注		1. 标准配置为主席台提供茶水、毛巾、纸笔；绿色植物＿＿＿盆；其他人员提供 　　泉水。 2. 除提供的配置设施及服务外,客户要增加的内容参照展馆、会议室、服务 　　价格。 3. 会议背景板根据客户制作价格面议,客户自己制作的收取场地管理费＿＿＿ 　　元/小时。 4. 大型会议根据需要提供半天（正常上班时间）的布置,超过时间收取加班费 　　＿＿＿元/小时。			

案例讨论：

以上收费标准的设置是否合理,如果让你设计将在哪些方面做增减或改进,使之更方便客户又有利场馆的经营。

第6章
会展场馆设施设备物资管理

【本章导读】

　　会展场馆是会展业发展的基础,要发挥其应有的功能,不但要有相应的附属建筑设施,配齐必要的设备,还必须要有先进的管理方式。本章主要介绍展览中心与会议中心的设施设备管理概述;会展场馆管理,会展场馆的设施设备系统运行工作规范,会展场馆物资(配件、消耗品)的采购、保管、外包、发放管理,展具器材的采购保管使用和出租管理。

【关键词汇】

　　设施设备　运行规范　物资管理　展具出租

6.1　会展场馆设施设备管理概述

随着会展业对硬件设施重视程度的提高,近 10 年来,世界各大城市涌现出一大批大型的现代化会展中心,这些专营会议和展览活动的场所是开展各种会展活动最主要的硬件依托,是会展业运作和发展不可缺少的基础条件。

改革开放前,我国的会展场馆多为公益事业,会展场馆的负责人只是负责场馆和设施设备日常维护,会展场馆尚不是自主经营的利益主体。在这种情况下,对会展场馆的管理不是企业运作和经营管理,也缺乏效益观念。而现代化的会展场馆是随着市场经济体制转变而产生的,其生存和发展都与市场因素息息相关,必须遵循市场竞争法则。因此,会展中心管理需要的是以产业创新的理念和超前的经营思维,通过科学和专业化的管理提高效率,从而为客户提供高效、优质的服务,努力构建个性化的会展经济平台,打造属于自己的品牌,以求得满意的经济效益和社会效益。

现代会展场馆及其设施设备的管理是一项系统工程,不仅表现在场地的清洁、设备的使用与保养、保安、消防等浅层次的传统管理工作,而且还进一步表现在必须根据经营思路进行场馆的设计、空间布局、设备配置等规划管理工作,在日常管理中,应将工程设备运行管理、场馆环境管理以及安全保卫管理等工作纳入其管理范畴中。在整个会展场馆及设施设备管理过程中,都要符合现代企业科学化、专业化管理的要求,遵循市场化运营的原则。

会展场馆场地的规模比较大,拥有的设备种类多、数量大,投资额巨大,维护的费用也很高。会议与展览活动都要求在有限时间内完成场地和环境的布置工作,在活动前必须有周密的安排,活动期间有众多的人流、物流进出会场,要依赖场馆空间和各种设施设备以提供多种服务,做出适当的资源整合。场馆和设施设备管理虽然不能直接创造利润,但是通过有效的管理充分发挥场馆的效能,控制能源消耗,提高服务质量,将会显著提高场馆的效益。

6.1.1　会展场馆设施设备管理的目标

会展场馆的管理水平并非仅仅局限于其活动数量或使用率,其水平关键是取决于场馆和设施设备可否发挥预期的作用和贡献。从总体上看,会展场馆和设施设备管理的目标主要有以下几个方面。

①合理规划,搞好建筑物及设施设备的维护、场馆的环境绿化、保洁、安全消防等基本工作,最大限度地发挥物业的使用价值,使物业保值增值。

②为各类会展活动提供一个合适的场地和舒适安全的环境,并在此基础上提供卓越和高效的服务,满足会议和展览组织者、参观者、会展中心人员及租用场馆办公的物业使用者等各方需要。

③实现经济效益和社会效益。一方面,以市场观念进行管理规划,并有效地控制场馆

和设施设备的运作成本,讲求经济效益;另一方面,要体现一定的服务社会职能,除了提供场地给商业会议或展览活动外,还应该适当顾及非商业活动对场地的需要。

6.1.2 会展场馆设施设备管理的内容

1)规划管理

会展场馆的建设项目是一笔很大的投资,必须根据经营思路,通过严密的可行性论证,本着"技术上先进、经济上合理、经营上可行"的原则,在场馆建设规划和设施设备配置方面做好基础工作。

2)设施设备管理

设施设备是会展场馆服务产品的硬件依托之一。会展场馆的管理者应合理地使用各种设施设备,对常用设施系统进行足够的维护保养、修理和更新,防止设备和系统发生故障,保证它们的正常运作。

3)环境管理

环境管理包括建筑物本身的日常养护、保洁、绿化等工作,并要按照环保规定以恰当的方式处理废弃物。其目的是为各种会议和展览活动创造一个清洁、舒适、美观的环境。关于场馆内外的保洁、绿化等的维护内容还有相应的检查记录和表格。

4)安全管理

会议展览活动的重要特性是大量的人员在活动期间逗留或进出会场,因此,会展场馆必须设有完善而可靠的紧急事故应变系统,要求安全设施时刻保证运作正常。另外,所有的工作人员必须接受这方面的培训,具备处理随时可能发生紧急事故的能力。

5)成本管理

会展场馆管理必须强调成本意识,讲求效益。这应该体现在场馆和设施设备管理的全过程中。例如,合理确定场馆和设施设备的使用效率,仔细衡量投资的成本和收益;将人力、物力、财力等各种资源根据淡季、旺季的特点进行匹配等。

6.1.3 会展场馆设施设备管理的方法

1)综合管理方法

场馆设施设备管理是整个会展中心管理的重要方面,其内容纷繁复杂,不仅仅局限于纯技术方面,还要涉及各种经济分析和组织协调工作等,要求管理部门具有较强的综合管理能力。

2）全员管理方法

会展中心的管理要体现劳动密集型行业的特点，必须十分重视人员的管理。场馆和设施设备的维护量很大，且很多技术工作是分散的，因此需要员工具有较强的责任心、过硬的技术，具有一专多能的素质。在管理过程中，应该让所有的员工都认识到自己对场馆和设备管理负有一定责任，让所有的员工都自觉参与其中。

3）系统管理方法

会展活动的特点之一就是时效性强，会展活动的时间周期比较短，但在短期中却有相当大的人流、物流进出会展场馆。要保证相当有限的时间内大量人流、物流进出有条不紊，保证各类设施设备运转正常，保证发生紧急情况时快速应变，这些都需要会展场馆各部门之间、上下级之间以及个别员工之间相互协调配合。系统方法就是要求会展中心要用系统的观点和方法进行场馆和设施设备的管理，要形成一个分工明确的组织系统，把场馆和设施设备管理工作纳入各级领导的职责之中，并落实逐级责任制和岗位责任制。

4）制度管理方法

场馆和设施设备管理中的很多工作都是日常性的，平时的严格管理是保证场馆和设施设备在会展活动期间能有效发挥其作用，而严格管理就必须依靠完善的制度来规范。因此，一方面要十分重视规章制度的建设，另一方面要狠抓规章制度的贯彻落实。

6.2　会展场馆设施系统管理

6.2.1　展览中心设施系统管理

现代化展览中心一般都配备了为会展服务的一整套基础设施，凭借完善而先进的设施系统来提供高质量的展览服务。

展览中心的设施系统管理主要包括以下几点。

1）供电

按我国分负荷等级供电的方式，展览中心用电属一级负荷，应由两个电源二路供电，以保证发生事故时不中断电源。展览中心主要供电线路为三相交流电，线路频率为50 Hz，标准供电电压为220/380 V（单相电压220 V，三相电压380 V）。主变压器的最小容量应为高峰负荷的最充足容量，并且展厅内要设有足够的电源接口和插座。展览用电必须有严格的规定，电器安装时必须保证线路连接可靠，充分考虑通风及散热，不与易燃物直接接触，以免发生意外。参展方如果需要24小时供电或延时用电，必须事先向场馆提出申请。在场馆内使用的电器必须符合安全要求，禁止使用碘钨灯、霓虹灯、电炉和电热器具。在场馆内用电及安装灯箱必须提前将用电图纸报展览中心有关部门审核,经同意后方可实施,并由展览中心工程部派出电工指导安装和接进电源。会展场馆配电室如图 6-1所示。

图 6-1　会展场馆配电室

2)给水排水

展览中心的供水系统负责采暖区域的循环管网、空调的冷冻水管道、卫生间的冷热水供给等,排水系统包括整个场馆的冷水、热水和废水排泄系统,如图 6-2 所示。给水排水设施是为会展活动提供生活用水、美化环境用水和消防用水等的重要基础设施。在展览会期间(特别是机械设备类展览会)为需要现场演示的设备提供冷却用水,在展厅规划时要考虑设置足够的给水口和排水口,时刻保证输水管的畅通。

图 6-2　展厅地沟(左)、地井(右)内设置有上下水管道、
电源、压缩空气、电话线、网络线等

3)空调

展览中心在展览期间有大量人员聚集在室内展厅中,因此展厅的空气质量显得非常重要,在一定程度上会影响展览效果。展厅的空调系统主要是为了调节人们所需要的温

度、相对湿度、空气流动速度和空气洁净度等,使人们长时间处于舒适的状态。目前,一些现代化的展览中心普遍采用天窗自动换气系统,由计算机按照内外部环境温度、湿度自动调节天窗的开启度,提高了展厅内的空气质量。在办展期间,主办单位如果要求使用空调,必须提前向展览中心提出申请。使用空调期间,主办单位必须协助做好门窗的关闭工作,做到人员进出随手关门,以确保空调的效果,减少能源的浪费。展览中心中央空调制冷机如图6-3所示。

图6-3　中央空调制冷机

4)压缩空气

现代化的展览中心要满足各类型展览会的需要,特别是机械类展览大型设备现场演示或布展装修的需要,必须配备大型空气压缩机,在布展和展览期间为参展商提供压缩空气的出租服务,如图6-4所示。大型空气压缩机的机房必须远离展厅,考虑隔音和储气罐的安全装置,还要注意由于供气系统的管道距离造成的气压损失,防止展厅空气井的泄漏,影响客户的使用,通常气压要达到 8×10^5 Pa。没有中央供气装置的展览馆,通常提供小型空压机出租,以满足参展单位需要。

图6-4　展馆中央供气空压机及供出租的小型空压机

5）电梯

对于有多层展厅的展览中心而言,其电梯系统对于运送人流和运载展品具有不可替代的作用。如果人们不能方便地到达任意楼层的展厅,将直接影响办展效果。因此,在一些中央人流密集区和回廊区要安装足够的自动手扶梯,这样在大型展览期间才能解决参观人流在不同层面大规模快速流动的问题。在实际使用时,应根据具体流量情况来确定不同的运送方式以节约能源。展品及大件货物仅可通过货物电梯进入上层展厅。自动扶梯和客梯绝对不能用来运送任何货物、设备及家具。布展或撤展期间不得开动使用自动扶梯。自动扶梯在停开期间不要当作楼梯通行使用,如图6-5所示。

图6-5　展厅内的电梯

6）照明

展览照明对于突出展品和增强空间气氛起着主要的作用。展览照明的采光形式包括天然采光、人工光源采光及两者综合采光三种形式。如商业性展览,因展期短、照度水平要求高,所以除了室外陈列,大都采用人工照明或天然光与人工光源结合两种照明形式。要注意,室外的电器照明设备都应采用防潮型,并要落实安全措施。在展览空间,要避免反射和眩光对观众的干扰作用,应该慎重考虑窗户和灯具的位置及展厅的照明分布。展览中心一般都对所搭建的标准摊位的照明及电源安装提供服务。灯光在展览空间起着照明、控制情调、强化气氛、诱导观众、调整空间虚实等诸多作用。照明设计一要解决展览空间的整体照明,即一般照明(照度100～150 lx),使空间照度分布均匀;二要增设灯光,解决局部和重点照明,即特殊照明(照度150～300 lx),如展柜照明、灯箱照明、景箱照明和重点展品照明等。根据不同要求,可分别采用直接照明、间接照明、半间接照明或选用艺术照明,即光源为柔光、色光、逆光、顶光、侧光、底光等照明。要注意消除眩光。照明设计的目标是创造既利于观众观赏展品,又同展览格调相协调的光环境。展厅照明实况如图6-6所示。

图6-6　展厅照明实况

7）消防

会展场馆除应配置与场馆规模和服务要求相适应的消防器材外，展览会期间应高度重视消防安全的宣传和管理工作。严禁将易燃、易爆、剧毒或有污染的物品带入展览中心场馆。展馆内严禁吸烟，严禁参展单位擅自装接电源和乱拉乱接电线。展场内的布局应留有足够的安全疏散通道，主通道宽度不得小于 5 m，严禁在电梯、楼梯口等安全疏散通道上摆设任何物品。布展基本结束后，主办单位须向展览中心的有关部门以及公安消防部门报告，然后组织一次以防火为主的安全大检查，对查出的隐患应立即进行整改。展品的包装用具在布展后应尽快运出馆外，严禁乱放。遇有紧急情况，主办单位及展览中心工作人员统一指挥，将展馆内的所有人员按照指定的通道有序撤离。场馆配置的消防设施和器材如图 6-7 所示。

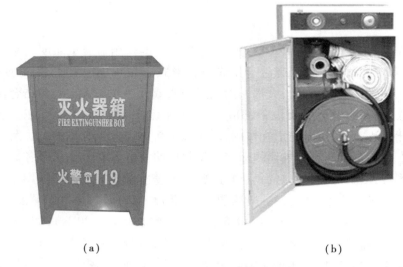

（a）　　　　　　　　　　　（b）

图6-7　场馆配置的消防设施和器材

8）通信、网络和信息

展览中心在展位、会议室、办公用房等场所均提供多部直线电话，一般国内的展览中心都有中国移动和中国联通的无线覆盖系统，可支持手机使用。除此之外，展览中心还适当设置 IC 卡公话,以及供领导和代表团使用的保密电话,满足展览活动中的各种通信需求。

展览中心应配备智能化网络系统,如电子登录系统、电脑查询系统等,并能够提供包括 ISDN、无线宽带网、有线宽带网在内的多种上网服务。还可以在展馆的主要公共空间设置触摸屏,为参展商、观众提供方便的信息查询、交流手段,提供导览服务,广告发布服务,组展商、参展商的信息查询和发布服务,展馆展会介绍和宣传服务等,如图 6-8 所示。

（a）场馆直线电话

（b）场馆新闻中心

（c）场馆触摸屏

（d）场馆信息服务区

图 6-8　场馆通信、网络和信息服务

9）公共广播

公共广播负责向展厅、办公室、走道等区域提供可靠的、高质量的背景音乐、紧急通知、业务广播等服务,如图 6-9 所示。在发生火警及其他紧急状况时,可以与消防联动,满足火灾紧急广播的要求,在紧急疏散时起到指挥作用。

10）标志系统

标志系统在大型会展场馆建筑中至关重

图 6-9　场馆广播室图

要,从某种意义上说,在各种活动中,标志是人们无形的指挥棒。大量的人流流动需要三个基本标志,即建筑结构、服务种类及环境朝向。方向标牌引导参加者及服务人员在本设施内流动;识别标牌显示大楼使用者的最终目的地。提供各种标牌很重要,参展、参观、参会者和服务人员有各自的交通路线,行人和车辆分流,各行其道。标志应精确、简单、统一;选择字体、大小、颜色合适;有形、有色、直观,不必经过思索;使用国际通用符号;最好安装在顶空悬挂物和横幅上;不要多用电子显示屏,因灵活的内容不易控制;所有标志要中英文对照,翻译要准确(参见10.4.4 关于会展场馆双语标志系统的规范),如图6-10所示。

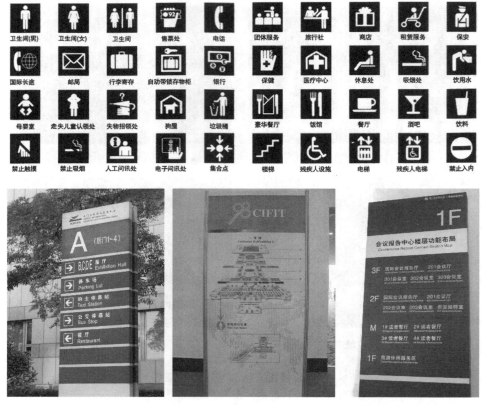

图6-10　场馆室内外标志样图

展览中心的设施系统是场馆正常运行的保障,是必须高度重视的工作。若因为管理不善,设施运作突然出现问题或者技术支援不力而导致展览活动延误甚至中止,其代价将非常昂贵,后果也会非常严重。因此,良好的维修保养、科学的管理可以防止设施系统发生故障,增加设施系统的使用寿命,提高其使用效率,从而减少不必要的能源消耗和设备更换的成本。

6.2.2　展览中心场馆管理

展览中心场馆管理主要包括场馆运营管理、场馆环境管理两个方面的工作。

1)场馆运营管理

应当说,目前我国已经投入运营的展览中心场馆有很多,但从实际经营效果看,普遍存在展厅使用率低的现象,许多场馆没能够实现赢利。造成这种结果的原因有很多,但场馆运营管理不成熟、不科学是主要的因素。大规模展览中心场馆的投资回报期很长,要维持生存,促进发展,必须提高场馆运营管理水平。

一般而言,商业展览活动都有较强的季节性。不同类型的展览活动,对场地使用也有特定的要求。一个展览活动由进馆到撤馆起码需要几天的时间,开展日期一般也不会跨周末或假日。这些因素导致展览中心的使用率偏低。因此,要提高经济效益,关键是要合理地增加场地的使用率,以及提高单位面积的出租金额。这就要求展览中心要不断完善配套功能和设施,提高服务的质量和水平。就我国目前展馆经营情况看,由于许多展览中心还没有完善的销售机构,展览中心经常自办展览活动以增加收入和场地使用率,这样的做法,虽然从投资回报率和资源利用率的角度看可以理解,但把展览中心作为服务提供者的角色搞模糊了,且很容易与其他专门经营展览活动的机构发生利益冲突。因此,场馆管理者需要有特别的沟通技巧和策略来处理相关的利益关系。

由于大部分的展览活动都是商业性的,因而合适的档期对展览的成功至关重要。在许多情况下,参展商们是商业竞争对手关系,同类性质或性质接近的展览项目会有争取同一档期的情况。这就要求场馆管理者有必要制定适当的策略来合理编配场地的档期,避免项目冲突的情况出现。场馆经营者不能仅仅考虑增加租金的收入而不顾场馆使用者的利益,而是要妥善地处理与客户之间的商业利益关系。

许多二三线会展城市场馆都利用淡季或展期的空档推出多种经营,为了提高场馆利用率开展各类活动,如图6-11所示。

(a)展览活动

(b)体育活动

(c)演出活动

(d)联欢活动

图6-11　充分利用展览空间举办的各种活动

2) 场馆环境管理

在实际操作中,场馆环境管理的很大一部分工作都是外包给专业公司的,比如清洁、绿化等工作,都是通过社会化合作方式运作的。场馆管理者与所选定的物业公司签订合同,把部分工作分出去,交由专业服务公司做,既符合专业化管理的要求,也能让场馆管理者腾出更多的时间和精力进行场馆运营管理工作。由于展览活动的季节性强,在服务资源和配合方面应考虑使用率的周期性,这种方式能够有效地控制人力和物力成本。

展览中心要搞好建筑物的维护保养工作。比如,要随时检查建筑物的外观、墙面是否完好。在布展时,应禁止任何可能破坏展馆房屋本体完整、影响展馆展览环境的施工和使用行为。这项工作一般由展览中心的物业管理部门负责。

展览会布展期间公共区域的清洁工作由展馆负责,特装展位内的清洁工作由参展商自行解决。展出期间,参展商应保持展位内的清洁,并将垃圾倒入指定的垃圾箱内,展览中心负责清运垃圾和展馆公共区域的清洁工作。撤展期间,有特装的参展商须将其展位内的特装材料一并撤除,或向展览中心交纳相应的垃圾清运费,由展览中心派人清洁。在规定的时限内,展位内未撤除的物品将视作无主物品处理。

展览环境的安全性是展馆环境管理的主要内容。由于展览活动人员众多,安全隐患比较多,因此展览中心务必要高度重视这一工作。一般而言,展览中心物业管理部门会提供基本安全保卫工作,以保证展览活动的安全环境和良好秩序。展厅内严禁明火焊接,严禁携带和展出各种危险物品;所有展台、展品、广告牌的布置不得占用消防通道和安全疏散通道,不得影响消防设施的使用;展馆展位装修所用的材料必须进行防火阻燃处理;布展时的包装物品等可燃材料应及时清出馆外,存放在指定的安全场所;特装展位的搭建按规定不得超高;广告牌的搭建必须牢固可靠,符合安全要求;展商在展览期间要妥善保管好自己的提包、现金、手机、证件等贵重物品,不得随意丢放在展位上;若发生燃、爆等突发事件,要保持冷静,服从展览中心工作人员的统一指挥,尽快疏散到展厅外,如图6-12所示。

图6-12　展厅图例

要注意环境保护工作。展览活动并不环保,大量的物料往往在短短数日活动后便要被丢弃,除了浪费资源外,还使得处理废物的费用大大增加。展览中心应具有保持场地清洁及适当的废物处理能力,进行分类处理废物,尽量增加废物循环再使用的机会。应该制订措施,限制不环保物料在场馆内使用。另外,布展、开展、撤展期间严禁乱扔废弃物、杂物,严禁倾倒污水、污油等污染环境;严禁把垃圾、塑料袋及烟头等物投入到地面线槽、地下消火栓及厕所便坑、便池内;严禁在除指定区域外的其他地方随便吸烟;严禁践踏绿地、破坏或采折花草、树木;严禁随意停放车辆和鸣号;严禁在公共绿地、道路上随意摆放杂物等。搞好场馆的环境管理,需要强调三点:首先,需要展览中心通过严格的规章制度来落实各项管理工作;其次,展览中心要与展览主办方和各参展商通过合同的方式来明确各方在环境管理上的义务;最后,要加强宣传,争取广大观众的积极配合。

会展中心展厅技术数据如表6-1所示。

表6-1 ××会展中心展厅技术数据

设 施	一层展厅	二层展厅	三层展厅
进入 (展品进入展厅)	北坡道通过卷帘门 (5.4 m宽×4.5 m高) 南坡道通过卷帘门 (4 m宽×6 m高) 西平台通过2扇卷帘门 (8.05 m宽×6 m高) 南A平台通过卷帘门 (5.4 m宽×6 m高) 南B平台通过卷帘门 (4.25 m宽×6 m高)	通过3台5 t货梯; 1台3 t货梯; 1台1.35 t货客梯 通过2扇卷帘门 (4.25 m宽×4.5 m高) 吊卸平台 (9 m宽×8 m长)	通过3台5 t货梯; 1台3 t货梯; 1台1.35 t货客梯
展品进馆 (入展台)	汽车、铲车、吊车等	液压车	液压车
展厅地坪	Mastertop-100(特殊矿物骨料耐磨地面材料)	Mastertop-100(特殊矿物骨料耐磨地面材料)	Mastertop-100(特殊矿物骨料耐磨地面材料)
楼面载重(静态)	5 000 kg/m²	1 000 kg/m²	1 000 kg/m²
层高 (可搭建净高)	9.0 m	5.8 m	5.8 m(中庭2 000 m²,顶端18 m高)
手扶电梯	一层至二层共4部	二层至上下层面共4部	三层至二层2部
电 梯	客梯2台(1.35 t) 客货梯2台(1.35 t) 3 t货梯1台;轿厢容积:(2.5 m宽×3.54 m深×2.44 m高);门尺寸:(2 m宽×2.4 m高) 5 t货梯2台;2台轿厢容积:(2.5 m宽×3.54 m深×2.44 m高);门尺寸:(2 m宽×2.4 m高) 5 t货梯1台;轿厢容积:(3.2 m宽×5.4 m深×2.5 m高);门尺寸:(3 m宽×2.5 m高)	客梯2台(1.35 t) 客货梯2台(1.35 t) 3 t货梯1台;轿厢容积:(2.5 m宽×3.54 m深×2.44 m高);门尺寸:(2 m宽×2.4 m高) 5 t货梯2台;2台轿厢容积:(2.5 m宽×3.54 m深×2.44 m高);门尺寸:(2 m宽×2.4 m高) 5 t货梯1台;轿厢容积:(3.2 m宽×5.4 m深×2.5 m高);门尺寸:(3 m宽×2.5 m高)	客梯2台(1.35 t) 客货梯2台(1.35 t) 3 t货梯1台;轿厢容积:(2.5 m宽×3.54 m深×2.44 m高);门尺寸:(2 m宽×2.4 m高) 5 t货梯2台;2台轿厢容积:(2.5 m宽×3.54 m深×2.44 m高);门尺寸:(2 m宽×2.4 m高) 5 t货梯1台;轿厢容积:(3.2 m宽×5.4 m深×2.5 m高);门尺寸:(3 m宽×2.5 m高)

续表

设　施	一层展厅	二层展厅	三层展厅
供电	380/220 V 2 500 kW	380/220 V 2 000 kW	380/220 V 2 000 kW
压缩空气	8×10^5 Pa	8×10^5 Pa	8×10^5 Pa
展厅亮度	200 lx	200 lx	200 lx
给水	21 个给水口,15 mm 口径 8 个给水口,50 mm 口径	29 个给水口, 15 mm 口径	20 个给水口, 15 mm 口径
排水	10 个地漏,100 mm 口径	10 个地漏,75 mm 口径	10 个地漏,75 mm 口径
消防	自动喷淋系统,烟感报警系统,消防栓,手提灭火器	自动喷淋系统,烟感报警系统,消防栓,手提灭火器	自动喷淋系统,烟感报警系统,消防栓,手提灭火器
空调	夏季 26 ℃,冬季 18 ℃	夏季 26 ℃,冬季 18 ℃	夏季 26 ℃,冬季 18 ℃
新风	157 000 m³/小时	110 000 m³/小时	82 000 m³/小时
电话	国内国际电话 180 门,分机 90 门	国内国际电话 180 门,分机 90 门	国内国际电话 180 门,分机 90 门
保安	24 小时服务	24 小时服务	24 小时服务
广播系统	展厅及主办单位办公室	展厅及主办单位办公室	展厅及主办单位办公室
应急照明	展厅及主办单位办公室	展厅及主办单位办公室	展厅及主办单位办公室
办公室	设在一至二层的夹层中	设在二层的夹层中	设在三层的夹层中
男女卫生间	各二处	各二处	各二处
开水间	一处	一处	一处

6.2.3　会议场馆的设施设备管理

1) 会议室照明

会议室照明对于会议效果和气氛有很大的作用。会议室基本照明设备的种类有射光灯、泛光灯及特殊效果灯,有时还会有舞台灯和聚光灯来突出讲台上的演讲人。室内灯光的调光器是会议室内必要的装置,可调节光线装置显然要比简单的开关控制键更适合会议活动的需要。当人们演讲时,通过调光器提供局部照明可以提高屏幕上的画面清晰度。也可以设置头顶暗光灯开关,以便使观众在看清屏幕上投影的同时,能够记笔记。每个会议活动开始前一定要做好灯光调试工作。

此外,设计规划时要考虑会议室的空气流通问题。会议室的高度会制约屏幕的高度,影响放映机的距离和座位安排,在确定天花板的高度时不但要考虑其本身的形状,还要考虑吊灯、装饰物灯等。会议室的墙壁隔音效果要好,在木质、瓷砖的地面上走动会发出声音造成干扰,因此会议室需要铺地毯。柱子严重影响座位数量和视听设备的设置,如果会议室有柱子,要合理安排座位布局,使它们不至于遮住与会者的视线。

2)会议场馆的视听设备管理

会议离不开视听设备,尤其是国际会议,对视听设备的要求更是严格。经验丰富的会议组织者清楚地知道一个会议需要什么样的设备,以及所需设备的特点,而对视听设备不太了解的会议组织者则可能需要会议中心的服务人员提供帮助。因此,每一个会议服务人员至少应该熟悉最基本的视听设备系统。会议厅实况如图 6-13 所示。

图 6-13 会议厅实况

（1）音响设备

音响设备是大多数会议室都必须配备的。会议中心必须拥有高质量的音响设备,这对于会议成功是至关重要的。音响系统必须保证演讲者在使用时不出现尖鸣或声音失真等现象,还要使所有与会者都能听得清楚。

麦克风是会议活动中使用最频繁、最重要的音响设备。麦克风种类繁多,特性也不同,因此,了解各种麦克风的特性及正确使用方法,将会使会议进行得更顺利,并节省不必要的器材租用费。麦克风主要有微型麦克风、手持麦克风、固定桌面麦克风、落地麦克风、漫游式麦克风等,会议主办者可根据自己的需要进行选择。在使用各种麦克风时,要确保只从说话人一个方向采集声音,排除其他方向和麦克风后面的背景噪声。可以使用多孔材料的挡风罩,以降低出现吹气声、砰砰声等杂音的可能性。使用无线麦克风最容易受到信号的干扰,因而应该在移动到的每个部位都做一下试验,以免信号通过临时的扩音器传出。

扬声器在会议活动中也是十分重要的视听设备,它应该被合理地分配到合适的位置,以保证整个会场中没有声音"死点"。当它与投影设备共同使用时,应该与屏幕放置在一处。研究表明,当声音和图像来源于同一方向时,人们的理解力较好。

如果在一场会议中考虑到录音,就必须要在演讲区增加麦克风或者从会场的音响设备中收音,也可以自己准备微型录音机进行录音。当会议需要使用多个麦克风时,应设专人控制调音台。调音台能够随时提高或降低每个输入声音的音量,最好把它放置在观众席中,以便调音师能够准确地和观众听到相同的声音。

（2）放映设备

放映设备是指在会议室内演讲时所需要的辅助器材,如幻灯机、投影仪等。

①幻灯机。在会议中,35 mm 的幻灯机最常被用于幻灯片的投影。镜头将幻灯片影像放大投射到银幕,镜头大小取决于投射距离和银幕大小。一般视听公司提供 10 ~ 15 mm 变焦镜头幻灯机的出租。如果需要长距离或短距离的镜头,视听租赁公司则会收取额外的费用。如今的幻灯机已大大改进了,通过使用装片系统,倒置或者翻转幻灯片已经基本被取代了。现代的幻灯机可以使用无线遥控装置操作,可以与同步录音带相连,可以用电脑编程制作多影像产品,还可以与分解器同用。

②屏幕。会议中心的屏幕有多种类型,比较常见的有尺寸较大的速折式屏幕,其可以使用的时间较长,而且相对投资较低;还有墙式或天花板式屏幕,可以用挂钩或绳子安装在墙壁或天花板上,价格不贵,并且带有金属套管,便于储藏;三脚架屏幕可以永久性地安装到可以折叠的三脚架上,因而可以被放置在任何地方,具有轻便、用途广泛以及价格低等特点,特别适合于小型会议;白色玻璃屏幕宽度很大,可以提供更大角度的稳定亮度,在座位与屏幕形成大角度的小厅室很适用。屏幕的选择要考虑镜头的焦距、放映机的距离等,其大小取决于房间的高度,安放位置、角度都要合适,才能保证良好的视觉效果。屏幕摆放有两条原则:从屏幕低端到天花板的最小距离不得少于 3.048 m,人的座位距离屏幕最近不少于屏幕宽度的一倍,最远不能超过屏幕宽度的 6 倍。

③背射式投影。这种投影设备的主要优点是观众看不到任何投影设备,不再需要设置过道,使得演讲者能够有更多的活动自由。图像看上去好像不来自任何地方,因此使演示显得更加戏剧化,效果比较好。其缺点是需要在屏幕后有一个几乎是全黑的投影区,如果屏幕后空间有限,则需要一个更昂贵的广角镜头。

④电影放映机。这种设备具有全动感能力,以及优秀的颜色演示效果,可用于投影大的、高质量的影像。但是其内置音响效果通常不太好,在较大的会议室中,需要与原有的音响系统或一个独立的、辅助性的音响效果连接起来,以获得更清晰的声音效果。尽管有些电影放映机有自动装片系统,但还是要配备专业操作人员将胶片放入机器。

⑤高射投影仪。在会议室中,高射投影仪的需求量一般比较大,其相对价格较低,很少出现故障,而且可以在亮的房间里使用。其使用的透明胶片可以在复印机上迅速复印,使用简便。使用高射投影仪时,演讲者无须看屏幕上被投影的影像。他可以看着投影上的胶片,这与观众看到的一样。这样他就能面对观众并保持目光交流,以便能激发观众的反应。在演示过程中,演讲者可以通过在透明胶片上做标记来控制演示。

⑥录像投影仪。会议活动常常要看录像,而看录像都必须使用录像投影仪。录像投影仪的优点是有立即重播的能力,拥有全动感和色彩,可以用录像展示电脑上的信息,但是设备比较昂贵。录像设备要特别注意兼容问题,尤其是在国际会议场合,很多演讲者来自国外,而各国的录像标准常常不同。

⑦VCD/LCD/DVD 机。用于放映光盘,其功能可以取代录像机。这些设备自身体积小,操作方便,使用的光盘体积小,但却可以压缩进大量的图文、声像信息,而且清晰逼真,价格也不贵。

⑧计算机。许多会议室都需要把计算机的影像及内容由投影仪投射到银幕上,或者是放映到电视屏幕上。当今,使用在会议室内的计算机机型种类繁多。当要订购计算机设备时,需要注意下列事项:a. 计算机机型;b. 输出及输入形式;c. 产生的信号;d. 彩色或单色屏幕等。

除了上述放映设备外,会议中心应配备完善的卫星及有线电视系统,能够接收到主要省市的有线台的节目及涉外卫星电视节目。每个会议室最好能配备电视,在多功能厅、会议室、大堂、门厅等处都要预留向中央控制室传输视频信号的通道。

(3)特殊视听设备

①同声传译设备。同声传译是目前国际上普遍采用的译音方式。除了红外线译音之外,有时也使用有线译音和无线译音。通常口译员在隔壁的小隔音间将演讲者所说的内容通过无线耳机翻译给与会人员。同声传译使与会人员在某个特定范围内能听到用他们的母语语言发音,并且能够在不同的语言之间来回选择。随着会议活动越来越国际化,会议中心提供同声传译是必需的。尽管同声传译在设备和人员方面成本很高,但随着国际会议的不断增加,更多的会议主办方会需要这种服务,有能力提供这种服务的会议中心会在这个利润丰厚的市场上赢得更多的市场份额。

②多媒体投影仪。这是一种可以与电脑相连,将电脑中的图像或文字资料直接投影到银幕上的仪器。其特点是:一方面,无须将电脑中的资料打印出来制作幻灯片、胶片等,节约成本,减少中间环节,使用快捷;另一方面,具有动感,需要修改或强调时直接用电脑操作,观众立即可以看见。多媒体投影仪体积小,搬运、安装、储藏都很方便,它的应用在某种程度上已经可以替代传统的幻灯机、投影仪、白板、录像机等,能够减少投资,并使服务更快捷。

(4)其他演示设备

①配套挂图和黑板。这类设备价格低廉,占据很少的座位空间,适合于"头脑风暴法"及培训会议,但其使用只能局限于很少的观众,并且常常容易变得脏乱。

②白板。与黑板相比,白板更为清洁和方便,它既可以用作即席的投影屏幕,又可以用于演示,便于随时阅读和改写。电子白板便于复制,避免了因大量记笔记而造成的注意力干扰。

③视频点播系统。其主要功能是通过局域网在会议中心各主要空间,如国际会议厅、多功能厅等举行的各种国内国际会议及集会上,提供视频资料及节目的实时点播和直播;还可以在主要公共空间摆放的触摸屏上实现视频节目的点播。

④可视电话会议。其能够提供全动感、面对面的网络工作,是较为昂贵和复杂的电话会议。它通过开发电脑、电视和电话功能并使之互相匹配来同时传输声音、数据和图像,并能够将彼此距离很远的多个会议连接起来,实现"面对面"的交谈,适合于召开各种会议和现场交流。

6.2.4 会议场馆的设施设备系统管理

会议场馆要有效运转,为各种会议提供多样化服务,就必须依托于整个设施设备系统的运作。会议场馆的设施设备可以按照功能分为:①生活服务设备,如照明、空调、给水排水、制冷、清洁设备等;②会议设备,如视听、通信、办公设备等;③能源设备,如配电设备、应急发电设备等;④娱乐设备,如影视音点播设备、健身设备、按摩设备等;⑤美化环境设备;⑥消防保安设备;⑦交通运载设备。会议场馆应对这些设备进行系统的管理。

1) 会议场馆设施设备的前期管理

设施设备的前期管理是指从设备规划、选型、订购、安装到完全投入运行这一阶段的全部管理工作。它是整个设施设备管理中的重要组成部分,将决定设备的技术水平和系统功能,大大影响设备寿命周期。因此,认真做好设备前期管理工作,可以为设备日后的使用、维护、更新等工作奠定良好的基础。前期管理工作中要注意加强市场调研,在科学的可行性论证基础上做出规划决策。设备选择的标准主要有:适用性、安全性、经济性等。在设施设备的选择中,必须重视与设备生产厂家的联系与沟通,还应该与当地的视听设备供应商或服务机构建立良好的工作关系。因为有些视听设备很昂贵,或者使用率较低,或保养和维修的成本很高,或更新换代速度太快,都可以适当考虑利用外部租赁的方式来节约成本。不过,拥有自己的设备,可以避免出现设备短缺的状况,也便于更好地控制设备的质量,而且不必将利润让给外部公司。

2) 设施设备运行管理

设施设备运行管理在会议管理中占有重要的地位。要搞好运行期的管理,不仅需要具有较高专业技术技能的工作人员,还必须要有一套严格的管理方法和科学的检修、维护计划。要保持设备的正常运转,充分发挥其效能,就必须合理地使用各项设备,合理地安排工作负荷;必须为设备提供良好的工作环境,设备场地要保持清洁,安装必要的防护、降温等装置,对精密的仪器设备要设立单独的工作间,设置专门的温度、湿度、防震等条件。要加强对运行操作人员的规范化管理,严禁违章操作。还要注意对客户提供必要的指导服务,这就要求会议销售和服务的每个人都应当了解会议所需要的设备,熟悉其使用要点。

3) 设施设备的维修保养

设施设备投入运营后,其效用得以发挥,但日复一日地使用会不断地耗损。如果不加以科学的维修保养管理,迟早会影响它们的正常使用。维护保养的基本内容有:清洁、安全、整齐、润滑、防腐等。在设施设备的维修保养管理上,要坚持计划内维修为主的理念,平时通过有计划的维护、检查和修理,尽量减少发生设备的突然损坏,以避免引起停业或紧急抢修的情况。要做好备件管理工作,备件采购安排恰当,库存要合理。

6.3　会展场馆的设施设备系统运行工作规范

现代会展场馆建筑的规模大小不一,设施设备系统的规格、功率也参差不齐,但其系统运行工作规范大致相似,本节介绍一般大型会展场馆的设施设备系统运行工作规范供参考。

6.3.1　场馆设备运行工作规范

1) 机房管理制度

①各机房有平面布置图、操作流程图、电气系统图等,图纸应与实际相符合。

②各类动力管线排列整齐,色标、保温、防腐、绝缘良好,无跑、冒、滴、漏现象。

③机房内外整洁,不得堆放杂物或易燃、易爆物品,有规定的通道,消防设施应完好齐备,有可靠的安全和防火措施。

④运行人员应做好机房内的防水、防潮、防小动物工作,照明、通风保持良好,室温控制在35 ℃以下。

⑤严禁无关人员擅自进入机房,因工作需要确需进入的按《机房出入管理工作规范》执行。

⑥空调机房、电梯机房、配电室、强电间各自使用一种钥匙,运行和维修班组分别配备,专人保管,不得丢失和外借;交接班时,办理移交登记手续;员工不得私自拥有其他机房钥匙,确因工作需要的必须经部门经理同意并备案;由于钥匙管理不善造成事故或损坏设备的,责任由相关人员承担。

⑦未经批准,不得擅自改动线路,如确实需要,应在部门主管人员书面同意后方可进行。

2) 值班制度

①运行人员必须持有相关操作资格证书,经现场培训考核合格后方可上岗操作,工作中应严格遵守各项规章制度和设备安全操作规程,不断提高工作熟练程度。

②展馆设备运行实行24 小时值班制度,运行主管工程师负责每个月运行人员排班表的安排和公布,运行人员必须服从排班,按次序轮值,不得随意自我调班或换班,特殊情况换班需征得运行主管工程师同意,并上报部门批准。

③运行人员应注意天气动态,坚守岗位,不得无故脱岗。

④同班次运行人员在完成工作任务时应相互沟通,保持岗位有人值守,保证值班热线电话随时有人接听,严禁利用电话闲聊。

⑤运行人员在班前和值班时间内严禁饮酒,严禁在值班时间内睡觉。

⑥值班时间不得干私活或做与操作管理流程无关的事情,严禁利用电脑玩游戏或上网。

⑦运行人员要合理使用照明、空调等设施,保管好岗位上配置的钥匙、仪表仪器、工具材料、备品备件、应急灯等物品,不得丢失或外借,交接班按《交接班管理工作规范》执行。

⑧运行人员接到经公司领导批准的展会工作单时,应阅读清楚,根据工作单要求按时完成任务,有疑问或漏项应及时咨询上级领导或有关项目经理,避免出错。

⑨由于值班人员违章操作或失职造成事故损坏设备的,应追究相关法律责任。

3）巡视检查制度

①巡视检查是保证设备正常、安全运行的有效措施，运行人员必须严肃认真地执行。

②巡视检查应由熟悉设备运行和分布情况的人员进行，其他岗位未经批准不得随意代替巡视。

③巡视检查分为定期巡视、特殊巡视和夜间巡视三种，运行人员按规定执行。

a. 定期巡视。运行人员按规定时间和项目，对运行的和备用的设备及周围环境进行定期检查。

b. 特殊巡视。在特殊情况下增加的巡视，如在重要展会期间运行设备负荷高峰期，新装、检修或停运后的设备投入运行，运行中出现可疑现象及暴雨台风天气时的巡视。

c. 夜间巡视。目的是利用夜间便于发现设备接点过热和绝缘污秽放电情况。

④严格按照设备运行工作规范规定的项目巡视，避免设备漏巡，并将查得的缺陷立即记录在《设备异常缺陷故障记录》上，重大设备缺陷应立即向主管领导汇报，巡视人员对记录负完全责任。

⑤巡视检查要精力集中，认真仔细，充分发挥眼、鼻、耳、手的作用，并分析设备是否正常，对事故频度大的设备进行重点检查。

⑥巡视检查设备要注意安全，巡视人员和运行中设备的安全距离应符合有关规定。

⑦巡视检查中进出机房，应随手将门关好，离开机房时应断开机房照明并把门锁上。

4）日常维护制度

①运行人员在班前对设备进行外观检查，在班中按操作规程操作设备，定时巡视记录各运行参数，随时注意运行中有无异声、震动、异味、超载等现象，在班后对设备做好清洁工作。

②运行人员要严格坚持并认真做好设备日常维护工作，并填好"设备（设施）检查维护记录表"。日常维护周期和内容按《基础设施年度检查、维护、维修计划》执行。

③日常维护重点：

a. 设备和机房的清洁。

b. 设备的紧固、润滑。

c. 设备和管线的外观检查（如温度压力等运行参数是否正常，电机是否超载和过热，震动和噪声是否异常，密封有无泄漏，油漆和防腐保温层是否损坏等）。

d. 检查计量设备的准确性。

e. 安全装置是否可靠。

5）设备操作

①运行人员应熟练掌握设备的操作规程，设备操作规程每年 12 月全面考核一次，平时进行抽考。

②电气设备操作按《配电设备操作规程》执行。

③给排水设备操作按《水系统设备（设施）操作规程》执行。

④中央空调系统操作按《中央空调设备操作规程》执行。

⑤为保证所有设备的完好性,应定期对备用设备、备用装置、事故应急灯等进行检查和切换使用,结果应做好记录,切换中发现问题应恢复原来运行状态并及时报修。

6)运行分析

①运行分析是为了掌握设备的运行规律,及时采取措施,消除隐患以确保安全,实现经济运行而进行的。

②运行分析的主要内容包括:

a.设备的异常现象,如电气设备放电、电气回路熔丝熔断、设备保护误动作、设备未正常启动、运转设备声音异常等。

b.设备运行性能的下降。

c.检修和试验中发现的问题。

d.执行规章制度及安全生产中出现的问题。

e.经济运行情况,如各种计量仪表是否正常,各种能源消耗是否正常,设备投入是否合理。

③通过运行分析,运行人员应对运行的设备系统性能心中有数,使设备运行安全正常、经济合理。运行分析应做好记录,发现的问题应及时整改。

7)设备缺陷管理

①全面掌握设备的良好状态,及时发现设备缺陷,减少运行事故,尽快补缺。

②设备缺陷管理是妥善安排设备检修、校验和试验工作的重要依据。

③运行人员担负发现设备缺陷的主要任务,对于所发现的缺陷应及时记录于《设备异常缺陷故障记录》上,并填写"维修单"报修。

④设备缺陷的分类(按程度和危害)如下:

一类缺陷是紧急缺陷。威胁人身安全或缺陷在迅速发展,随时有发生事故或损坏设备的可能,或造成有政治影响的事故。

二类缺陷是重要缺陷。设备可运行但情况严重,影响设备效率,不能满足系统正常运行的需要,在短期内有发生事故的可能性,威胁安全运行。

三类缺陷是一般缺陷。对安全运行影响较小且发展较慢。

⑤设备缺陷的处理如下:

一类缺陷必须立即组织处理,并向部门领导汇报;二类缺陷应加强运行监视,并及时安排计划消除;三类缺陷可结合定期检修有计划消除。

6.3.2　会展场馆各类设施设备系统运行的工作规范

会展场馆设施设备系统繁多、结构复杂,每个系统都必须制订相关的工作规范,由于本书篇幅有限,许多设施系统(如以下列举的项目)的运行工作规范无法一一介绍,确实需要的可在各地会展场馆实习实训时向场馆工程部门人员咨询了解。

通常会展场馆的设施设备运行工作规范有：

①供、配电系统运行工作规范；

②空调通风系统运行工作规范；

③电梯运行工作规范；

④压缩空气系统运行工作规范；

⑤水系统设备运行工作规范；

⑥网络系统管理工作规范；

⑦电话通信系统管理工作规范；

⑧楼宇自控系统管理工作规范；

⑨会议系统管理工作规范；

⑩公共/紧急广播系统管理维护工作规范；

⑪智能照明系统管理维护工作规范；

⑫综合安保监控系统管理维护工作规范；

⑬消防报警及联动系统管理维护工作规范；

……

6.4　会展场馆物资管理

所谓物资管理，是指企业在生产过程中，对本企业所需物资的采购、使用、储备等行为进行计划、组织和控制。物资管理的目的是，通过对物资进行有效管理，以降低企业生产成本，加速资金周转，进而促进企业盈利，提升企业的市场竞争能力。企业的物资管理，包括物资计划制订、物资采购、物资使用和物资储备等几个重要环节，这些环节环环相扣、相互影响，任何一个环节出现问题，都将对企业的物资供应链造成不良影响。因此，在市场异常活跃的今天，物资管理已不能用"计划""配额""定量"等几个简单概念进行诠释，它已经成为现代企业管理的重要组成部分，成为企业成本控制的利器，成为企业生产经营正常运作的重要保证，成为企业发展与壮大的重要基础。

6.4.1　会展场馆物资管理的基本内容

会展场馆的物资管理是指对办展和经营所需要的各种原材料及用品、用具根据国家物资管理的有关规定和会展场馆的规章制度，进行有计划的订货、采购、保管、供应、分配及合理使用等组织、管理和保护工作的总称。它是会展场馆管理的重要组成部分。其主要任务是：按照办会（展）活动经营的要求，快速、高效、节约、合理地做好物资的采购、验收入库和保管、发放等工作，达到保护好、供应好、周转好、消耗低、费用省、效益高的目标，保证办展物资需要，提高经济效益。物资管理的具体内容包括以下几个方面：

1）编制物资供应计划

物资供应计划包括供应品种、规格、质量、数量、供应时间、主要用途等项目。物资供应计划是实现物资衔接平衡、挖掘物资潜力、提高经济效益的有力措施。物资供应计划的主要内容包括:确定物资需要量,初期、期末的库存量,物资的申请量和采购量等。会展场馆物资供应计划可分为年度计划和季度、月度计划。编制物资供应计划的具体措施有:

①调查研究,掌握物资动态和搜集商情资料,了解各种物资资源的产地、数量、质量、价值和运输条件等;

②凡要申请物资的科室和部门,都要向物资供应部门提出年度或季度、月份的需求计划;

③物资供应部门汇总和核实各科室提出的需求量,确定采购和储备数量;

④组织订货采购;

⑤检查供应的完成情况和各种物资的消耗与库存情况。

2)制订物资消耗定额

会展场馆物资消耗定额,是根据会展项目内容、规模和布展要求所制订的原材料、用品、用具等的消耗数量标准。一般可分:原材料消耗定额、主要材料消耗定额、辅助材料消耗定额、燃料消耗定额等。制订先进的物资消耗定额是节约和合理使用物资的必要措施。科学的物资消耗定额,是在研究物资消耗规律的基础上,采用以下三种方法确定:技术计算法——在工艺计算的基础上,吸取先进的技术经验,确定最经济、合理的物资消耗定额;统计分析法——根据过去物资消耗的统计资料,经过分析研究,并考虑到计划期内条件变化等因素制订物资消耗定额;经验估计法——根据技术人员设计制作的经验,并参考有关的技术资料和实物以及各种条件变化等因素来制订物资消耗定额。

3)确保物流畅通

确保物流畅通就是采用现代化的流通设施和管理方法,以求得信息灵敏、渠道畅通、周转迅速、供应及时、服务周到、经济合理的综合效果。确保物流畅通的具体办法是:管理人员经常深入各业务部门和布展现场,了解物资需求情况;根据物资消耗定额及物资供应计划及时组织物资采购、运输和调配;按一定渠道,选择适当的方式,根据快速、高效、节约的原则,不断向业务部门提供各种物品。

4)搞好库存物资管理

为保证会展工作的顺利进行,要求有一定数量的物资处于储备状态,以防因材料运达误期、品种不符合要求而影响布展工作。库存物质的管理就是按照一定的规章制度进行科学保管和养护。其具体措施是:

①选择库房,要求坚固安全,温度适宜,阴凉通风;

②建立、健全规章制度,做到有章可循、明确责任,防止丢失、损坏和贪污浪费现象发生;

③物资出入库房应按照规定程序,准确、迅速地做好入库计量验收,出库过秤点数,随时登记账目;

④科学保管,根据不同的物理性质、化学成分、包装方式,进行分类分柜妥善保管,精

心养护,做好防鼠、防火、防盗、防虫、防霉烂变质工作;

⑤及时做好物资发放供应,实行定额发料制度;

⑥定期盘点,确保账目相符,发现问题及时追查和处理;

⑦保管人员调离时,对其所保管的物资应及时办理移交手续。

6.4.2　维修材料配件管理

1)采购程序管理

(1)采购原则

会展场馆工程维修材料配件必须按照年度工程维修费用预算,每月提出采购计划,经主管副总经理及总会计师审核批准后,方能进行采购。

(2)审批程序

已被批准执行的年度维修费用预算计划内的采购申请单,由工程部经理签字后,经主管领导和总会计师审查后,方可执行。计划外的物资采购除执行上述程序外,还须经过总经理批准后才能执行。突发性的工程抢修物资(平时不宜配备的特殊备件)采购,在请示有关领导来不及的情况下,工程部经理可先决定采购,事后补办审批手续。

(3)采购程序

工程部所属部门必须根据维修工作的实际需要和各种备件规定的库存量(常用备件库存量不得超过1个月的用量)每月初由各主管工程师填写月采购计划申请单,经综合员汇总后报工程部经理签字,由主管领导和总会计师审核后方可采购。

(4)订货合同签字程序

常用备件的采购原则上采取固定厂商供货制,依据工程部提供的采购单供货,每月结算一次。特殊部件的订购合同经主管领导和总会计师审核并报总经理批准后,合同方可生效。

2)仓库物品管理

(1)入库验收管理规定

仓库管理员对所收到的物品,必须严格根据批准的采购单所购物品的规格、型号、数量等要求进行验收;对不合格产品拒绝入库,严格把好质量关;对验收无误的物品要做好登记工作。

(2)仓库物品管理规定

仓库保管员对入库的物品应分类、分垛码放,对于材质不同、灭火方法不同的物品分类存放。

保管员对库存物品应经常检查,执行先进先出、定期翻垛的原则,发现破损及时说明原因;每天进出物品,保管员应及时登记库存的明细账,做到账物相符。

仓库内应保持清洁、整齐,合理利用和使用库容,并按消防规定留有安全距离;加强库房管理的安全意识,做好防火、防盗、防霉烂变质等基础工作。

(3)仓库物品盘点规定

每月结账日为仓库盘点日,由财务部配合保管员对库存物资进行盘点。库房保管员填写盘点库存表,核实后交工程部经理和财务部经理各一份。

盘点时发现溢缺时,应立即查明原因,并写出书面报告,由工程部经理提出处理意见并签字后,报总会计师审核方可进行处理,其他任何人不得擅自调账。

(4)安全防火规定

保管员应严格遵照下述规定,做好仓库的安全防范工作。

①库房设置的专用消防器材,应时刻保持良好状态,不准随便移动。

②离开库房时,须严格检查是否有火灾隐患。

③任何人不得擅自出入,不得在库房内吸烟,更不准有明火。

④发现异常情况应及时报告场馆消控值班室。

(5)仓库管理处罚规定

凡是发现物品短缺、丢失,不按规定使用和管理财产,未按规定设置账簿和卡片,擅自处理各项物品等现象均要追究领导者、物品责任人及当事人的责任。具体如下:

①责任心不强,造成物品短缺或丢失者,按物品净值赔偿损失外,还将扣罚相关人员的当月浮动工资;行政处罚按场馆《奖惩细则》中的有关内容执行。

不按规定操作使用财产而造成损坏的参照上述处理。

②不按规定管理物品,出现乱堆乱放、不卫生、不安全等情况,扣罚领导者当月浮动工资的(　　)%,当事人扣罚当月浮动工资的(　　)%～(　　)%。

③未按规定放置、登记账簿或卡片的,扣领导者当月浮动工资的(　　)%,扣当事人当月浮动工资的(　　)%～(　　)%。

④违反规定擅自处理各类物品(无论损坏与否,是否到期,可用或不可用)按丢失财产处理。

3)物品领用出库管理规定

①物品出库必须办理出库手续,根据派修单由领班填写领料单方可出库。

②出库时,保管员对任何人均应严格执行先办理出库手续后提货的程序,严禁出现"白条子"现象。特殊情况由部门经理以上领导签字才能出库,但在第二个工作日必须补办手续。

③保管员应根据领料单对出库物品认真核实,并与领料人员当面点清,不得弄虚作假、随便发物。

6.4.3　采购和外包服务管理

通常会展场馆实施《采购控制程序》和《外包控制程序》来协调采购和外包工作。采购和外包过程应确保采购和外包合同符合质量/职业健康安全的要求,对供方及采购物品控制的类型和程度,应取决于采购的物品和外包服务对质量/职业健康安全的影响程度。办公室负责采购控制的归口管理,责任部门负责相关外包服务的管理。

1) 供方的评价、选择

①根据采购物品或供方对随后服务实现或最终服务结果的影响程度,决定对采购物品或供方的控制方式。

②制订选择、评价和重新评价供方的标准,根据供方提供满足场馆服务要求的能力,评价和选择供方,编制《合格供方名单》,确保采购或外包服务在合格供方处进行。

2) 采购或外包信息

①场馆对表述采购物品或外包服务要求的计划、合同、技术文件等信息文件予以控制。

②责任部门负责编制设备采购文件或《外包合同》。采购文件或外包合同应包括拟采购物品的信息或满足外包项目所有要求的信息,信息可包括项目内容、价格、交付要求、质量/职业健康安全要求等。

③表述采购物品或外包信息在与供方沟通前应得到总经理或其授权人批准,确保规定是充分的和适宜的。

④办公室负责采购合同的签订,合同签订时应对供方施加质量/职业健康安全方面的影响。

⑤责任部门负责外包项目合同签订,外包合同须得到总经理或其授权人的批准,确保合同内容的充分性和适宜性。

3) 采购物品验证

①物资必须经责任部门按规定进行验收,办公室组织对采购物品的验证,验证时,应考虑采购物品是否符合质量/职业健康安全等要求,合格后方可入库,投入使用;经检验不合格的物品不得投入使用,同时按《不合格控制程序》进行处理。

②在供方的现场实施验证时,在采购信息中应对验证方法做出规定并按照《采购控制程序》执行。

③采购物品的质量标准、检验、验收报告等原始资料记录凭证由办公室进行分类、查验、归档保存,做到物品或服务质量具有可追溯性。

④相关部门按《物品防护控制程序》负责采购物资的搬运、储存和保护,并分类标志。同时,应根据《危险源辨识和风险评估控制程序》识别和评价危害因素,并根据评价结果采取适当的安全措施。

⑤对供方进行持续监督,发现供方存在质量、安全问题,要及时要求其采取改进措施,若连续重复发生,则终止合作,从《合格供方名单》中删除。

⑥办公室对采购物资供应情况和安全管理情况进行统计分析,作为重新评价供方的依据,并采取适当的纠正预防措施;每年对物资供应管理情况进行总结,作为管理评审的

输入信息。

4）外包过程控制

①责任部门依照场馆使用要求、《外包合同》及附件和相关法律、法规的规定，对供方进行持续监督，发现供方存在质量、安全问题，要及时要求其采取改进措施，若连续重复发生，则终止合作，从《合格供方名单》中删除。

②外包业绩的评价。责任部门对外包业绩进行评价，根据评价结果，填写《供方评价报告》，提供外包满足要求的证据，作为重新评价供方的依据，并采取适当的纠正预防措施；每年对外包管理情况进行总结，作为管理评审的重要信息。

6.5 展具、展架、器材的管理

不同的会展场馆依照不同的理解和习惯，对展具有不同的指称范围。有的指展柜、展桌、展台；有的专指展览道具；有的指直接参与展示的展品基础承载设备和各种陈列道具；也有的泛指参与展示的全部用具。

本节所指的展具、展架、器材是指在会展场馆储备的可供租用的通用标准展架、异形展架和各类展示器材，包括接待桌、洽谈桌、椅、柜、架、台、灯、影、视、音等器材，如图6-14所示。

6.5.1 会展中心的展具管理

展具即展览用具，加强展具及其材料管理，对保证展览服务质量，提高工作效率和经济效益起着重要作用。

1）展具管理的目标

展览馆在开展经营活动中，离不开人和物两个基本要素。正确地组织人力、物力，发挥行业优势和提供优质的服务，是展具管理工作的基本任务。随着物质条件的改善和展览经营的需要，理顺展具的分类管理是十分重要的。展具管理就是依据会展场馆在会展活动和经营过程中的具体目标，统筹整个展具流程，进行设计、组织、指挥和调节。通过展具管理，做到质量、数量、形式以及时间、地点的供求适应，保证会展业务活动的顺利进行，并充分发挥展具的效用，加速周转，降低费用，提高经济效益。

2）展览用具的料源组织

组织展具料源，是保证展具数量和质量的前提。因此，要按展览和经营计划，准确、及时地备料、制作和订购适质、适量的展具，以使展览经营业务正常开展。展具的料源组织，是根据各个不同展览会而确定的，要配备一定数量多功能的铝合金展架，以适应各种展览的需求。要根据国内外展览特殊装修的要求准备适量的装饰材料，还要根据国际展览中各国参展商的生活习惯，提供适应他们需要的办公、生活用具。国内展销会

图 6-14　会展场馆可供租用的展具

使用的展具,要考虑消费者购物和参展单位零售业务的方便。因此,要充分运用现代设计的新成果,设计制作形式新颖的各种展具。这种展具要求强度高、材质轻、多功能、装配式、搬运方便、易于折叠堆放、少占仓储面积,以适应多类型、多层次的业务需要。

3)展具的消耗管理

会展场馆办展类型较多,展具使用率高、流动性强、周转率快。由于展具的频繁搬移、挪动,使损耗量增加。因此,加强展具的消耗管理,是极其重要的环节。具体措施是:

①加强展具、材料的计划管理,严格操作规程,制订规范化的工作程序。在展具流转过程中,正确地运送和装卸展具及其材料,尽量减少无谓的损耗。经营部门在承接办展任务后,要及时向展具管理部门提供展具租借的时间、地点、数量及品种等信息,展具管理部

门要提前做出展具供应计划,到时向租赁单位正确提供质量、数量相适应的优质展具。

②加强展具的成本核算。对可以利用的废旧物资,要组织回收复用。在保证优质服务的前提下,尽可能利用废旧材料,做到以较小的投入获得较好的效益。

③加强展览现场的管理,提高展厅现场服务水准。在统筹展具、材料仓库管理的基础上,可在展厅内设立临时小仓库,使每个展厅合理储备一定的常用展具,以缩短搬运距离,减少展具在途损耗。

④改善运输条件,配备运输工具。在室内外场地配备合理的运输工具,室外可用铲车、电瓶车,室内可用液压车、小型电瓶车、货运电梯等,减少工人劳动强度和搬迁损耗。

4)展具仓库的管理

仓库管理工作要协调展具在经营活动中的阶段性和连续性的矛盾,把展具流转环节相互衔接起来,发挥仓储枢纽的调节作用,以保证展览工作有条不紊地进行。仓库管理要做到:

①保管好展具及其材料,保持展具应有的使用价值,确保库内财产不短少、不损坏、不变形、不差失;对财产要合理规划,分类堆放,实行科学管理。

②认真做好展具物资的入库验收。展馆展具周转较快,每次展览会后交回库内的展具、材料,仓库人员要细致、耐心地验收,除合理损耗外,超过损耗标准的要做出书面报告,并查明责任,采取明确的奖惩措施;同时对损坏的展具要及时组织力量修复。

③准确、及时地发放展览用具和材料。在发放多品种、多规格的展具时要提高工作责任心,根据筹展和经营部门的任务要求,尽力满足客户的需要,并做好发放手续。

④实行科学管理,降低储存保管费用。制订并充分运用仓库的各项措施,合理安排人力和作业组织,不断提高仓库利用率,加速资产的周转速度。

6.5.2 展具保养规定

为保证展会物品的使用,确保展会顺利有序进行,将仓库库存的物品保养做如下规定(各场馆情况不同,供参考)。

1)保养的种类和范围

①受潮易损类:展板、楣板、折叠门、地毯等。
②碰撞易损类:八棱柱、扁铝、连接件、咨询桌、陈列柜、谈判桌、电视机、单放机、电脑、电话机、各类电器等。
③过期失效类:双面胶、单面胶、即时贴、松香水、涂料、油漆等。
④其他类:开幕式地台、讲台、活动舞台、背板等。

2)保养规定

(1)受潮易损类物品的保养规定
①物品必须置于通风情况良好、干燥无灰尘的区域内。
②阴雨季节,此类物品必须做到"三勤",即勤检查、勤搬动、勤汇报。

（2）碰撞易损类物品的保养规定

①八棱柱、扁铝、铝柱、连接件、连接球等出入库及摆放应严格遵循操作规程，轻拿轻放，即各种规格、型号必须分类装箱运输，严禁混杂搬运，如图6-15所示。

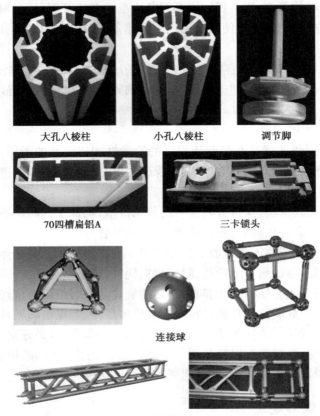

大孔八棱柱　　小孔八棱柱　　调节脚

70四槽扁铝A　　三卡锁头

连接球

四柱桁架

图6-15　展具

②陈列柜、咨询桌、谈判桌等必须做到及时维修，即勤维修、勤检查，发现一个维修一个。此类物品在搬运过程中均应轻拿轻放，严禁摔、扔、碰、撞、踩。

（3）过期失效类物品的保养规定

①此类物品入库时应检查其保质期限和生产日期，核实无误后，物资方可入库。

②保管员按照物资的保质期限分区、分类存放。

③对快要过期的物品要及时清点，通知使用部门并上报上级主管领导。

④对此类物品上报采购计划时，应本着用多少采购多少的原则，避免积压过多。

（4）其他物品的保养规定

①物品入库时，应检查其完好情况，如无损伤的可直接由相关部门填写入库单经主管领导签字后入库。

②物品入库后应放置在仓库指定区域内，做到勤看、勤检查、勤核对，保证物资的正常使用。

③对放置时间过久已失去效用的物品,要上报主管领导处理,严禁私自抛弃、丢失。

④物品在搬运过程中,应轻拿轻放,保持表面整洁,每季度清洗一次。

6.5.3　展位搭建工作规范

1)展位搭建工作程序细则

(1)标准摊位搭建明细

①展位搭建前必须熟悉图纸,了解展位分布及现场各项要求。

②了解和掌握每组展位由于组别不同、地段不同、位置不同的要求,根据现场的实际情况进行搭建。

③标准展位搭建时,必须按点、线摆放好铝材,按顺序搭建。

④搭建时铝材要轻拿轻放,展板放在地上或地毯上,不允许将展具随意乱扔乱放或在地上拖动。

⑤搭建过程中,所有扁铝上锁眼朝向必须一致,并与立柱持平。

⑥搭建的展位必须一次成形,展架、展板无开锁、松动,展位牢固可靠。

⑦展位楣板安装前,要将楣板放在展位一角,不得随意乱扔。

对于负责搭建展位的外协单位,要提前进行相应的培训,制订相应的劳动定额及完成工作时限,并加强管理。

标准摊位如图 6-16 所示。

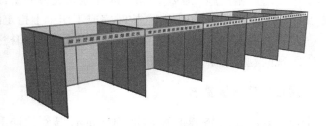

图 6-16　标准摊位及展架展板

(2)标准展位的变形和特殊装修施工细则

①标准展位变形施工细则。

a. 标准展位的变形施工要严格按照图纸进行。

b. 施工前要熟悉图纸及材料预算。

c. 标准展位变形施工从下料到现场施工必须由专人负责。

d. 现场施工必须按照指定的时间完成,并达到图纸的要求。

②特殊装修施工细则。

a. 特殊装修工程的图纸应在一个月前下发到制作部门。

b. 制作部门施工前要熟悉图纸并做好材料预算。

c. 要指定专人负责专项工作。

d. 严格按图纸进行施工,并达到图纸要求的效果。

e. 外协单位施工时要严格按照有关规定进行施工。

2）材料的管理

①展位搭建前后的出、退料应本着谁经手谁负责的原则,责任落实到个人。

②搭建完毕后的余料要摆放整齐,清点好数量并与仓库保管员核实后办理入库手续。

③应将标准展位搭建中损坏和损伤的铝材加以处理后作为特殊装修工程材料。

④每次特殊装修工程撤下来的材料,要注意保管,以便重复使用。

⑤对于在展场上损坏和丢失的材料要查明原因,落实责任制。

3）展览期间的展位管理

①布展时严格按施工手续,及时、准确地完成参展商提出的各项拆、装板及施工要求。

②在保证工程质量的前提下,按时完成工作单上指定的其他任务。

③在开展期间和撤展时,要按时对展位进行巡视和检查,做好展会期间的工作记录。

④发现问题及时解决,不得相互推诿。

4）展位搭建质量要求

①背靠墙的展位搭建时要离墙 500 mm,遇到消防和电器设施时必须让出或不加展板。

②面对面摊位间的通道宽度至少应有 3 m,大型展厅中间的主通道宽度至少应有 5 m。

③搭建完毕后,每组展位要与展厅的四面墙成平行或垂直。扇形、圆形展厅内搭建的展位要以放射线为基准,或以方便出入和人流疏导为主要目标寻找基准线。

带编号的展厅标准摊位平面图如图 6-17 所示。

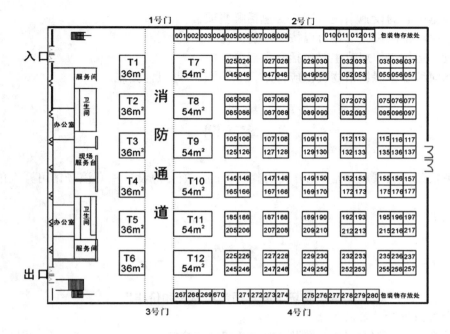

图6-17　带编号的展厅标准摊位平面图

6.5.4　关于展具的出租

展具出租是会展场馆服务项目的重要组成部分之一,必须讲究质量。其中包含合理的定价、物品的质量、限时完成以及使用过程中的优质服务等。通常会展场馆除对可出租的项目进行明码标价外,还对每个具体项目明确责任人并规定时间完成,同时巡视跟踪检查使用情况。

关于会展场馆展具预定项目单和价格表的设计等,参见本章案例。

本章小结

通过本章的学习应懂得展览中心、会议中心场馆和设施设备管理的标准及内容;设施设备系统运行工作规范;物资管理及相关规定;展具、展架、器材的保管、使用和出租管理方法,能够进行展览中心、会议中心场馆及设备设施管理的相关工作;实施会展场馆材料(配件、消耗品)的计划编制、采购、保管、外包、发放管理的工作;能够充分利用会展场馆的器材,合理设计展具出租的运作程序、价格表和预订单,满足参展商的需求,创造较好的效益;能够进行展厅特装区和标摊区的规划设计,进行施工搭建的现场管理等。

复习思考题

1.会展场馆和设施设备管理的内容和方法有哪些?

2. 展览中心的设施系统管理主要包括哪些项目?

3. 会议场馆的设施设备可以按照功能分为哪些类别?

4. 设备运行工作规范主要包括几大部分?

5. 如何编制会展场馆物资供应计划,主要采取哪些具体措施?

实 训

经考察某一会展场馆后,充分利用其现有的各项资源设计一套该场馆可开发的经营项目。

案 例

某会展场馆展具预定项目单和价格表

1) 带有图案和单价的价格表——略

2) 带有单价和押金形式的价格表——如表 6-2 所示

表 6-2 物品租赁价格表

编号:××会展中——( ) 物品租赁价格表

编号	物品名称	规格说明	单位	单价/(元·展期$^{-1}$)	押金/(元·展期$^{-1}$)
1	电视机	29 英寸(1 英寸 =2.54 cm)彩色全制式	台		
		25 英寸彩色全制式	台		
		等离子	台		
		电视墙	组		
		背投	台		
2	冰柜		台		
3	保温箱		个		
4	单放机	VHS 全制式	台		
5	LG 录放像机		台		
6	VCD\DVD		台		
7	电话机		部		
8	传真机		部		
9	咨询桌	924 mm×471 mm×760 mm	张		
10	谈判桌	650 mm×650 mm×700 mm	张		

续表

编号	物品名称	规格说明	单位	单价/ (元·展期$^{-1}$)	押金/ (元·展期$^{-1}$)
11	茶几	500 mm×500 mm×500 mm	张		
12	玻璃圆桌	高750 mm	张		
13	折叠椅		把		
14	扶手椅		把		
15	吧椅		把		
16	方扶手靠背椅		把		
17	圆扶手靠背椅		把		
18	陈列柜台	974 mm×479 mm×760 mm	个		
19	玻璃柜	1 100 mm×480 mm×950 mm	个		
20	带锁展柜	924 mm×471 mm×760 mm	个		
21	百变货架	6个格/组 400 mm×400 mm/格	组		
22	层板	1 m	套		
		2 m			
		3 m			
23	梯子	1.5 m	个		
24	移动电源	15 m	个		
25	饮水机	立式	台		
26	电脑		台		
27	投影仪		套		
28	接待台		个		

注:如有不详之处或需租赁其他物品请与会展中心展览服务部联系。

联系人: 联系电话:

案例讨论:

以上价格表的设计是否合理,有哪些优点和不足,还有更好的方法吗?

第7章
会展场馆配套服务及现场管理

【本章导读】

　　各地会展场馆在规模、功能、配置等方面的不同,形成了各具特色的配套服务项目。本章根据一般会展场馆的情况,主要介绍:展览、会议项目现场管理及流程;展会的开幕仪式;展览工程服务与布展、撤展管理;参会人员的登记、进出和各类票证管理;会展场馆广告资源的管理;各项合同的设计与使用等。

【关键词汇】

　　现场管理流程　开幕仪式　票证　广告资源　合同

7.1 展览项目现场管理及流程

7.1.1 基本概念

展览项目现场管理通常指展馆工作人员依照办展单位与展馆双方签订的合同,在实施布展、展出、撤展过程中,对展览活动进行现场管理,以确保项目圆满成功的过程。

展览现场管理的目的是保证参展商和参观者在完成其目标的过程中提供硬件设施和软件服务。主要包括:场地、展位、安全、物流、水、电、气、展具租用、商务、公共广播、餐饮、保洁、广告位、展示工程、咨询、特殊服务等方面。展馆展览项目现场管理工作既有可预见性又包含不可预见性,对可预见性的工作,展馆应该提前安排做好准备并列出工作单,对不可预见性的工作,展馆也要有相应的措施和应急预案。

7.1.2 现场服务的特点

现场服务具有以下特点:时间紧(现场服务时间短暂,如布展,通常仅有一到两天的时间,因此及时、高效、到位的服务是衡量展馆现场服务水平的重要评价指标);对象多;内容杂;要求高;硬件相对固定,软件尤为重要。

7.1.3 基本流程

1)展览服务管理总流程简图

展览服务管理总流程简图,如图7-1所示。

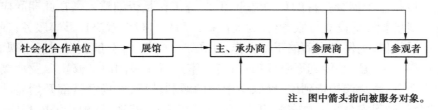

注:图中箭头指向被服务对象。

图7-1 展览服务管理总流程简图

由此图可以看到,展馆的服务对象是全面广泛和多层次的,同时也是其他对象得以完成其所提供服务的关键和基础。

2)展览现场服务管理流程分图

展览现场服务管理流程分图,如图7-2所示。

7.1.4 承接展览业务服务要点

展馆在与展会承办单位签订合同后,至少应于展会布展前15天(根据展会规模及复

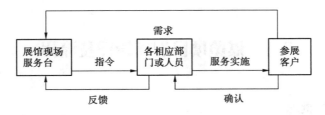

图 7-2　展览现场服务管理流程分图

杂程度确定提前量)召开对接会,掌握该次展会的接待细节。根据组委会的要求及时下达工作任务通知书,呈报领导及抄送各相关部门,其中涉及的主要服务部门有展馆管理部、展馆经营部、保卫部、场地部、工程部等。其服务运作程序细化如下:

1)布展前 10~15 天

展馆管理部、展馆经营部、保卫部、场地部、工程部根据展会整体情况,制订出切实可行的接待方案,并以此为依据进行筹备工作。

2)布展前 7~10 天

展馆管理部的现场服务组按照消防、保卫部门核准后的展位图划分展位管理责任区。美工组按照组委会提供的参展商名单制作楣板。会议接待组根据展中带会的规模、形式及要求备料,布置各岗位人员及外协人员并进行有针对性的培训。展馆经营部在此期间将相关项目准备到位。保卫部在此期间进行有针对性的培训。工程部按照图纸及工程要求进行布线、备料。场地部对展具进行清洁并准备开始搭建摊位,同时根据展会的规模备齐展馆清洁物料。

3)布展及展出

这一阶段是整个展会接待的重中之重,其服务工作是否细致入微在此期间应得到充分的体现。展场管理部设立总服务台,为展商提供租赁、咨询、解决投诉等服务;现场服务人员进入各厅就位,确保参展商的正常操作,并在第一时间了解、解决在现场出现的问题;商务中心提供打字、复印、传真等服务项目;美工室进行楣板的改动修正以及承接参展商的美工制作业务等;会议接待到位,确保会中会的顺利进行;展场经营部开始启动相关项目;保卫部及外聘保安公司人员在各出入口及展厅内进行巡视,维护会场的秩序,确保参展商及展品的安全;工程部在此期间要提前保证水、电、空调等工程设备的正常运转;场地部要确保布展、展出期间展厅内的清洁卫生。

4)撤展

展场管理部的总服务台、商务中心、美工室开始整理展会期间开出的单据及各种物品;现场服务人员协助撤展;会议接待组人员整理会议室;展场经营部进行相关工作的收尾;保安部控制出入口,凭组委会开具的出门条对参展商进行放行;工程部依旧保证水、电、空调运转,并按参展商的个别要求进行有针对性的租用水源、电源、通信网络线、压缩空气等线路管道的拆除,并对设备和器材及时进行维修;场地部拆除展架,全面清洁展具、展厅。

5）总服务台

总服务台为参展商提供的服务基本上可分为两项。其一，根据参展商要求开具工作单，将工程申请单发至工程部；布展加班申请单发至保卫部；展具租赁单发至库房；监督各项工作的完成状况。其二，对参展商提出的各类相关问题予以答复或协助解决，并对参展商对于展馆工作的投诉及时进行安抚及妥善处理。

6）商务中心

参展商到达商务中心，提出服务要求，工作人员按要求下达工作单，由参展商交到收银处；付款后，由财务人员签字盖章再交回商务中心工作人员；工作人员完成服务任务，把单据和工作成品交还给参展商完成工作流程，如图7-3所示。

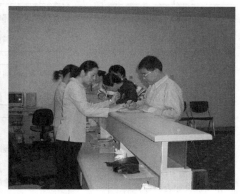

图7-3　商务中心

7）美工服务

（1）前期设计展览会的展位图

由展馆经营部项目经理提供资料，按承办单位要求设计展位图；经展馆分管领导审定并送组委会定稿；确定最终设计方案；跟踪设计改动。

（2）展前与组委会协调制作楣板

展前10~15天内由组委会提供电子或书面参展商资料；与组委会相关负责人员核对文字内容、尺寸及颜色；制作楣板；安装前根据组委会信息调整改动；开展后跟踪调整及制作新增补的楣板。

（3）布展期间对外承接制作业务

参展商提出制作要求，在美工室填报制作申请表，到展馆总服务台交费；美工根据参展商提供的尺寸等详细制作要求进行制作；按规定时间交付其制作成品并向参展商收回申请表底单。

8) 仓储与搬运

接受参展单位布展前到达的展品或撤展期间待运展品的接货、仓储、运输、搬运以及开箱、包装工作。参考图 7-4 某会展中心办展流程。

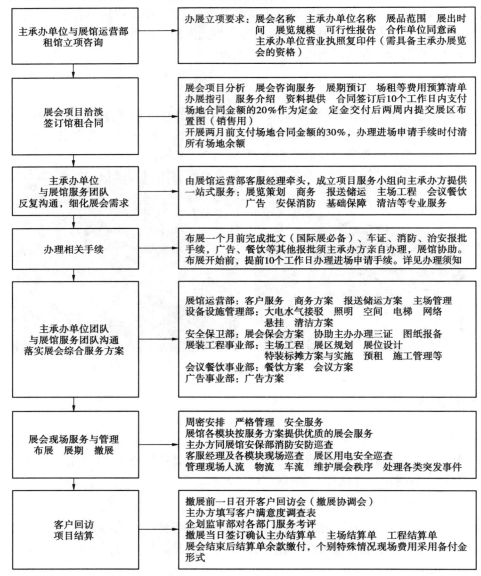

图 7-4 某会展中心办展流程

7.1.5 展览现场服务点的设置及提供的服务

不同规模、不同档次的展览,展览现场服务点的设置会有不同,展馆需要设置的现场服务点主要包括以下几个方面。

1) 展厅现场服务点

（1）设置

现场服务点通常设置在相对明显又不影响参展商和参观者正常交流的位置，要做到标志醒目，以便客户寻找。其主要功能是满足客户现在的需要。服务点可以相对固定，也可以根据需要临时设置。

（2）服务点配置

①电话：两部以上，电话号码事先要对外公布。

②对讲机：服务人员需要配置对讲机以及便于与展馆其他部门及时联络的通信设备。

③价目表：只要展馆能提供的服务项目价格都可以在价目表上体现。

④摊位图：标有摊位号和参展商名称。

⑤通知单和发票：各服务项目的现场运作通知单，如水、电、气的安装等。

⑥展具样品：放置相关样品以便让客户直观了解要租用的展具。

⑦电脑：联网，以便查询相关信息。与参展商建立展会临时微信群，方便通知、咨询预订、缴费等。

⑧意见箱：参展商和观众提意见、投诉、建议或调查表的投放。

（3）主要提供的服务

①摊位临时搭建和改造：摊位通常已经按照展览承办单位事先提供的摊位图搭建完毕，但在参展商进场布展时，有可能提出对摊位进行改装和拆除的要求。

②展具的现场租用：参展商到现场后，有可能临时租用一些展具或器材进行布展。

③水、电、气、电话、网络等工程服务的提供：为了达到展出效果，对展出的设备进行现场演示，有的参展商需要为其提供水、电、压缩空气、电话、网络等的服务。

④咨询、答疑：要熟悉展馆各项设施设备硬件与软件配套服务项目，解答参展商及观众提出的各种问题。

⑤现场卫生、安全等的监督。

⑥清场工作和交接：每天布展或展出结束，现场工作人员需要对所管理的现场进行人员清理，清理完毕要与接班人员办理相关交接手续。开闭馆时间要准确，准备清场前可先关闭部分出口，只留一个出口，便于管理。清场过程中，要有一定数量的人员在各通道口进行监控或巡视，避免参展商和观众误拿别人物品或出现偷盗，同时严格检查，避免有可能造成不安全的隐患，如：普通电源是否关闭，不间断电源是否被关闭等。

⑦根据需要临时提供的服务：如外宾来访或领导视察等。

⑧接受临时任务：如安全演习、客户意见调查等，如图 7-5 所示。

2) 展品仓储、搬运、运输现场服务点

（1）设置

由于展馆硬件结构各异，展览规模和展品类型、数量的不同，展品运输服务点设置也就各不相同，通常设在展馆的卸货平台和仓库附近，便于服务。

图7-5 封闭式与开放式的现场服务点

（2）配置

①电话：号码事先要对外公布。

②对讲机：便于与展馆其他部门联络的通信设备。

③运输设备：如推车、小型平板车、叉车、吊车等。

④价目表：只要展馆能提供的运输服务项目价格都可以在价目表上体现。

⑤通知单和发票。

（3）主要提供的服务

接受参展单位布展期间到达的展品或撤展期间待运展品的接货、搬运、仓储、运输以及开箱、包装业务等。

3）门票销售（发放）服务点

（1）设置

门票销售（发放）服务点可设在固定售票亭，也可根据需要临时设点。

（2）配置

①电话、对讲机：便于外部订票以及展馆保卫部门的联络，控制展馆内的现场人流量等。

②公布展览会名称、时间及门票价格的广告栏。

（3）主要提供的服务

门票销售（发放）服务点进行展览门票销售或者派送。

4）餐饮服务点

（1）设置

餐饮服务点可固定也可根据需要临时设点。

（2）配置

①电话、对讲机。

②根据具体情况若需避开专用餐厅的拥挤，或就近无专用餐厅时，可在现场购餐券或另设盒饭供应点，在不影响展会空间利用及卫生条件许可的情况下，临时供应点设置一定

数量的座位,并配备足够的垃圾桶及保洁人员。

(3)主要提供的服务

展会期间临时餐饮服务点为参展商和观众提供餐饮服务,如图7-6所示。

图7-6 展会期间临时餐饮服务点

5)花卉租售点

花卉租售点提供鲜花盆景的销售、绿色植物的出租,现场以摆设样品为主,须明码标价并负责搬运和养护。

7.1.6 现场工作人员要求

现场工作人员本着以服务为宗旨的精神开展工作,行使管理职责。可参考本书第4章的案例一"某会展场馆员工守则"。

7.1.7 展览项目现场服务工作规范

1)展厅服务人员岗位职责

(1)厅长岗位职责

①组织展厅全体人员圆满完成现场服务任务;全面负责处理展览期间的相关事宜(含展位改建、楣牌变更、展具配置、展具租赁、运输管理、仓储管理、展厅保洁、照明用电、安全巡视、布展撤展等)。

②从布展到撤展期间,负责展厅的现场协调工作,与相关部门及主办单位协作,处理突发事件;合理安排展厅服务人员的工作,严格要求服务人员按章办事并熟练掌握展厅的服务技能,提高服务效率;及时了解展厅的动态及参展商的需求,提高服务质量;做好展厅服务人员的工作考评及展览结束后的工作总结。

③做好展厅社会化用工的申报及使用管理工作;展厅值班、加班记录及展厅服务台的收费结算;安全、保洁及清场交接工作;合同外展位搭建(改建)数量、特装用地数量的确认和费用结算。

④发现问题及时解决,遇到紧急情况或不能解决的问题及时向有关领导汇报或向主

办单位反映,以求尽快得到妥善解决。

（2）展厅工作人员岗位职责

①现场开单员岗位职责。熟练掌握各种服务的收费标准,依照公司和部门的工作规范,负责展览期间各种收费的开单工作;熟悉展具放置地点,开单收费后负责安排辅助人员将出租的展具尽快送到参展商的展位上,展览结束后将展具完整收回,若有损坏应按标准作价向参展商索赔（赔偿款从押金中扣除）。

②现场收费员岗位职责。负责展览期间各种收费工作,妥善保管各种票据,依照公司和部门的工作规范做好租赁费用的结算。

③现场运输员岗位职责。熟练掌握运输服务的收费标准,依照公司和部门的工作规范,负责展览期间货物的运输工作。

④工程部现场服务人员岗位职责。熟练掌握电器设备租赁服务的收费标准,依照公司和部门的工作规范,负责展览期间电器设备的安装工作,保障展厅用电的安全;展览结束后将电器设备完整收回,若有损坏应按标准作价向参展商索赔（赔偿款从押金中扣除）。

⑤现场保卫人员的岗位职责。熟练掌握展馆消防器材的使用功能,熟悉消防设备的位置,依照公司和部门的工作规范,负责展厅的消防、保卫等工作;做好场地的巡视工作,保证展馆通道的畅通,避免展板展具或展览货物堵住消防门、消防栓。

⑥网络信息部现场服务人员岗位职责。熟练掌握展厅网络、电脑、电话设备租赁服务的收费标准,依照公司和部门的工作规范,负责展览期间出租设备的安装工作;展览结束将设备完整收回,若有损坏应按标准作价向参展商索赔（赔偿款从押金中扣除）。

⑦展厅辅助人员岗位职责。负责出租展具的运送和安装,展位改建、楣牌变更、服务台临时需要办理的工作。

以上展厅工作人员均应参加展厅服务台的值班和场地的巡视工作;协助厅长做好场地保洁、布展撤展、闭馆清场等工作。

2）展会前准备工作规程

（1）展位搭建（参见本书6.5.3展位搭建工作规范）

（2）预约租赁服务项目的管理

①客户电话咨询服务项目的收费标准和需要提供展具租赁服务的图样时,服务人员应耐心、细致、及时地给予答复。

②客户电话、传真预约服务项目,受理人员应向客户复述预约内容,经核对确认后,明确告知预约人服务项目的保留期限并在"展具电器预约租赁登记表"中做好记录。

③客户预约租赁的服务项目不属于"展具电器预约租赁登记表"中的项目,可登记在"备注"栏,并与服务项目管理部门做好预约租赁服务项目的咨询,落实后及时回复客户。

④展厅服务台和仓管员根据"展具电器预约租赁登记表"的记录,准备好预约租赁的器材;客户在预约的时间内到现场时,按照本工作规范中关于租赁服务管理给予办理相关手续,提供服务;超过预约时间,将不保留所预约的服务项目。

⑤仓管员根据现场租赁情况进行设备、器材库存数量统计,保障现场租赁的有序进行,若服务项目已无库存量时,要及时通知各展厅服务台,终止提供该项服务。

(3)提前到达货物的管理和运输准备工作(详见《储运管理工作规范》)

(4)保洁管理(详见《保洁工作规范》)

(5)绿色植物租摆准备工作(详见《绿化工作规范》)

(6)租赁物品管理

场馆部根据展会的不同性质或现场租赁物品出租量,协调、调度服务人员,提供足够数量的租赁物品和运输工具,做好租赁物品和运输工具的就近存放工作,并移交展厅厅长。

3)布展期间管理规程

①客户到展厅服务台咨询时,服务人员应按照《关于员工仪表、言谈、举止的规定》的有关规定做好现场咨询服务。

a.接受客户要求。首先表示出自己乐意帮助的态度;对问题内容做记录,包括客户的名字和摊位号;重复客户的问题以证明自己明白客户的需求;即使客户提出的需求是由其他部门来完成的,也要予以帮助,不能推诿。

b.解决问题。告诉客户解决其需求的方案和大约所需时间;如有可能要告诉客户事情进展的情况;有费用问题一定要事先告诉客户;如客户的需求不能解决,要想其他方法尽量给予帮助。

c.善后工作。客户需求解决后要询问是否满意;做好记录,以便查询。

②布展期间,开单员和收银员应坚守展厅服务台,客户需要展馆提供其他服务项目时,依照本规范中租赁服务管理规程的有关规定做好服务项目的租赁服务。

③展厅服务人员主动协助保卫部做好消防、安全保卫和个体搬运、拾荒者等游散闲杂人员的清理工作。

④如有客户反映租赁的服务项目在使用过程中出现故障(如:展架锁头松动、电源跳闸、射灯不亮等),服务人员应认真填写"展厅现场派工单"记录,及时移交服务项目业务主管人员进行处理。

⑤如有客户反映楣板字刻错或与单位名称不符,服务人员应主动向客户了解楣板上的错字或单位的详细名称,与楣板字制作负责人联系了解出错原因,向客户详细说明并及时做出处理意见。

a.因楣板字制作方工作失误时,制作方在公开承诺的时限内做好更改。

b.若因主办单位提供的文字或图案错误时,制作方依据主办单位的书面通知在半天内做好更改。

⑥如有客户要求提供的服务项目不属于展馆现有的服务范围内(如布展时使用的小工具、小配件等),服务台人员应尽可能地协助客户解决。

⑦客户在展会规定的时间外申请加班,服务台人员给予办理加班手续并安排人员

值班。

⑧展厅服务人员依照《展馆安全管理规定》《展馆物业管理规定》《展馆防火规定》《展品运输指南》，做好展厅布展期间的现场巡视检查工作，发现违规行为时，应立即采取劝阻或制止措施；情节严重者，根据有关规定予以处理。

4）展览期间管理规程（部分项目从布展阶段开始执行）

（1）展览期间管理规范

①展厅服务台轮值人员做好展览期间现场的咨询服务以及交接事宜。

②展厅服务人员协助消费者联系项目经理或主办单位，做好维护消费者权益的服务。

③展厅服务人员依照《展馆安全管理规定》《展馆物业管理规定》《展馆防火规定》《展品运输指南》，做好展览期间的巡视检查工作，发现违规行为时，应立即采取劝阻或制止的措施，情节严重者，根据有关规定予以处理。

④保卫人员协助展厅服务人员做好闭馆的清场工作。清场完毕后，督促保洁人员做好保洁工作并将场馆移交保卫部门进行管理。

⑤展厅服务人员协助主办单位做好非参展单位或个人在展厅出售商品的监督和清理工作。

（2）展厅现场服务规范

①展厅服务人员根据展会工作单要求并依照《关于员工仪表、言谈、举止的规定》准时到岗后，做好展厅开闭馆的现场管理工作。展厅厅长做好服务台值班人员的安排。

②开单员向场地管理部领取足够数量的"租借单""展架展具电器租赁汇总表""展厅现场派工单"等单据后，按时到岗并分类放置展厅服务台。

③收银员向财务部领取必备的发票单据和押金单据后，按时到岗。

④展厅厅长安排人员向场管部领取"服务台百宝箱"放置服务台。

⑤预租受理人及时与仓管员、展厅服务台办理"展具电器预约租赁登记表"的交接手续。

⑥仓管员及时和展厅服务台办理"提前到达展品记录"的交接手续。

⑦主办单位新增服务项目的管理。主办单位通过业务部门要求展厅现场提供合同外新增项目的服务时，服务人员凭业务部门和主办单位的签单，及时提供服务；主办单位直接要求展厅现场提供新增服务项目时，主办单位应填写新增服务项目工作单，经展厅厅长确认后提供服务；展览结束前，展厅服务台将工作单的原件交由业务项目经理与主办单位统一结算，服务台留存复印件。

⑧参展人员或参观人员需要利用展馆的广播设施时，服务台人员应向其了解广播意图，经主办单位负责人和场馆领导同意后，通知广播室提供广播服务，若广播内容为商业广告，应在特定的时间内并按规定收费。

⑨展会期间，展厅服务人员应做好展厅展览设施的管理工作。展厅服务人员根据《展馆安全管理规定》《展馆物业管理规定》《展馆防火规定》《展品运输指南》做好现场的日常巡视检查。发现设施损坏时，及时通知并协助主管部门进行修复并追究赔偿责任。

⑩现场服务过程中遇到特殊情况,及时向相关部门或分管领导汇报。发生突发事件时,服务台调度人员协助保卫人员依照《突发事件应急预案》等有关规定做好事件的处理。

(3)租赁服务管理规范

①以场馆的"主要服务项目价格表"作为租赁服务收费标准。

②现场服务人员收费,使用定额发票,无论金额大小都必须出具发票,展会结束,及时清点发票及收入,汇总后报财务部核对。

③"租借单"作为现场租赁服务的凭证,严禁撕毁或作为他用。

④现场租赁服务管理规程:

a.开单员向客户提供租赁物品图样或样品,做好现场租赁咨询服务;根据客户的需求填写"租借单";转交收银员收费后,及时调度服务人员按"租借单"编号顺序提供服务。

展具展架/电器租赁服务。开单员将"租借单"的第二联、第三联交由场管部人员(包括社会化用工人员)向仓管员领取租赁物品后,按照"租借单"的编号顺序送至客户展位,并请客户在"租借单"上签字确认。

展位搭建改建服务。开单员将"租借单"的第二联、第三联交由场管部人员(包括社会化用工人员)向仓管员领取展具后,按照展商要求提供服务并请客户在"租借单"上签字确认。

仓储寄存/装卸运输服务。属提前进馆的展品,运输理货员已收取费用并由开单员和收银员签字确认"租借单",应立即组织人员依照《储运管理工作规范》将展品发放或送至客户所在的展位,并请客户在"租借单"上签字确认。属非提前进馆的展品,运输管理员做好展品运输费用的估价,通知开单员开具"租借单"及收银员收取费用后,组织人员依照《储运管理工作规范》有关规定做好搬运或寄存管理,并请客户在"租借单"上签字确认。

工程项目服务。开单员将"租借单"的第二联、第三联交由工程部人员领取工程服务物品后,为客户提供服务并请客户在"租借单"上签字确认。

通信网络项目服务。开单员将"租借单"的第二联、第三联交由网络部人员领取网络服务物品后,为客户提供服务并请客户在"租借单"上签字确认。

运输工具租赁服务。收银员按公司规定收取一定数额的押金,开单员在"租借单"上注明押金的数额及始租时间,将"租借单"的第三联交由客户暂时保存。客户返还时,开单员向客户索回"租借单",根据使用时间填写租金金额后,移交收银员收取租金并退还押金。

b.各服务执行人员提供服务后,将"租借单"的第三联(或"展厅现场派工单"的第二联)移交展厅服务台做好服务销号工作。

c.若现场租赁的展架展具、电器数量较多时,开单员根据"租借单"记录做好"展架展具电器租赁汇总表"的登记记录,以便现场的核对和管理。

d.仓管员根据现场租赁情况进行租赁物品的库存数量统计,若存量较少时,要尽早通知各展厅服务台停止开单,避免出现开单后无货,以保障现场租赁的有序进行。

e. 在租赁过程中,若客户需要的服务不属于展厅服务项目的范围,展厅服务人员尽量协助客户解决问题。

f. 开幕前将提前领用的剩余租赁物品移交仓管员,协助做好入库管理。

g. 展架展具外租管理。外租受理人按照租借方要求办理租赁手续,并根据展馆物品出入馆的有关规定做好"展会物品出馆单"的审批后,向仓管员领取和清点展架展具交付租借方;门卫凭租借方持有的"展会物品出馆单"给予出馆;外租受理人做好外租展架展具收入费用结算后,报备财务部;外租的物品返还时,回收人员按照展馆的有关管理规定做好外租物品的检查回收工作并签字确认后,收银员给予退还押金。

h. 各职能部门根据"租借单"的出租项目做好展会期间所产生的收入费用统计,报请部门领导或展厅厅长签字确认后,报备公司财务部,由财务部根据公司的相关文件进行收入费用分摊管理。

i. 各展厅开单员在展会结束 3 日内,将所领取的"租借单"第一联及剩余的"租借单"移交场管部统一保存。各职能部门应做好开具的"租借单"执行联的保存并保存至下一年年底,以备收入费用的核查。

(4)服务项目的退租/更换管理规范

①服务台根据客户的退租/更换要求,通知服务人员做好退租/更换物品有无损害的检查工作。有损坏时,依照《展馆物业管理规定》向客户索取赔偿金;无损坏时,服务人员在押金单背面做好物品回收的签字确认。

②开单员和收银员向客户索回发票、押金单据和向服务人员索回已办理的"租借单",做好"租借单"的核对、报废处理。

③开单员和收银员根据客户的更换要求,重新办理租赁手续。依照本规范中第三条现场租赁服务管理规程提供服务。

④撤展时,客户要求退还收取押金的租赁物品时,服务台通知服务人员做好退还物品有无损害的检查工作。退还物品无损坏时,收银员凭回收确认的押金单退还押金。退还物品有损坏时,依照《展馆物业管理规定》向客户索取赔偿金。

5) 撤展期间管理规程

①参展单位因特殊情况要求提前撤展时,应填写"展会物品出馆单",经主办单位同意,展厅服务人员对出馆物品确认后给予办理,门卫依据展览物品出馆单给予放行。

②服务人员按照《展馆安全管理规定》《展馆物业管理规定》《展馆防火规定》《展品运输指南》做好展台现场拆卸巡视检查和设施的管理,疏导车辆,确保撤展工作安全有序。

③各职能部门组织人员按服务项目的退租/更换管理规范做好租赁物品的回收工作,回收租赁物品发现有损坏时,应立即通知服务台人员依照相关规定进行索赔。

④严禁展馆人员收购或介绍收购特装材料,展商遗弃物应由办公室统一处理,任何人不得私自处理,更不能据为己有。

⑤特装施工保证金,应在展位装修材料(包括悬挂物)彻底清理干净后,方可退还;否则,将由展厅厅长视清理的程度扣除其全部或部分押金作为清理费用。

⑥展厅服务人员应主动协助保卫部做好现场消防、安全保卫和对个体无证搬运、拾荒者等游散闲杂人员的清理工作。

⑦场管部按《储运管理工作规范》做好展品回运工作的管理。

⑧展厅服务人员应督促保洁人员做好展厅通道清洁工作,保证各通道的畅通。

⑨参展单位的物品在撤展期间不能全部撤出展馆需要办理寄存手续时,服务人员应主动根据物品寄存的有关规定给参展商办理相关手续,收取费用,及时提供寄存服务。

⑩展览结束后,各后勤保障部门组织人员做好各自部门管理物品的回收入库。

⑪展厅厅长(或展厅服务人员)做好服务台向各部门领用物品的返还移交。

⑫撤展时按照《展馆安全管理规定》要切断水源、电源,关闭空调、灯光,拆除通道电缆,清理废弃物等。

⑬场管部督促保洁人员做好展厅的清洁工作。

⑭拆展位时注意周围人员及自身安全,防止发生展具落下伤人或其他特装展位倒塌伤人事故。

⑮广告部拆卸本次展会承接的广告项目。

7.1.8　展品搬运服务工作规范

1)布展前

(1)接运提前到达展品

①综合服务部理货员根据展会情况,提前从财务部借出备用金,并做好使用情况登记表和票据存档,以便展会结束后与财务部结算。

②理货员汇总提前到达铁路、公路站场的展品情况,统筹考虑,提前填写"车辆使用申请表",办理审批手续后,通过外包方组织运输工具接货。如确有紧急情况,可先叫车后补办手续,但必须在一个工作日内补齐手续,并只能使用与公司签有正式合同外包方的车辆,不能随意叫车。

③理货员根据货物的重量、体积、到货时间、展位号、参展单位名称、短途费用等,认真填写接货记录表并将展品入库,以便布展时及时向参展商移交和结算费用。

④布展前,理货员将汇总后的"提前到达展品记录"复印件交到各展厅,以便参展商就近到服务台查询。

⑤布展前两天,估价员根据展览的性质、货量进行估计,提出叉车、吊车使用计划,填写"车辆使用申请表",报展厅厅长审核后组织车辆。

(2)境外展品的处理

境外展品的处理应和主办单位指定的运输外包方取得联系,积极配合,以便境外展品顺利运达展馆。

(3)展品运输

对于展品运输由展览公司承揽的,由综合服务部负责组织相关谈判,签署协议。

（4）综合服务部职责

综合服务部负责与装卸作业运输单位、短途运输单位、展品回运单位等外包合作方的谈判，签署协议。

（5）展会运输服务的准备

①综合服务部负责装卸运输单位证件的审核并报保卫部办理相关证件。

②提前准备好各展厅零星展品寄存仓库，以备展览期间使用。

③估价员根据展览的性质、货量的估计，提出叉车、吊车、搬运工人使用计划，填写"车辆使用申请表"，报展厅厅长审核后组织车辆，并准备好人工搬运所需液压车、平板车等。

④估价员提前将外包方信息制成表格，发给展厅服务台，方便展厅值班人员查阅，以便展出期间参展商可尽早提出回运要求，为参展商提供方便快捷的服务。

2）布展期间

（1）提前到达展品的领取发放

①场管部理货员负责提前到达展品的发放事宜，一般在仓库领取展品。

②服务台根据"提前到达展品记录"计算并向参展商收取费用，服务台将办妥手续的参展商引导到展品仓库，向理货员领取提前到达的展品，如图7-7所示。

图7-7　展品搬运与仓储保管

（2）现场运输服务与管理

①运输管理员负责展品搬运的现场管理。

②根据展品的体积、重量，按照公司的价格对展品进行估价，参展商到服务台交纳费用后，运输管理员组织搬运。

③对到展厅报到的叉车、吊车车况负责检查，如车辆带病作业、驾驶员无相关证件或未到综合服务部办妥领证手续的，必须立即将车辆清除出场，并同时向展厅厅长和综合服务部分管运输的经理汇报。各种车辆均归展厅运输管理员全权指挥，发现车辆违反《展品运输指南》的，应立即纠正，并酌情予以处罚。运输管理员根据参展商展品的体积，做好零星展品的寄存工作。

④运输管理员对展品在运输过程中造成的损坏，应当保持现场证据，以备索赔。

⑤运输管理员应配合保卫部保持搬运通道的畅通，避免损坏参展商物品或展馆设施。

⑥运输管理员应正确使用升降式卸货平台，保证展品的安全运输。

（3）运输展品的管理

对于展品运输由展览公司承揽的，运输管理员应根据合同，将展品的体积、重量做好记录，以便展会结束后进行结算。

3）展览期间

①参展商到仓库领取零星展品，运输管理员应在现场做好登记，防止货物的丢失或者参展商拿错寄存的展品。

②运输管理员负责处理零星货物搬运。

4）撤展期间

①运输管理员安排好展品回运承接单位的就位时间及设点位置，并根据回运单位所收到货物的运费总金额收取相关管理费用。

②到卸货平台配合保卫部做好撤展时运输单位车辆的有序停放及管理。

③对展品运输由展览公司承揽的，根据布展时所做的记录，并根据合同及时收取相关的费用。

④撤展时如有快递、物流公司配合，指定其接货地点和空间管理范围。

5）展览结束后

①运输管理员根据使用情况登记表和相关票据，到财务部办理备用金结算手续。

②将叉车、吊车使用登记表报综合服务部分管运输的经理，以便进行结算。

③将本期展览总收入报财务部，以便做好费用、收入的结算。

7.2　会议项目现场管理及流程

7.2.1　基本概念

会议项目现场管理通常指会议场馆工作人员依照会议主办单位与场馆双方签订的合同约定，实施会前、会中、会后的现场服务管理，以确保项目圆满成功的过程。本节所指的是国际会议中心协会（ICCA）定义的会议（conference），而非大型聚会（convocation）。

会议现场管理的目的是保证与会者在完成其目标的过程中提供硬件设施和软件服务。主要包括场地、会前布置、设备使用和保障、安全、物流、水、电、照明、空调、餐饮（茶点）、保洁、标识、广告位、咨询、特殊服务等方面。

7.2.2　会议的规模和种类

1）会议种类

①根据会议的规模即参加会议人员的数量，可将会议分为：小型会议，出席人数少则

几人,多则几十人,但不超过 100 人;中型会议,人数在 100～1 000 人;大型会议,人数在 1 000～10 000 人;特大型会议,人数在 10 000 人以上。

②按照会议形式分为:有会有议的会议,如年会、专业学术会议、论坛、研讨会、专题讨论会、文化交流会、新闻发布会、产品推介会及洽谈会等;会而不议的会议,如报告会、传达会、表彰会、签字仪式、动员大会等。

2)客户的需求

会议场所提供者有责任事前与办会单位进行良好的沟通和协调,在会前准备、会中以及会后服务方面做好工作。为此工作人员必须了解:会议名称、时间、规模、会标、桌椅设置(教室式、课桌式、剧院式、回字形等)、主席台设置及桌位桌签、演讲台设置、签到台、名片存放处、签到簿、签到笔、设备[音响、MIC 数量(无线、有线)、电脑、投影、幻灯、同传系统]、纸、笔、文件夹、资料摆放、茶水、矿泉水、茶杯、杯垫、环境布置[灯光、空调、装饰物(画、花卉、植物等)、台布及颜色]、茶歇地点、摆设、证件、休息室(向重要人员提供)、物品寄存、资料发放处等。

7.2.3 承接会议的流程

1)会前准备

会议接待涉及的事物方方面面,相当复杂,为了避免在具体安排中出现纰漏,接待人员必须要在会议召开前与会议组织者就一些细节问题进行协调和确认。这就要求会议组织者提供详细完整的资料(大会日程安排、席位安排等),最迟应在协调会前一周从会议组织者处获取这些资料(根据会议规模及复杂程度确定时间的提前量)。

2)制订会议通知单

会议通知单是有关整个会议进程的时间表,通知单上将会议中大大小小的各项具体活动按照其先后顺序逐日、逐小时地排列出来抄送到相关部门,并让有关负责人签字认可。这样能有效地减少相关人员的疏忽和过失,同时也可以明确各自的责任。每张通知单上必须按年月日编上序号,以便控制所有会议的活动。

会议通知单如有变动,必须按会议组织者已确定的更改内容重新发出,并注明需要重新做出安排的部门。更改单须部门经理签字方可生效,相关部门按最新的更改单执行。如会议组织者取消会议安排,须重新发出一份会议取消单并由部门经理签字方可生效。

3)制订会议具体活动工作单

当会议通知单最终确定后,会议接待应关注会议的每一项具体活动。通过制订会议具体活动工作单来明确每项活动的服务安排并尽量使之细化。对细节的重视可以转化服务效率。

如前所述,会议通知单是对整个会议进程的详细介绍,使相关人员对会议计划有个完整的了解,而会议具体活动工作单涉及的是会议进程中某一具体活动项目的细节安排。

例如在会场布置方面应对主席台、讲台、基本的座位布局等都有明确说明，同时还不能忽视那些细小但却不可或缺的环节，如水杯、桌签、信笺、笔、指示牌、音响系统及花木布置等，因此，会议场馆通常还要设计会前准备工作检查表，如表7-1所示。

表7-1 会前准备工作检查表

××会展中心——（ ）

年 月 日

一、会议基本情况						
会议名称			会议时间			
会议空间			联系人			
会议人数			联系电话			
二、会议要求（根据工作单或经业务部门确认的要求）			检查记录		整改意见	
			自查	复查		
摆台	主席台人数及要求					
	摆台形式及座位数					
	桌、椅类型					
	台呢					
	台布、筒裙					
	座签、桌号牌					
	演讲台					
	其他					
物品准备	会议文具	文件夹				
		纸				
		笔				
	饮品	茶水				
		矿泉水				
		冰水				
	饮具	茶杯				
		玻璃杯				
		酒具				
	会议用品	毛巾				
		湿纸巾				
		名片盆				
		糖果碟				
		花卉装饰				

续表

物品准备	其他	指示牌			
		签到桌			
		摆放方式			
		消毒柜			
		饮水机			
		其他			
会议设备准备		投影仪			
		灯光			
		背景板、装饰			
		茶点			
		其他			
保洁情况		会议室			
		卫生间			
		大堂			
		通道			
		其他			
自查人/日期			经理/日期		

备注:"√"或"×"显示检查情况

4)会中

会议接待人员应全程跟踪会议,以便及时和与会者保持联系,出现突发事件能以最短的时间解决。会中服务检查如表7-2所示,会后清场检查如表7-3所示。

5)会后结算

在会议活动结束后,接待人员应在与会者离开之前结清账目。结账时,涉及两个方面的费用:一类费用是由会议组织者支付(确定签单人);另一类则由与会者个人承担。财务人员可根据与会议组织者所签合同中的规定分别收取。

6)感谢会议组织者

作为礼节,同时也是为了进一步增进友谊,为今后的合作奠定感情基础,会议接待人员应在会议结束后感谢会议组织者给予的支持和帮助,并征求对会议接待的意见。

表 7-2　会中服务检查表

三、会议服务情况				检查记录		整改意见
				自查	复查	
会中服务记录	人员到岗	应到	人数			
			时间			
		实到	人数			
			时间			
	人员仪表	个人卫生				
		着装				
		姿态				
		其他				
	服务情况	迎送服务				
		饮品服务	茶水			
			矿泉水			
			冰水			
			其他			
		寻人				
		复印				
		传真				
		解决投诉				
		其他				
自查人/日期				经理/日期		

备注:"√"或"×"显示检查情况

表 7-3　会后清场检查表

会后清场记录	客人遗漏物品处理记录		
	物品回收归位及缺失记录		
	清场保洁记录		
	会议空间关闭		
	其他		
自查人/日期		经理/日期	

备注:"√"或"×"显示检查情况

7）建立客史档案

建立完整的客史档案有利于接待人员开展个性化服务,对提高客人满意率和回头率、增强竞争力有着重要意义。

7.2.4 接待工作人员的仪容仪表

接待人员在工作中要保持最佳自我状态。良好的仪表有利于提高接待工作的效果，也可以同时反映出工作水平及办事效率。在举止上要自然随和，动作注重大方得体，显示出具有很强的自信心，这样才可以更胜任自己的角色(参考本书第 4 章案例一某会展场馆员工守则)。

7.2.5 会议服务工作规范

1)会议室基本台型

会议室基本台型包括：戏院式、教学式、U 字形、回字形、会见式、签字仪式型等，如图7-8 所示。宴会式台型图如图7-9 所示。

戏院式　　　　教学式　　　　回字形

U字形　　　　宴会式　　　　会见式

图7-8　会议室基本台型图

(1)戏院式

这种形式是最常见的一种座位安排，所有椅子布置都面向演讲者、讲台或者主席台。这种形式既适合于大型会议，又适合于小型会议。这种布置的特点是能在有限的空间里容纳最多的人数。戏院式布置有多种形式，有 V 形和端正式等多种，可以是方形、半圆形和 U 形。应根据不同的情况来确定讲台或主席台的位置。

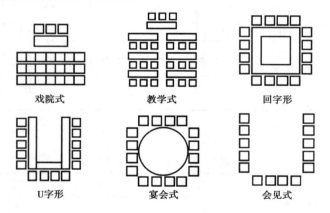

布置椅子时，第一排的椅子应离讲台或主席

图7-9　宴会式台型图

台 1.8 ~ 2 m。先放两把椅子留出过道的空间，椅子之间横距 5 cm，椅子前后中心距离为 70 cm。如果用带扶手的椅子布置，椅子前后左右的距离就应大些。椅子的布置应使前后左右都成一线。每一排椅子的数量要便于客人能迅速找到自己的位置。

布置戏院式的座位时,防火部门要求过道从厅室的前面直到后面,并且在中央部分布置横向走道。过道距离和留出的过道空间应根据会议室条件约束和地方法规来安排,主要应考虑到安全需要,如图7-10所示。

当桌椅布置完毕后,应将水杯、饮品、纸、笔、文件夹放在讲台或主席台上。其他的则在椅子上放置矿泉水。

图7-10　戏院式台型图　　　　　图7-11　教学式台型图

（2）教学式

这种布置与学校教室一样,在椅子前面有桌子,便于与会者做记录。桌与桌之间前后距离为100 cm。这种布置也要求中间留有走道,桌椅的布置应使前后左右都成一线,每一排的长度取决于会议室的大小及出席会议的人数。也可将桌子布置成 V 形,主席台在 V 形的顶部,一般要求每个座位都提供饮品或茶水、纸、笔、文件夹,如图7-11所示。

（3）U 字形

很多小型的会议倾向于面对面的布置和安排,"U"形是较常见的,即将与会者的桌子与主席台桌子垂直相连在两旁。如果只有外侧安排座位,桌子的宽度可以窄些;如果两旁安排座位就应考虑提供更大的空间来呈放材料。一般要求每个座位都提供饮品或茶水、纸、笔、文件夹。

（4）回字形

将主席台与与会者桌子连接在一起,形成方形或圆形,中间留有空隙,椅子只安排在桌子外侧。这种布置通常用于规格较高、与会者身份都较重要的国际会议及讨论会等形式。这种布置适合于小型会议,人数在 40 ~ 50 人,桌与桌的长宽度取决于会议室的大小,桌椅的布置应使前后左右都成一线。将会场布置成这种形

图7-12　回字形图例

式或直接使用椭圆形桌,与会者围桌而坐,可表示彼此地位平等,避免出现席次上的争议,一般要求每个座位都提供饮品或茶水、纸、笔、文件夹,如图7-12 所示。

（5）会见式

会见厅的布置，应根据参加会见的人数多少、客厅的形状和大小来确定布置形式。人数在十几位的会见，会见厅可用沙发或者扶手椅按马蹄形、凹字形摆放。一般马蹄形或者凹字形布置均用沙发，沙发后摆扶手椅供记录员和译员就座。规模较大的会见，可以布置成会议型，即用桌子和扶手椅布置成丁字形，如图7-13所示。

图7-13　会见式台型图例

（6）签字仪式型

签字厅的布置要求为：厅室正面挂屏风式挂画作为照相背景，在挂画前面，将两张长条桌并排摆放，桌面铺深色台呢。在签字台后面，摆设两把高靠背扶手椅，两椅相距1.5 m。在椅子背后1.2 m处，根据人数多少摆上梯式照相脚架，照相架两侧陈设常青树，在两个座位前摆上待签文本，右上方设置文具，中间的前方摆上挂有两面国旗的旗架。签字厅两侧可布置少量的沙发，供休息使用，如图7-14所示。

图7-14　签字仪式

2）摆台用品

（1）工作间用品

工作间需要准备小毛巾、饮水机、托盘、开水瓶、接线板、会议用品及百宝箱。

①毛巾。毛巾要松柔、洁白、无异味，使用前须进行消毒，方可给客人使用。毛巾要进行折叠，通常要把毛巾折成方形的。

②饮水机。饮水机在使用前要检查是否有破损，表面要保持洁净，如长时间没使用，使用前要对其内胆进行清洗，以保证水质。

③开水瓶。开水瓶使用前检查是否有破损，表面要保持洁净，无茶垢。

（2）摆台物品

摆台物品包括：折叠桌、会议椅、台呢、文件夹、纸、笔、茶杯、水杯、杯垫、毛巾碟、开水瓶、薄荷糖及其用碟、座签、百宝箱等。

①矿泉水。矿泉水要无开启、无过期，瓶身与瓶盖要干净无灰尘、无破损。矿泉水应摆在纸张右上方，矿泉水的标志应正对着客人的位置，瓶身的纵向与纸张平行，横向放置瓶底的一半，矿泉水的布置应使前后左右都成一线。

②茶杯。茶杯要洁净无破损，茶杯应垫上杯垫放在矿泉水的右边与之平行，茶杯及杯盖的公司标志应正对着客人的位置，且杯耳位于客人的右手，使用前要进行一小时的消毒，茶杯的布置应使前后左右都成一线。

③毛巾碟。毛巾碟要洁净无破损，应放在茶杯的右边与之平行，毛巾碟的布置应使前后左右都成一线。

④座签。座签要光洁，无刮痕且无破损，应放在正对着客人的位置，座签的摆设要跟桌面平行，且跟桌面的顶端距离 2 cm，座签的摆设应使前后左右都成一线。

⑤台呢。台呢要平整无褶皱，且无污渍，在洁净的桌子上平铺后，整齐划一。

（3）百宝箱配置

百宝箱需配置：剪刀、小刀、尺、绳子、透明胶、双面胶、胶水、大头针、图钉、回形针、钢笔、彩色水笔、便笺。

3）听众台（席）布置

①根据会议工作单的人数确认会议所需桌、椅数，并摆成形。

②先布桌位，再铺台呢，再定椅位，再摆会议用品。

③桌面布置要求：茶杯（矿泉水）摆在会议夹的右上方，杯柄朝右。毛巾碟摆在会议夹左上方，与茶杯成一直线。笔摆会议夹右边。桌子居中摆放一碟薄荷糖。用绳子拉直校对桌线是否整齐，并加以调整。

4）提示牌、舞台布置

①手机静音、座席编号提示牌等，摆放在会议室主入口处。

②最后按要求进行鲜花布置。

5）花草布置

①舞台上下的花草颜色要与背景板颜色协调。

②高大植物（春夏秋冬都能提供）包括：散尾葵、夏威夷叶、发财树、绿萝等。

③中低植物包括：绿麒麟（绿色，四季都有）、鸡冠花（红色，春天）、一串红（红色，秋天）、三角梅（紫色、红色，冬天）、地扶（绿色，夏天）、龙肚珠（白色、红色，夏天）、万寿南（金黄色，秋天）、金鱼草（多色彩，冬天）、日月春（紫红色，夏天）、凤尾（红色、黄色，夏天）、日本凤仙花（多色彩，冬天）、四季海棠（水红色，冬天）。

④布置要求：

a.舞台上只有演讲台，并且要用大投影屏幕时，幕下放低、矮的植物，枝叶不能高过投影屏幕的底部。舞台两侧放高大的植物,以两盆为宜。舞台下方摆放中、低植物,品种可同舞台上植物,盆与盆间隔 25~30 cm 为宜。

　　b. 舞台上设有主席台时,多功能厅舞台下放 1~2 排植物,国际会议厅舞台主席台前摆放一排中、低植物,鲜花可以摆成直线形、弧形。其他各会议室舞台两侧可安排高大的植物,以两盆为宜。

　　⑤如客户有明确要求,则按客户要求布置。

6) 主席台布置

　　①根据客户或工作单的要求铺台呢或台布,设筒裙,摆放水杯或茶杯及鲜花。
　　②讲台布花,大小适中,面客方向应有垂吊。
　　③会议使用投影仪时,讲台需摆放台灯,供演讲人使用。

7) 签到桌布置

　　用会议桌时,铺设客户选定颜色的台呢,摆小型花盘,布"请赐名片""签到处"牌,设会议椅。

8) 检查程序

　　摆台后,会议服务责任人、部门经理、会务项目经理须检查并填写"会议服务检查表"。检查内容包括:
　　①台呢、台布、筒裙是否干净,有无破损,有无皱痕,如有褶皱,需补烫。
　　②杯具、用具是否干净,有无破损,是否摆放整齐。
　　③会议夹的纸张是否备足。
　　④桌椅摆放是否干净、整齐,地毯、讲台有无污迹。
　　⑤背景板是否美观,文字图案有无错误。
　　⑥鲜花、绿色植物是否到位,有无枯萎,花盆是否干净。
　　⑦灯光及空调是否完好;灯具不亮时应通知维修;有投影仪的会议应把投影仪上方的方管灯关闭,只留一排筒灯,并检查服务员的操作。
　　⑧茶点台的餐具是否备足,水瓶外壳是否干净无漏水。
　　⑨电脑及其他设备是否到位,是否符合会议标准。

9) 备品要求

　　①场馆内部召开的会议,只布台呢及矿泉水。
　　②百宝箱由现场经理指定会议服务员保管,百宝箱内的物品在客人需要时及时提供给客人。
　　③会议备品包括夹纸板、白板、白板笔、激光笔、讲台、网络接口、电源插座及幻灯机、投影仪、录音机、录像机、麦克风等。
　　④摆台完成后,及时以电话通知网络部安装设备(一般不迟于会议开始前 0.5 天)。如果时间较紧张,可考虑同步进行。项目经理要现场协调。
　　⑤提供会间茶点时,茶点台应摆在靠近会场并相对宽松的地点,具体由项目经理根据

客户的要求确定,用台布、筒裙装饰。用具有咖啡机、咖啡勺、咖啡壶、咖啡滤纸、咖啡粉、柿杯、红茶、奶缸、糖、扎壶、水杯、食品碟、食品叉、水果叉、餐巾纸等。

⑥台呢、台布、筒裙等布件要熨烫到位。

⑦会议客户如需会前测试设备或节目彩排,要在会议设备安装通知单上注明时间、地点、需配合的项目等。

10)会议现场服务规范

(1)会前准备

①会前1小时,会议服务员打开会议场所门、灯光、空调(根据会场的大小确定提前时间),按客户要求做好准备。

②网络部保障人员到位,开启设备检查。

③会议服务责任人提前30分钟到场再次检查,及时协助会务项目经理与客户的沟通,处理问题。

(2)迎宾与服务

①迎宾员于会前20分钟到位。

②随客人人数的增多,抽调部分服务人员为客人拉椅,协助客人入座。

③分别为主席台人员和与会的其他重要宾客派发小毛巾,斟倒茶水。

④规范操作:斟茶时,先主位,再副主位,类推。前排以后可以从一侧开始依次倒茶水。为主席台客人倒水时,要站在客人右后侧,左手提水瓶,右手将茶杯盖翻放在桌上,以确保卫生,然后拿起杯子倒水。茶杯要拿到客人身后斟倒,以不挡住开会人的视线,对其余客人也遵循此原则。主席台上配置矿泉水时,要配置相应水杯,矿泉水瓶不可放置演讲台上。

(3)会中服务

①宣布会议开始之后,关闭各通道门。

②会议自始至终,服务人员必须根据要求,站立在会场内合适位置待命,不得擅自离场。因会场面积限制或会议保密要求,服务员应侍立会场门外服务。

③会议进行过程中,刚开始时一般15分钟添水一次,以后一般半小时添水一次。主要依照客人的情况而定,添加茶水时要求服务员的动作敏捷、轻盈,尽量不发出声音。

④主席台的客人如超过半小时未饮用茶杯的茶水,根据需要更换一杯新的热茶水,使用演讲台时,每更换一位演讲人,需更换一次茶杯或水杯,更换时要使用托盘。

⑤会中休息应进行简单保洁,撤去空瓶,更换新的矿泉水,清理糖纸,补充糖果,此时不得翻动客人的文件资料。

⑥午休或隔天休会期间,保洁工作同上,要做好客户暂放物品的保管。

(4)茶点服务

茶点、水果应在会前准备妥当,会议开始之后15~20分钟布置。如客户另有指定,则根据客户的要求,指定专人负责现场保障。

(5)退场服务

①会议结束时及时拉开各通道门。

②指定部分会议服务人员站在主通道门前,为客人送行,并照顾年老体弱的代表退场。指定另一部分会议服务人员及时检查现场有无遗留物品,如文件等,一经发现,及时送会务组人员;检查展馆物品完好情况,发现未灭的烟头等要及时处理。

③客人离开后,服务员开始着手厅面的清场工作,关掉大部分的照明灯,只留适当的灯光供清场用。

④撤器皿、收布草,先清理桌面,再撤走服务桌上所有器皿,送到清洗处;把布草分类清点送工作间(干净的与脏的要分开)。

⑤清洁四周护墙及地面,吸地毯;如地毯有污迹,通知场地管理部清洗。

⑥落实安全措施。关闭水阀、切断电源。除员工出入口以外,锁好所有门窗;由当值负责人做完最后的安全防患复查后,填写"班后安全检查表";落实厅面各项安全防患工作,最后锁好员工出入口门,方可离岗。

(6)注意事项

①服务员在会场内的待命位置应是门侧,以便随时提供服务。

②空调温度除设定标准外,还要注意客人的反应。一旦有特殊要求,应立即处理。

③客人需复印资料,应确认张(份)数,放到会议夹内,到就近的商务中心复印,并带原件、复件及杂项单据返回。原件和复印件要分别放置,请客人在杂项单据上签字。单据送回商务中心。

④客人借物品时应填写"物品借用单",结束时及时归还。

11)茶杯、茶具清洗消毒

(1)准备工作

准备洗涤灵、氯胺-T、消过毒的口布。

(2)清理杯子

清除杯具中的杂物,倒掉水。

(3)洗刷、消毒

①在洗池溶液中将杯具洗刷干净。

②把干净的杯子放入浓度为3‰的氯胺-T中浸泡5~8分钟。

③用清水将杯具冲洗干净。

(4)擦拭与存放

①不能用手直接接触杯具。

②用消毒口布垫手,将杯具擦干,放置于消毒柜。

③消毒柜每月应用3‰浓度氯胺-T擦拭内外部,保持清洁。

④杯具要明亮、无油迹、无手印、无破损。

12)托盘服务规范

(1)理盘

将要用的托盘先洗净擦干,以避免托盘内的物品滑动。

（2）装盘

根据物品的形状、重量、体积和使用的先后顺序合理装盘,一般是重物、高物放在里面,先用的物品放在上面,后用的物品放在下面。

（3）托送

①轻托:左手臂自然弯成90°,掌心向上,五指分开,用手指和掌托住盘底,掌心不与盘底接触,平托于胸前;行走时,要头正肩平,注视前方,脚步轻捷,托盘的手腕要轻松灵活,使托盘在胸前随着走路的节奏自然摆动,但托盘上下摆的幅度不可过大。

②重托:五指分开,用手掌托住盘底,掌握好重心;用另一只手护持,将盘托起到胸前,向上转动手腕,使托盘稳托于肩上;托送时,要平稳轻松,要保持盘平、肩平、头正、身直,保证托盘不晃动,身体不摇摆。

7.2.6　会议音响设备服务工作规范

1）服务规范

①会议保障时应穿公司制服,着装整齐;礼貌用语,注意仪容仪表。
②不在会议室大声喧哗、吸烟、吃零食,保持会议室安静和整洁。
③会议保障人员应密切配合,互相提醒注意事项。
④主办单位工作人员提出的有关问题和要求应耐心、礼貌地回答和解决,若无法解决应联系相应部门人员或汇报部门领导,做到"首站式"服务。

2）操作规范

（1）扩声系统

①根据工作单要求,认真检查会议所需设备、型号、数量是否相符,预留易出现故障的备用设备(如无线话筒、电池、同传接收机、耳机等)。
②按照线路图连接设备,详细检查各线路连接是否准确、牢固,外露线路必须用胶带粘贴。
③按无线话筒接收机→调音台→均衡器→功放的先后顺序开启设备电源(注:功放电源必须最后开启)。
④调节功放音量至最大。
⑤调整调音台输入和输出的音量控制。
⑥调试话筒的音量和音色。
⑦调试或使用完成后,先将功放音量调至最小,再按"先开后关"顺序关闭设备电源。

（2）投影系统

①如会议要求使用多媒体投影机,先按主办单位要求或以往经验摆放好投影屏幕位置和角度。
②接笔记本、录像机、VCD和投影机的连线,开启投影机和笔记本电源。
③调节投影机位置、角度和底座高度,投影机应对准屏幕的中轴线,投影机的投影方

向应和屏幕垂直,调节投影图像到水平为止。

④投影机的梯形校正,保证投影图像的上、下宽度一致。

⑤调整投影机镜头的焦距(ZOOM)和聚焦(FOCUS)以及投影机与屏幕的距离,保证投影图像的满屏显示和清晰度。

⑥投影机调试或使用完成后,应先软关机,待风扇停止运转(即机器冷却)后,才能关闭投影机电源,拔掉电源插头。

(3)同声传译系统

①如会议要求使用同声传译系统,先将译员房搬到会议室并摆好位置。

②连接同传主机的话音输入接口和调音台的话音输出接口。

③将同传主机的调制信号输出接口和发射板连接,插上发射板电源。

④连接译员台和同传主机,并接上译员耳机。

⑤开启同传主机电源(注:以上步骤必须在开启功放前完成)。

⑥选择开启同传主机的信道。

⑦编辑译员台的信道为同传主机开启的信道。

⑧装上接收机电池。

⑨由三人(主讲、翻译、收听)进行测试,应保证会议室内每个角落都能接收,并且做到声音清晰。

7.3   展览会的开幕式

7.3.1   预展

预展是指展览布置完毕后,在正式开馆前进行的内部展出,由主办单位邀请有关领导、专家、技术人员、新闻界人士到现场参观,依照办展宗旨和计划进行检查和验收。对预展中提出的问题和意见,主办者应予重视并做必要的修改,以保证展览会有较高的质量。预展在计划经济时期以及当今的政府主导型展览中较常进行。

7.3.2   开幕与开幕式

开幕表示展览会经预展审查合格,正式对观众开放。开幕是筹展的结束,展出的开始。

开幕式是展览会正式开始展出所举行的仪式,其目的是扩大影响,树立展览会在社会和公众中的形象,以引起更多的社会关注,吸引更多的观众参观。开幕式在形式上应隆重热烈,一般大型展览会都邀请有关方面的代表参加,由官方代表致开幕辞并剪彩。传统的做法和重视开幕式的观点认为成功的开幕式等于展会进行了一半。而近几年我国许多原来很重视举办开幕式的名牌展览会承办单位,也开始向外国学习简化开幕式的程序或取消开幕式,但完全取消开幕式可能还要有一个漫长的过程。室内外开幕式现场如图7-15所示。

图 7-15　室外开幕式（左）与室内开幕式（右）现场

7.3.3　开幕仪式准备工作及现场管理

1) 合同签订后现场服务提供之前的准备工作

①根据主办单位组织机构的特点及要求,组建展馆现场服务保障机构,并在机构内明确职责与分工。

②按时间和空间的要求细化工作方案,明确各单位的工作内容,直接指出具体的工作要求。

③遇两个以上的展览会举办时间出现重叠,制订方案时应将时间重叠的项目做综合考虑,以利于各项目间提供服务的协调与衔接。如项目均由一个业务部门承接,应做成一个方案;如项目不是由同一业务部门承接,应主动与相关的业务部门协调,在无法达成一致的情况下,及时上报由场馆领导协调解决。

④工作单的内容应包括:

开幕式的时间、地点、规模、出席人员及数量(如:主席台嘉宾、台下贵宾区、组委会成员、参展团长、相关部委领导、其他国内外重要客人、军乐队区、表演区、来宾区等);

进场安排(如:贵宾、参展单位人员、来宾、代表、记者及其他相关人员进场安排及分工责任人);

主持人、议程(如:军乐队奏乐、司仪进行展会简介、礼仪小姐引导领导及贵宾就位、介绍主席台贵宾、开幕辞、欢迎辞、开幕式剪彩、宣布开幕式结束等);

任务分工(如:总指挥、现场协调、各部门工作等);

准备工作流程(主席台贵宾区名单确定、请柬制作分配及发送、各种致辞的准备、主席台和贵宾区及整个现场气氛的设计、布置;贵宾休息室的布置与服务的落实;军乐队的联系、选曲、排练、演奏;司仪的联系及工作衔接;礼仪公司的联系及工作衔接;音响准备及调控;确定领导和贵宾的参观路线;开幕式准备工作检查内容、倒计时日程安排等)。

以上内容均应得到主办单位的书面确认,若属自办展则要有场馆分管领导的书面意见。

⑤工作单连同附件制订完成后,上报公司领导,经总经理审批,并及时告知主办单位,而后下发至相关部门。

⑥跟踪检查服务进度及质量。

2）开幕式现场服务准备工作

①场地管理部根据工作单的要求事先做好开幕式场地的卫生工作,配齐必要的设施,做到地面、桌椅等会议设施、设备整洁。

②网络信息部根据工作单、参加开幕式的人数、讲话人员的身高等要求先将所需的各种用具和音响设备摆放好,并提前做好调试工作。

③工程部根据工作单的要求配合接好电源,并提前安排现场保障人员。

④保卫部依照工作单和《消防治安控制程序》,提前做好现场的安全保卫工作,按时开启出入口,疏导车辆与人员。

3）开幕式期间工作

①开幕式开始前3小时,按工作单要求,广告部负责完成各项气氛布置、背景板、指示牌等工作。

②业务部门开幕式开始2小时前,检查布置是否符合要求,指示牌是否根据客户要求,放在特定位置。

a. 迎接参加开幕式的领导,贵宾室接待,引领上主席台。

b. 贵宾区来宾的组织、迎接、引领。

c. 其他人员的组织、引领。

d. 新闻媒体组织。

e. 领导和贵宾参观展会的引领。

③保卫部依照工作单和《消防治安控制程序》,做好现场的安全保卫工作。

④工程部按照工作单和《基础设施控制程序》,做好水、电、空调、电梯等设备保障工作。

⑤网络信息部按照工作单和《基础设施控制程序》,音响师做好音响设备的保障工作。

4）开幕式结束服务工作

①开幕式结束,工作人员应仔细地检查会场,做好现场设备的管理,如有损坏,要认真做好记录。

②各职能部门组织人员做好租赁物品的回收。

③发生突发事件时,工作人员协助保卫人员依照《应急准备和响应控制程序》的有关规定处理。

5）三级检查保障制度

为保障开幕式圆满顺利地进行,开幕式服务实行三级检查保障制度。

①大型(重要)会议期间,设开幕式项目经理一职,代表总经理全面负责开幕式布置工作。

②开幕式项目经理向客户提供全过程、全方位、全天候的服务,处处体现优质服务的宗旨。

③执行开幕式检查制度:

a. 一般开幕式服务人员自查,对照工作单,落实服务细节;项目经理全面检查,协调服务环节,跟踪客人的服务需求,落实服务细节;质检部、相关部门经理对会场布置、设备情况、服务程序包括服务人员进行检查。

b. 重要开幕式,会场服务人员自查,对照工作单,落实服务细节;会务经理、相关部门经理、质检部全面检查,协调服务环节,跟踪客人的服务需求,落实服务细节;公司领导对会场布置、设备情况、服务程序包括服务人员进行抽查。

c. 各项检查做好记录,实时传递,以便相关部门及时改进,提供高效、快速的会议服务。

d. 质检部在会议期间进行检查,对检查中发现影响会议服务质量、导致客户满意率下降的问题,按《不合格控制程序》《纠正预防措施控制程序》执行。

6) 开幕式结束后的工作

①服务部门协助业务部门完成展后结算工作。

②各部门针对此次开幕式展馆方面发现的问题,结合客户反馈或投诉的意见及建议,认真总结经验教训,主动与客户沟通,深入分析,持续改进,不断完善管理体系。

③对于重要开幕式活动,由质检部形成服务质量报告,提出不足,持续改进。

开幕式主席台如图 7-16 所示,开幕式军乐队如图 7-17 所示,开幕式广场文艺表演如图 7-18 所示。

图 7-16 开幕式主席台实况

图 7-17　开幕式军乐队实况

图 7-18　开幕式广场文艺表演实况

7.4　展览工程服务

7.4.1　展览工程服务工作规范

根据各地会展场馆的综合情况编制工作程序供参考。

1) 展前准备工作程序

①根据公司下达的工作单,相关部门及时组织策划水、电、气等配套设施的布置方案。

②工程部现场服务人员根据布置方案,领取布置所需的材料、零件和工具,为参展商布置电气配套设施。为每个国际标准摊位配置 2 盏射灯和一个5 A/220 V插座,均匀安放电源箱;射灯安放于展架并做好相互连接,同时连接电源线至电源箱,上好灯泡并试电;为每个展位配备插座并接至电源箱;预约特殊用电的安装连接;预约的用水、用气由空调维修班进行安装,以上工作完工后进行自检和主管工程师检查。

③展览前工程部组织对展览期间主要设备(设施)的完好状况、人员安排、通信联络、工具配备和布置工作等进行全面检查,发现问题,及时整改,并进行统一部署。

④遇重大展览,电梯主管工程师负责提前联系电梯维保单位,在规定的时间对设备进行检查,并在展览期间驻守场馆。

⑤部门值班人员在接到用户咨询时,必须使用文明用语,回答要热情、耐心,暂时不能解答的问题,应做好记录,及时寻找答案,在承诺的期限内给予答复。

2) 展览期间工作程序

(1) 展厅现场服务

①工程部现场服务人员应在规定时间向展厅厅长报到,按照《展览服务管理工作规范》提供服务,做好现场和广告方面的用电监督、管理、咨询,发现情况及时处理。严格执行各项安全规定和操作规程,检查、监督、纠正违章现象,管理好社会化用工。

②客户用电服务程序。

a. 填写"用电申请表"。

b. 估算用电量及预收电费押金、电源租金。

c. 安装电度表箱(32 A 以上电源),与客户一起抄电度表箱号及电度表初值,请参展商签名。

d. 展览结束后,与客人一起抄电度表算出总用电量,计算出电费,由服务台退回多余电费押金。

③安全事项。

a. 安装在标摊上的射灯每一个插头回路不能超过 16 盏射灯。

b. 较大容量特殊电源,应在其调试时,测量其实际电流,以防超过负荷。

c. 开展后 3 小时内,要检查强电间及设备电源电缆温度,以防电缆过载超温。

d. 接线要使用接线端子,保证接线可靠;导线要采用护套线,保证绝缘良好。

(2) 展览的保障服务

①电气主管工程师负责对展厅工作人员和设备(设施)的检查、监督和协调。

②运行人员在电力监控室、水泵房监控设备,并加强巡视,发现情况及时处理或通知部门办公室值班人员。

③空调运行人员按工作单、《空调设备系统操作规程》《空调设备系统运行管理工作规范》和室外气温等,提前、合理地开启设备,进行展厅的预冷,保证展览期间室内温度为23~25 ℃,特殊情况按主办单位要求控制,并加强巡视,发现情况及时处理或通知部门办公室值班人员。

④电梯主管工程师和维保单位人员应按规定时间开启指定电梯和通知开启相关照明,同时加强巡视设备,发现情况及时处理,或通知部门办公室值班人员。

⑤维修班运行维护人员负责给排水、消防、房屋设施的检查及运行维修工作,发现情况及时处理或上报部门办公室值班人员。

⑥工程部办公室值班人员负责联络,并根据领导指令下达"维修单"。

⑦部门副经理负责对运行人员工作和设备运行的检查、监督和协调。

⑧部门经理负责对全面工作的检查、监督和协调及紧急情况的应对。

⑨为保证展期通信畅通,必须为部门每个工作人员配备对讲机,以便人员调配和应付紧急情况。

⑩展览期间部门全体员工着装、言谈、举止必须符合《关于员工仪表、言谈、举止的规定》。

（3）客户投诉处理

客户投诉处理按公司《客户投诉意见处理工作规范》执行。

3）撤展期间工作程序

①工程部现场服务人员按照指令,及时切断展位的电源,避免发生触电事故。

②部门全体员工配合参展商撤展,检查、清点、拆除水、电、气布置器材及设施,并及时收回布置器材,交仓库妥善保管。

③部门负责配合参展商和有关部门费用结算。

④各班组及时汇总本次展览的各项数据并及时上报部门,部门尽快汇总后填写"展览服务统计表"上报公司。

⑤展览结束后,部门经理应根据本次展览的工作情况,在周一召开的部门例会上,分析本次展览的管理服务工作,对出现的不合格服务项目提出纠正措施和改进要求,保证今后的服务工作质量。

7.4.2　展览施工管理规定

各地会展场馆都根据各自的情况从保护场馆物业的角度制订了各种《场馆物业管理规定》或《场馆施工管理规定》,本部分以《中国国际展览中心（新馆）展览施工管理规定》为例,供学习参考。场馆布展施工如图 7-19 所示。

图7-19　布展期间展厅实况

中国国际展览中心（新馆）展览施工管理规定
（试行）

为了加强对中国国际展览中心（新馆）展览施工的管理，保证展览会安全顺利进行，特制订施工管理规定实施细则如下：

办理展台施工手续

主办单位须在进馆施工前15天向技术保障部施工管理办公室（以下简称"施工办"），或委托主场搭建公司向施工办提供以下材料备案，并办理施工手续。

1. 各展台设计效果图、立面图、平面图、电路图、施工细部结构图（所有图纸均须标明尺寸及所有结构材料的规格尺寸）、施工单位企业营业执照复印件（须加盖公司公章，施工办仅做备案使用）以及特殊工种执照复印件。

2. 填写相关表格。

3. 展览会主办单位与展馆签订展览会展台施工安全责任书。

4. 交纳施工场地管理费、施工证件费、施工车证费，水、电及压缩空气费等相关费用及展览会风险押金后，领取施工证件。

标准展台的施工管理规定

每场展览会的主办单位自行选择展览公司进行标准展位的施工搭建，展架要确保牢固稳定，施工安全由主办方负责。

特装展台的施工管理规定

在中国国际展览中心（新馆）从事展览施工必须严格遵守《大型群众性活动安全管理条例》《北京市大型社会活动安全管理条例》《北京市展览、展销活动消防安全管理暂行规定》等政府部门制定的相关管理规定以及展馆制订的下列规章制度。

施工位置

1.展位设置不允许遮挡展馆内的固有经营场所,搭建展台结构时不允许遮挡展馆内的消防设施、电气设备、紧急出口和观众通道及各种标识。

2.施工单位搭建展台面积不得超出承租面积,投影边线不得超出承租边界线。施工单位搭建的展台面积应和申报面积相符,如搭建超出申报面积的展台,须得到主办单位及场馆经营部的认可,并应及时到施工办补办施工手续。

3.展台搭建不得超过规定高度。

室内展台:限高6 m。

室外展台:限高4.5 m。

当展馆规定限高与主办方规定限高不一致时,以高度较低一方为准。

4.展馆内的一切设施不得破坏或改变其使用性质和位置,展馆内、外地面、墙面等建筑不得钉钉、打孔、刷胶、涂色、张贴宣传品,不准损坏展馆一切设施。

5.严禁利用展馆顶部网架作为吊装展台结构的临时工具。

6.如需在展馆网架下方吊挂条幅、旗帜或轻型灯架,须提前报施工办,每吊点重量须控制在50 kg以内,获得同意后方可吊挂,吊挂物品严禁与展台结构相连。施工单位应自备合格的升降设备,操作人员应具备高空作业资格,作业时必须配备安全带。吊挂物品的投影位置应处于本展位之内,严禁在通道上方吊挂各类条幅、旗帜或灯架。高空作业施工如图7-20所示。

图7-20 场馆高空作业实例

展台设计

1.展台结构的设计强度应当满足承受荷载所需要的强度要求,现场施工搭建应确保展台整体结构具有足够的强度、刚度和稳定性。

2.设计多层或复杂结构展台以及室外展台时须提供展台细部结构图(加盖国家一级注册结构工程师印章及其所在建筑设计院审核章)及结构审核报告。从设计到施工应充分考虑展台的安全性,确保展台整体结构可抵抗各项荷载。

3.室外展台在设计时应充分考虑风、雨等自然现象对展台带来的不安全因素。

4.展台严禁采用全封闭式顶棚,展台顶棚不得阻挡展馆顶部消防设施,要保证展台顶棚至少有50%以上的平面开放面积,以确保展台的消防安全性。

5.搭建地台时必须在展位范围内部地台边缘处设置缓坡通向公共通道,防止地台与地面的落差造成公众人身伤害。

搭建材料

1.搭建材料应使用阻燃或难燃的材料,木结构应在表面做防火处理,粘贴防火板或刷涂防火涂料。

2.展台装饰材料应使用阻燃或难燃的材料,禁止使用弹力布、窗帘布、纱制品等各类针棉织品装饰展台。

3.展台施工不得使用易燃、易爆物品(如酒精、稀料、橡胶水等),不得在馆内进行喷漆、刷漆等工作。

4.使用玻璃材料装饰展台,必须采用钢化玻璃,要保证玻璃的强度、厚度(幕墙玻璃厚度不小于8 mm),玻璃的安装方式应合理、可靠,必须制作金属框架或采用专业五金件进行玻璃安装,框架及五金件与玻璃材料之间要使用弹性材料做垫层,确保玻璃使用安全。大面积玻璃材料应粘贴明显标识,以防破碎伤人。若使用玻璃地台,则结构支撑立柱、墙体必须固定于地台下方,不得直接在光滑玻璃面上方搭设展台结构,确保结构稳定。

5.钢结构立柱应使用直径100 mm以上的无缝钢管,底部焊接底盘,上部焊接法兰盘以增加连接点接触面积,以保证展台结构的牢固性。

6.展台结构主体墙落地宽度不应小于120 mm,以确保墙体与地面的接触面积,超过6 m的大跨度墙体及钢框架结构之间应在顶部加设横梁连接,下部须加设立柱支撑,保证展台整体刚度和稳定性。

7.展台搭建材料的选用要符合国家有关部门关于临时性建筑的材料用法标准并结合展览会的特点合理选材,选材时要符合国家环保要求。

现场管理

1.展览会主办单位委托的主场搭建公司应切实起到监督管理的作用,对展台安全问题进行严格检查,在开展前消除安全隐患。

2.施工单位应在规定时间和区域内施工,施工单位在施工现场必须设现场负责人,现场负责人在整个施工期及参展期内不得擅自离岗。

3.施工单位在施工时,应随时清理施工垃圾等各类废弃物品,搭建展台的材料应在本展位内码放整齐,严禁占用消防通道,保持馆内通道畅通。不得在馆内设置存放物品的仓库。

4.相邻展台所有结构背板墙必须做出妥善装饰处理,不得影响临近展台的展示效果。

5.施工人员在高空作业时,应使用合格安全的提升工具及操作平台,施工人员应系好安全带。为保护人身安全,周围要设置安全区,并有专人看护。安全区须设明显的警告标志。

6. 展台搭建存在安全隐患的施工单位在接到施工办下发的"展台搭建安全隐患通知单"后,必须按期整改,并将整改结果及时回复施工办,接受复查。

7. 展馆内不得使用电锯、电刨等加工作业工具。

8. 展馆内严禁烟火,施工单位在施工期间不得使用电、气焊等明火作业,必须在现场配备灭火器。多层结构展台在开展后必须在现场留存不少于2具年检合格的灭火器。

9. 室外展台禁止在早8:00前晚22:00后及特殊时期(例如高考期间)进行施工。

10. 展览会开幕后,施工单位须留现场安全负责人及专职人员现场值班,发现问题及时处理。

11. 进馆撤展期间,运输展台搭建材料的车辆未经许可不得进入展馆内部。

12. 施工单位在撤馆时须将所有搭建材料全部撤出展馆,严禁将废弃物堆放在展览中心院内或在院内转让、倒卖。

特装展台用电管理规定

1. 为确保展览会水、电及压缩空气的使用安全,施工办对展览会水、电及压缩空气统一管理。

2. 展览会电气设备安装应符合《大型群众性活动安全管理条例》《北京市大型社会活动安全管理条例》《北京市展览、展销活动消防安全管理暂行规定》等相关管理规定及《北京市电气工程安装标准》《电气安全技术和电气安全规范》中的技术规范要求。

3. 电气施工人员必须持有国家劳动部门核发的专业操作证书。在施工期间要严格遵守各项规章制度,不违章作业,配合施工办检查。

4. 在场馆安装各种照明灯具及各种用电设施及材料应具有国家专业安全认证。

5. 所有电源线均应使用双层绝缘护套铜线,绝缘强度须符合标准。连接灯具的绝缘导线最小截面积 $1 \ mm^2$。

6. 电压不同的线路要分开敷设。动力用电与照明用电应分开使用。每路电源应分别加装保护装置,不得超负荷用电。照明电路自带配电盘及控制开关。

7. 展台电器连接端子必须完全封闭,不得裸露(可采用阻燃绝缘明装盒封闭或采用脱离后无触点裸露的插拔组件连接)。

8. 施工期间临时用电须自备电线,电线中间不能有接头,要配有保护开关。

9. 室外安装灯具、插座、配电盘等用电器具应选用防雨型。室外用电设备应有可靠的防风雨措施。

10. 电动沙盘、模型、灯箱应采用难燃或阻燃材料制作。所装灯具及其发热部件,如镇流器、低压变压器等发热元件要与木结构保持安全距离或设非燃隔离层,并远离可燃物,电线要分束穿套绝缘管。布景箱、灯箱须设有散热检查孔。

11. 展区内安装高温灯具应加有效保护措施。高温、强光灯具的引出线必须采用耐高温套管,且必须装在专用金属架上,周围不可放置可燃物。高温灯具要加防护罩。高温、强光灯具安装高度应在 2.5 m 以上。严禁使用霓虹灯作为展台装饰照明。

12. 施工单位、参展单位不准在馆内供电设备及照明或动力线路上私自接驳用电气设备,如有违反,发生一切后果自负。

13. 展会所敷设的各种线路应固定,防止直接承受拉力,在穿越门口、通道等地点时,应使用盖板加以保护。

14.展馆内的水、电、气设施周围不得堆放可燃物及其他杂物,周围搭建展位不能影响水电气设备的操作。

15.根据北京市政府有关规定,严禁直排水,如机器用水,展商须自带水循环装置。否则不予提供。

16.展馆内不准存放、使用充压的压力容器。

17.展馆集中提供的压缩空气源是压缩机器出口压力为 0.6~0.8 MPa 的一般性压缩空气,参展商应根据自身设备情况加装干燥机、过滤器等适配装置。

18.特殊供气需展商自带的空压机及储气罐(压力容器)等设备应放在馆外指定位置,并保证设备运行安全。

19.如发现有违反上述规定以及不安全因素的,为确保安全,施工办有权在不通知的前提下,随时停止供电、供水、供气。

20.施工办保留对特殊情况实行特别限制的权利。施工办有权进入展商展台进行检查。

21.根据展馆的设施能力,施工办有权随时接受或拒绝申请方提出的用水、电、气要求。

施工人员现场注意事项

1.各施工单位施工人员须统一着装,并佩戴由施工办核发的有效施工证件出入中国国际展览中心,自觉接受有关人员的验证工作。

2.施工人员须遵守中国国际展览中心展览施工管理的各项规定,并服从施工办的现场管理。施工人员施工时应在申报批准的时间期限和工作区域内工作,未经批准不得在非工作区域和非工作时间内工作。

3.施工人员应自觉爱护中国国际展览中心馆内外的公共设施,不得在展馆外绿地上堆放杂物。

4.施工人员不得在中国国际展览中心院内进行野蛮施工,以免发生危险。

5.施工人员禁止在馆内吸烟。

施工证件的使用和管理

施工人员进入中国国际展览中心院内、馆内,应随身佩戴由施工办核发的本人本届展览会的施工证件,无证者不得进入施工现场施工。施工证不得涂改、复制、转借。

施工单位应对其施工人员进行文明施工教育和法制教育,如在进馆施工、撤馆以及运输过程中有违反本规定造成场馆绿地树木、馆内设施及建筑物损坏或发生火灾、人员伤亡等一切安全事故和责任,施工单位应负全责,并承担由此对中国国际展览中心造成的所有经济损失。

注:施工办保留对特殊情况实行特别限制的权利。施工办管理人员有权进入展台对以上规定的遵守情况进行检查。施工办对以上各项内容条款具有修改及最终解释权。

（摘自中国国际展览中心官方网站）

多层或复杂结构展台如图 7-21 所示。

图 7-21　多层特装展台图例

7.5　参会人员的登记、进出和各类证件管理

7.5.1　现场登记

　　现代会展活动采取网上报名的方式已相当普遍,但在展会现场报名的传统方式却还是不可忽视的做法,快速迅捷的现场观众登记是非常重要的。登记处是观众来到场馆第一处受到服务的地方,第一印象实际上是持续最久的印象。登记台对待观众的态度直接反映企业形象。如果展会规模大登记台可能会非常拥挤,就应该提高报名效率,让观众自己填写报名表和多设窗口多台电脑录入。根据主办单位策划的要求,有的展会登记后交费发证进场,有的则免费但须凭请柬或单位介绍信及名片办理。观众进场填写的表格和发给的打印胸卡必须是中英文对照,一目了然,让参展商一看就知道来者的身份。

　　现场登记是筛选观众的一个重要环节,因为通过登记可以明确参观的人是来自哪个领域的,这样便于承办单位今后的观众组织。同时观众使用的证件若是条形码或磁卡、电子卡,则入场时既便捷又给展馆和主办单位留下许多专业分析观众的宝贵信息资料(如可以知道该身份的持卡人在展馆内的时间和次数等,判断其对展会的关注程度)。

　　会展活动过程中,参与人员的登记,是为项目评估以及今后的持续服务提供直接资料的有效手段,根据登记所填写的信息,可以专业地分析并得出结论。通常展馆、承办单位以及有的参展商都会设置一定的表格来进行统计。

　　统计表格通常包括姓名、性别、国别、单位、职务、学历、联系方式等,不同的调查单位会根据自身的需要在表格中设计一些调查问题,以使登记的资料更有参考价值。如今,随着智能化门禁系统科技含量的不断提高,通常采取扫码登录自助办证或刷脸进场的办法,更加节省时间,提高效率,如图 7-22 所示。

7.5.2　证件

　　证件作为一种识别标志,在各类展览或会议活动中十分必要。就展览而言,通常会使用到以下全部或部分证件,证件的使用要符合举办单位自身的要求,并根据需要发给相应的人员使用。

图 7-22　观众登录台、门口机

1）证件种类

（1）车辆证件（须在背面印有使用说明及行车路线图）

车辆证件包括停车证、通行证、特别通行证、不同颜色区别的通行证等，如图 7-23 所示。

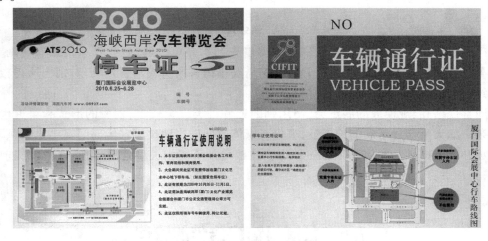

图 7-23　车辆通行证背面须印使用说明及行车路线

（2）人员证件（须在背面印有使用时间和区域）

①布（撤）展证、参展证、采访证、来宾证、贵宾证，如图 7-24 所示。

②保障人员证。

③展馆工作证。

④组委会人员工作证。

⑤门票（销售、赠送）、赠券、邀请函、请柬。

（3）物品出馆证

展会期间物品出馆证明。

（4）其他主办单位和场馆认为有必要的证件

2）证件的发放与使用

除进行展会网上报名和现场登记发证的形式外，根据对象的不同，主办单位还要发放许多不同的证件,证件的发放除赠送的门票和赠券外,通常是提前进行办理,由主办或承办单位根据需要制作和发放。场馆工作人员,主要是门卫根据事先承办单位提供的各类证件样本和这些证件的有效期,对持证人进行资格认可和放行。

图 7-24　展会人员证件

门票一般为一次性使用,场馆门卫根据事先与承办单位的约定,收缴销毁或剪副券,避免重复使用。对于进行销售的门票,场馆需安排销售场所或销售人员,对销售所得根据合同约定与承办单位双方确认后进行分成。

通常规格高、规模大的展览会,使用到的证件种类也会较多,发放的形式和渠道也相应复杂。如大型会展活动的记者证,事先各媒体就会向当地政府宣传部门提出申请领取,并由承办单位提供。布(撤)展证一般也会在报名并落实相关事宜后,由承办单位提前发出,来宾和贵宾证也须提前发送。

7.6　会展场馆广告位的管理

7.6.1　会展场馆广告业务的承接和布置

会展场馆凭着高大建筑和宽阔场地的优势,拥有丰富的广告资源,充分利用和开拓广告业务是场馆不断创造经济效益的重要配套服务项目之一。

会展广告有两种含义,其一,指具有独立承办广告业务的资格、能力和条件的专门机构或部门,接受会展主办单位或参展单位的委托,用形象的图文、音像等形式在会展前或会展中介绍会展时间、地点、内容、主承办单位、参展参会单位及展品等的活动;其二,指会展主办单位在会展现场内外为参展参会单位设置的广告。

在我国,承接展览广告业务的单位大体有三种,一种是专营单位,另一种是兼营单位,再一种是代理单位。根据我国相关规定,承接展览广告的单位必须有当地工商行政管理部门发给的营业执照和营业许可证,而要求刊登或制作、悬挂的展览广告必须持有办展单位的证明。在展会内设置、张贴广告由主办单位负责审查。承接展览广告的单位必须具备下列条件:具有独立承办广告业务的手段、资金、场所和制作设备,或有直接刊登、播放广告的手段;具有一定政策水平和业务水平的编审人员和管理人员;具有一定设计、制作广告的技术力量。

通常较具规模的会展场馆都申请成立广告公司,或与其他广告公司合作成立联营的子公司,以承接会展广告业务,充分利用场馆的一切广告资源创造效益。

展览广告承接的程序一般是:由承接单位与办展单位洽谈,了解对方所做广告的内容、质量、规模、范围、方式及其他特殊要求;认真进行成本核算,定好价格,签订合同;由承接部门交给设计部门,设计部门设计出小样交给办展单位审查通过后,才能进行施工制作;广告要在规定时间内高质量完成,一般要在开展前制作完毕,经检查合乎要求,方可张挂或播映。

展览广告的布置,一般在展览场所的范围内,大型展览广告招牌设置在展览场所的大门口,或悬挂在场馆建筑物上。经贸展览会的广告,商业色彩要浓,不但可制成广告牌悬挂在上述位置,还可用横标(横幅)、条幅(直幅)、立体式招牌、电子屏幕显示、霓虹灯、气球广告等方式设在展馆内或上空位置,达到引人注目,强化记忆,产生观展、订货、购买等欲望的目的。如果需要到场馆以外地方张贴,必须遵守《广告管理暂行条例》中有关规定:"户外广告的设置、张贴,必须遵守城市管理机构和广告管理机关的规定,不得妨碍交通、市容和风景地区的优美环境。大型广告牌的设置,必须征得城市管理机构的同意。在政府机关和有纪念意义的建筑物上,在重点文物保护单位,禁止设置、张贴广告。"场馆外墙条幅广告如图 7-25 所示。场馆外气球条幅如图 7-26 所示,场馆内悬挂物广告如图 7-27 所示。

图 7-25　场馆外墙条幅广告

图 7-26　场馆外气球条幅、充气拱门广告

图 7-27　场馆内悬挂物广告

7.6.2　广告合同书

××公司广告合同书(样稿供参考)

甲方:＿＿＿＿＿＿＿＿＿＿＿＿＿＿＿＿＿＿＿＿＿＿＿＿＿＿＿＿＿＿＿＿＿

地址:＿＿＿＿＿＿＿＿＿＿＿＿＿＿＿＿＿＿＿＿＿＿＿＿＿＿＿＿＿＿＿＿＿

电话:＿＿＿＿＿＿＿＿　传真:＿＿＿＿＿＿＿　邮编:＿＿＿＿＿＿＿＿＿＿＿

乙方:＿＿＿市＿＿＿＿广告有限公司

地址:＿＿＿＿＿＿＿＿＿＿＿＿＿＿＿＿＿＿＿＿＿＿＿＿＿＿＿＿＿＿＿＿＿

电话:＿＿＿＿＿＿＿　传真:＿＿＿＿＿＿　邮编:＿＿＿＿＿＿＿＿＿＿＿＿＿

甲、乙双方根据《中华人民共和国合同法》《中华人民共和国广告法》及其他有关法律法规,就甲方租用乙方广告位并委托乙方制作、发布广告一事,达成如下协议:

(1)广告地点:

(详见广告位置草图)

(2)广告尺寸及面积:

广告牌宽＿＿＿＿＿　高＿＿＿＿＿＿。

(3)合约的期限:

甲方委托乙方于＿＿＿＿年＿＿月＿＿日至＿＿＿＿年＿＿月＿＿日发布广告,自甲方广告正式发布(上画面)之日起计。

(4)广告费的支付:

①广告费指的是甲方使用乙方广告位并委托乙方制作发布广告而需向乙方缴纳的费用,包括广告发布费、场地租用费、保险、管理、电费及两次广告画面制作费。

②甲方需向乙方支付的广告费:

广告价格:人民币＿＿＿＿＿＿万元整。

③广告费的支付时间:

广告正式发布经甲方验收合格后,＿＿＿＿年＿＿月＿＿日甲方向乙方支付广告费人民币(大写)＿＿＿＿元整,金额¥＿＿＿＿＿;

＿＿＿年＿月＿日前甲方向乙方支付广告费人民币(大写)＿＿＿元整,金额¥＿＿＿;

＿＿＿年＿月＿日前甲方向乙方支付广告费人民币(大写)＿＿＿元整,金额¥＿＿＿;

＿＿＿年＿月＿日前甲方向乙方支付广告费人民币(大写)＿＿＿元整,金额¥＿＿＿。

(5)广告的制作及上画面:

①甲方应在本合同签订之日起的＿＿＿＿天内向乙方提供广告的样稿和喷绘文件盘,乙方按照甲方方案制作。

②本合同签订后,广告画面在甲方向乙方提供广告样稿及喷绘文件盘后＿＿＿＿天内制作安装完毕,并自安装完毕之日起开始计算收费时间。

③甲方应在上画面之后的第＿＿天至第＿＿天间,接到乙方通知后组织相关人员验收,如甲方在本条所指的验收时间内未组织验收或虽组织验收但未提出异议的则视为验收合格。

（6）维修检验：

①乙方每月对广告牌进行例行检查，如发现广告牌有缺损，应立即维修，维修工程需于＿＿天内完成，如有任何维修工程而影响广告不能上画面，维修占用的时间将顺延广告发布时间。

②广告牌每天亮灯＿小时，从＿时＿分到＿时＿分（可根据季节调整亮灯时间）。

（7）其他：

乙方负责办理就广告上画面而需到政府机关办理的各种报批手续。

（8）因广告所产生的责任的承担：

①在本广告的制作、设置过程中，如造成任何第三人的人身或财产损害，均与甲方无关。

②由于商标、肖像、广告词及其他因广告内容而产生的纠纷由甲方承担全部责任。

（9）广告画面的更换：

①广告画面安装完毕半年内如发现有严重褪色现象影响宣传时，甲方有权要求乙方重新制作画面，费用由乙方承担。

②甲方有权随时要求乙方更换广告画面，但需给乙方预留合理的制作画面及向相关主管部门报批的时间，乙方赠送甲方＿次广告画面，赠送完毕后甲方如需由乙方制作并更换画面，乙方按每平方米＿＿＿元收取广告画面制作、安装费。

（10）违约责任：

①甲方应按合同约定的时间和金额向乙方支付广告费，逾期支付的，除支付合同约定的广告费外，甲方还应按每日万分之＿＿＿的比例向乙方支付逾期付款违约金。

②甲、乙双方不得无故终止合同，如在合同期内甲、乙单方面要求提前终止本合同，应赔偿对方损失，赔偿金额的计算方式为：本合同约定的全部广告费减去已支付的广告费之后再乘以百分之三十。

③如因不可抗力或政府禁令（需提供政府相关文件）导致广告不能发布，或有影响发布效果（需提供影响发布效果的证据）的，甲、乙双方均有权终止合同，乙方应把已收取但广告尚未发布的时间段的广告费退回甲方，甲、乙双方应对此数额进行确认，自确认之日起＿＿＿日内乙方应将该款退回甲方，如超期未退的，乙方应按双倍予以赔偿。

④乙方未按约定时间将广告制作完成并上画面的，迟延的时间应在约定的广告期后顺延。

⑤如发现广告在合同期内晚上有不亮灯之情况，甲方无须缴纳不亮灯期间的广告费用，但因不可抗力及供电部门检修而停电的除外。

⑥合同期满后，在同等条件下甲方有优先续约权，甲方如需续约应于合同期满前两个月与乙方协商续约事宜，并重新签订合同。

（11）双方因本合同发生争议，应友好协商解决，协商不成的由××市仲裁委员会仲裁。

（12）此合同一式肆份，甲、乙双方各执贰份，具有同等法律效力。本合同签订于＿＿＿＿＿＿＿＿＿＿＿＿＿。

（13）本合同一经签订即产生法律效力。

甲方：＿＿＿＿＿有限公司（公章）　乙方：＿＿＿市＿＿＿广告有限公司（公章）

代表：　　　　　　　　　　代表：

日期：　　　　　　　　　　日期：

7.7　合同的起草、执行与管理

7.7.1　合同、协议、意向书管理制度

1）权限

场馆对外签订的所有合同、协议书和意向书，原则上都要由法人代表（总经理）签字后方可生效。

对于特殊情况下，如法人代表不在而协议需立即签订或签订场所在外地的，协议样本需法人代表过目并同意后，以书面形式委托代表进行签订后方可生效。除此之外，任何人员均无权对外签订合同、协议、意向书。

2）审批程序

（1）起草

各部门与外单位在充分会谈和协商的基础上，在公平合理、互惠互利的原则下，严格按照国家《合同管理办法》的要求和形式，起草合同、协议或意向书的文本。合同文本要求用词准确，考虑周详，要件齐全，逻辑严密，不留空白，经得起推敲，能够充分反映和体现场馆的利益。

（2）审批

合同起草后，部门负责人要将合同样本及其附件会同有关此项合同的文字说明和相关资料一并报送场馆总经理，由总经理决定是否批准。

（3）批准和执行

合同批准后，总经理或指定代表在合同上签字，秘书盖印，对方代表签字盖印，合同正式生效。合同起草部门为合同的执行部门，对合同的圆满执行负有责任。

（4）备份

合同生效后，除留原件在场馆办公室留底存档外，财务部和执行部门各持有复印件一份。

3）监督执行

合同的监督部门是场馆财务部。财务部根据合同、协议内容和时限要求，与合同执行部门保持密切联系，进行不定期督促和检查，对于在执行过程中发现的问题，如对方违约或发生不可抗力或其他对我方不利的情况，要会同合同执行部门及时向场馆领导报告，以便尽快做出应变和采取补救措施,将损失减少到最低点。

（1）合同的归档

合同是场馆的机密文件,属于永久保存资料。

场馆合同在执行完毕之后,财务部要在确定无误的前提下,向场馆领导提交合同履行情况的报告书,经领导批准,此项合同结束。经一段时间后,合同及其所有资料由财务部转交办公室档案室存档。档案室要做好合同的入库管理工作,详细完备地做好登记、造册。要坚持保密原则,场馆合同内容,除场馆主管领导外,其他人员一律不得查阅。

（2）意向书的管理

场馆与外单位的意向书,根据其性质,可分为合作意向书和业务意向书两类。前者是一种广泛意义上的合作和友好交流关系;后者则对场馆的经营活动产生一定的影响,意向书的签订双方也就是未来潜在的业务伙伴。因此,对这两种意向书的管理要区别对待。对于前者,在征得场馆总经理口头同意后,其他领导可代行签署后将文本带回报总经理阅知;对于后者,尤其是涉及一些实质性问题的意向书应按协议来看待,处理办法和管理类同于协议书。

7.7.2 合同样本

根据各会展场馆的具体情况以及每个项目、单位和活动安排的不同,每份会议展览的场地租赁合同也都不同,本章按一般会展场馆合同内必须体现的具体项目提供样稿供参考(见案例一某会展中心会议场地租赁合同、案例二某会展中心展览场地租赁合同)。

本章小结

通过本章学习,要懂得会议、展览项目现场服务工作程序和标准,以及相关的各项现场配套服务工作;能够对会展场馆配套现场服务点的设置及服务项目进行规划和实施,提供最佳现场服务;进行参展参会人员的现场登记、进出和各类票证管理工作;展览和会议的布展、预展、开幕仪式、展(会)期、撤展的现场管理工作;对会展场馆广告位进行招租和管理;合同的起草、设计与使用管理。

复习思考题

1.展览现场服务的特点? 展览期间现场服务点有哪些主要工作?

2.画出三种会议室基本台型图并指出各有哪些不同特点?

3.做一份某展览会的开幕式程序表。

4.参观某会展场馆后,合理规划该场馆的固定和临时广告位。

实　训

草拟一份会展场馆承接某展览会的展览工作单。

案　例

案例一　某会议中心场地租赁合同
会议场地租赁合同(样稿)

合同编号:(会)字[　]第__号　　　　　　　　履行地点:_____
甲方:
乙方:
甲、乙双方经友好协商,就乙方租用甲方会议场地举办_____会议及有关活动,为明确双方的权利和义务根据中华人民共和国法律法规订立本合同,以资共同遵守。

1)甲方提供租赁或服务的项目及合同价款
(1)租用场地、租用日期、租用时间、租金(表7-4):

表7-4　场地信息表

租用场地	租用日期	租用时间	租金(人民币:元)

小计:租金共_____元。会议场地租金包含的配套服务:_____。
(2)空调费 = _____元/(m^2·天) × ____天 × ____ m^2 = _____元人民币。
(3)其他租赁或服务项目的租金或费用,包括以下_____项目:
①液晶投影仪:____套,租金____元/天。
②无线麦克风及备用电池:____套,租金____元/天。
③录像机:____套,____元/天。
④打印机:____台,____元/天。
⑤会场摆花____盆(____花),____元/盆,合计____元。
⑥胸襟花朵:____朵,____元/朵,合计____元。
⑦易耗品:胶带、易事贴、薄荷糖、冰水、激光指示笔等,费用____元。
⑧其他免费提供项目:幕布、音响、白板、白板笔、剪刀、板擦、插座、会议指示牌。
⑨茶歇:提供____次,供____人用,____元/(人·次),合计____元。
(4)费用总计:
合同价款为人民币____元。
由乙方布置会场的,应事先将布置方案送经甲方同意并报消防审批,向甲方支付保洁费用,甲方提供____小时的免费布置时间,乙方另需加班应支付加班费用。乙方如需其他服务应提前告知,以确保甲方在正常时间内能完成准备工作。增加服务的租金或费用依据甲方经当地物价局批准的价格表按实结算。

2)付款方式(乙方支付款项的时间,以甲方收到或能实际支配的时间为准)

①乙方于____年____月____日前向甲方预付合同价款的____%,计:____元人民币。

②乙方于____年____月____日会议举办前向甲方付清合同价款。

③乙方于____年____月____日前向甲方付清会议现场临时增加项目的费用。

3)双方的权利和义务

(1)甲方的权利和义务:

①提供约定的场地和服务供乙方举办会议及相关活动。

②乙方携重大物件或布置装饰物、标记和海报入场应经甲方事先同意。

③甲方有权使用或允许第三方使用未租给乙方使用的广告位及其他区域。

(2)乙方的权利和义务:

①乙方自行组织、策划本次会议及相关活动,对本次会议及活动的合法性等全面负责。

②乙方举办会议应遵守甲方有关管理规定,不得损坏甲方的设备、设施等。

③所有参会人员佩戴统一的标志、证件或持请柬、会议通知进场,乙方提前告知甲方标志或证件的格式。乙方督促所有参会人员在指定的空间内活动。

④及时支付租金和服务费用。

⑤会议结束后,乙方应于____小时内清除布置物,逾期不予清除的,甲方有权清除,乙方承担清除费用。

4)违约责任

①一方违反本合同约定给对方造成损失的,应向对方承担赔偿责任。

②乙方应严格按照第2条之规定支付款项,每迟延付款一日,乙方应向甲方支付迟延付款金额____的违约金。

5)合同的解除

①乙方可以书面提出解除本合同,甲方可将租用场地另做他用,但乙方应向甲方支付违约金,具体数额如下:

a.如解约日为租用期____个月前,违约金为合同价款的____%。

b.如解约日为租用期____个月前,违约金为合同价款的____%。

c.如解约日至租用期不足____个月,违约金为合同价款的____%。

支付违约金之日为解约日。如违约金在乙方已付款中全额扣除,则乙方书面提出解除本合同之日为解约日。

②乙方未严格按第2条付款方式付款,任何一笔款项延迟付款达____日以上的(在租期之前),甲方有权解除本合同。

甲方据此解除合同的,乙方应依合同第5条第1款的规定,向甲方支付合同约定的违约金(甲方损失超过违约金的部分,乙方应另行向甲方支付赔偿金),甲方可将租用场地另做他用。

乙方愿意继续履行合同并经甲方书面同意的,合同继续履行,乙方按合同第4条第2款的规定向甲方支付违约金。

③甲方可以书面提出解除本合同,将租用场地另做他用,但应参照合同第5条第1款规定向乙方支付违约金。

6)合同的变更

乙方活动如需变更应提前____天与甲方协商。合同变更经甲方同意的,乙方应向甲方支付合同价款____%的补偿金。乙方需延长租用时间的,应事先与甲方协商,延长时间超过两小时的,按半天计费。因甲方原因造成延长的除外。

7)不可抗力

发生不可抗力事件(包括但不限于政府行政命令对财产的征收、征用、停用及实际占用)并导致本合同的履行成为不可能时,双方都有权终止本合同,但应以书面形式及时通知对方并在其后进行说明和提供证明。

8)法律适用和争议的解决方式

任何因本合同引起的或与本合同有关的商事争议,都适用中华人民共和国法律法规和场馆所在地地方法规。本合同在履行中发生前述争议协商不成时,任何一方都可向会议举办地人民法院提起诉讼。

本合同的未尽事宜由双方另行签订补充合同确定。本合同一式四份,由甲乙双方各持两份。

甲方:　　　　　　　　　　　乙方:
地址:　　　　　　　　　　　地址:
法定代表人:　　　　　　　　法定代表人:
委托代表:　　　　　　　　　委托代表:
电话:　　　　　　　　　　　电话:
传真:　　　　　　　　　　　传真:
营业执照号:　　　　　　　　营业执照号:
开户银行:　　　　　　　　　开户银行:
账号:　　　　　　　　　　　账号:

　　　　　　　____年__月__日签订于_____

案例二　上海市展览场地租赁合同示范文本(2005版)

上海市工商行政管理局
上海市对外经济贸易委员会　制订
上海市会展行业协会

上海市展览场地租赁合同

签约双方:
展场经营单位(下称"甲方"):
地址:
电话:
传真:

承租展场单位(下称"乙方"):

注册地址:

办公地址:

电话:

传真:

根据中华人民共和国有关法律、法规和本市有关规定,甲、乙双方遵循自愿、公平和诚实信用原则,经协商一致订立本合同,以资共同遵守。

第一条　合同主体

1.1　甲方系依法取得坐落于＿＿＿＿＿＿＿＿＿＿＿＿＿展览场地租赁经营权的法人。

1.2　乙方系本合同约定的展会的主办单位。

第二条　生效条件

本合同经双方签署生效。对依法须经政府部门审查的展会,本合同应自展会取得政府部门审查批准后生效。

第三条　租赁场地

甲方同意乙方租用位于＿＿＿＿＿＿＿,总面积为＿＿＿＿＿ m^2 的场地(下称"租赁场地"),用于乙方举办＿＿＿＿＿＿(展会全称)。

第四条　租赁期限

4.1　租赁期限为＿＿年＿月＿日至＿＿年＿月＿日,共＿＿天。

其中:进场日期:自＿＿年＿＿月＿＿日至＿＿年＿＿月＿＿日;

展览日期:自＿＿年＿＿月＿＿日至＿＿年＿＿月＿＿日;

撤离场地日期:＿＿年＿＿月＿＿日。

4.2　乙方每日使用租赁场地的时间为上午＿＿＿＿至下午＿＿＿＿。乙方和参展商可以在前述时间之前＿＿＿＿小时内进入展馆,在前述时间之后＿＿＿＿小时内撤离展馆。

4.3　乙方需在上述时间之外使用租赁场地,应提前通知甲方。乙方超时使用租赁场地的,应向甲方支付超时使用费用。双方应就具体使用与收费标准协商约定,并作为合同附件。

第五条　展览服务

5.1　租赁期间双方可就以下方面选择约定租赁费用范围内基本服务:

1)照明服务:＿＿＿＿＿＿＿＿＿＿＿＿＿＿＿＿＿＿

2)清洁服务:＿＿＿＿＿＿＿＿＿＿＿＿＿＿＿＿＿＿

3)验证检票:＿＿＿＿＿＿＿＿＿＿＿＿＿＿＿＿＿＿

4)安保服务:＿＿＿＿＿＿＿＿＿＿＿＿＿＿＿＿＿＿

5)监控服务:＿＿＿＿＿＿＿＿＿＿＿＿＿＿＿＿＿＿

6)咨询服务:＿＿＿＿＿＿＿＿＿＿＿＿＿＿＿＿＿＿

7) 其他服务: _____ 。

5.2 乙方如需甲方提供上述基本服务之外的服务或向甲方租赁各项设备,应与甲方协商,并由乙方向甲方支付费用,具体内容和收费标准应列明清单,作为合同附件。

第六条 租赁费用

6.1 租金的计算如下:

场地类型	租金/(m²·天)	面积/m²	天 数	共 计
展览室内场地	人民币/(m²·天) 或 美元/(m²·天)			人民币 或 美元
展览室外场地	人民币/(m²·天) 或 美元/(m²·天)			人民币 或 美元
总 计	人民币 或 美元			

6.2 如果租赁场地实际使用面积大于合同约定面积,则租金根据实际使用的总面积做相应的调整。结算方式可由双方另行协商,签订补充协议。

6.3 乙方按如下方式支付租金:

支付日期	签订本合同之日起____天内	年 月 日 (进场日期前____天)	年 月 日 (进场日期前____天)
展场租费比例			
应付款 人民币或美元	人民币 或 美元	人民币 或 美元	人民币 或 美元

6.4 所有支付款项汇至如下账户:

以人民币支付:

银行账号:

银行名称:

银行地址:

开户名称:

以美元支付:(按支付当日中国人民银行公布的外汇汇率中间价)

银行账号:

银行名称:

银行地址:

开户名称:

Swift Code:

6.5 对依法须经政府部门审查的展会因无法获得政府部门批准导致本合同无法生

效的,乙方应通知甲方解除本合同,并按照下列规定向甲方支付补偿金。甲方在扣除补偿金后如有剩余租金,应返还乙方。

解除合同时间	补偿金
租赁期限前_____个月以上	已付租金的_____%
租赁期限前_____个月至_____个月	已付租金的_____%
租赁期限前_____个月至_____个月	已付租金的_____%
租赁期限前_____个月至_____个月	已付租金的_____%

第七条　场地、设施使用

7.1　乙方应在租赁期开始前_____天向甲方提供经双方共同选择约定的下列_____文件:

1)一式_____份的设计平面图,该平面图至少应包括下列内容。

a. 电力及照明的用量,每个区域容量的布置图及分布供应点位置。

b. 电话位置分布图。

c. 用水区域或用水点。

d. 压缩空气的要求和位置。

e. 卫星电视/INTERNET 设置图。

f. 甲方展馆内部及其周围红线范围内的其他布置设计。

2)一份与展览有关的活动的时间表,包括展览会、开幕仪式、进馆、撤馆、货运以及设备使用等的时间。

3)一份参展企业名录和工作人员数,并请注明国内和国外参展商。

4)一份使用公共设施的内容,包括设备、家具、礼仪设施、贵宾室和其他服务。

5)货运单位和装修单位名录及营业执照复印件。

6)所有参展的展品清单,特别需要注明的是有关大型设备、大电流操作的展品及会产生震动、噪声的展品清单。

7)_____

7.2　为展览进行搭建、安装、拆卸、运输及善后工作及费用由乙方自行承担。乙方进行上述活动时不得影响其他承租人、展览者在公共区域的活动。

7.3　乙方不得变动或修改甲方的展馆的布局、建筑结构和基础设施,或对其他影响上述事项的任何部分进行变动或修改。在租赁场地的租赁期限内,乙方如需在甲方展馆内的柱子、墙面或廊道等建筑物上进行装修、设计或张贴,须事先得到甲方书面许可。

7.4　租赁期间,双方应保持租赁场地和公共区域的清洁和畅通。乙方负责对其自身财产进行保管。

7.5　甲方有权使用或许可第三方使用甲方场地中没有租借给乙方的场地,但不得影响乙方正常使用租赁场地。

7.6　乙方对租赁期限内由乙方造成的对租赁场地、设施和公共区域的任何损害承担责任。

7.7　如果两个或两个以上的展览同期举办,登记大厅、广告阵地、货运通道等公共区域将由有关各方根据实际的租赁场地按比例共享。

第八条　保证与承诺

8.1　甲方保证与承诺：

1)确保乙方在租赁期内正常使用租赁场地。

2)按本合同约定的服务内容和标准提供服务。

3)在甲方人员因工作需要进入租赁场地时,保证进入人员持有甲方出具的现行有效证件,并在进入前向乙方出示。

4)协调乙方与同期举办的其他展览单位之间对公共区域的使用。

5)配合乙方或有关部门维护展会秩序。

6)_____

8.2　乙方保证与承诺：

1)在租赁期前_____天取得举办展会所需的工商、消防、治安等政府部门的批准文件并交甲方备案。

2)在进场日期前_____天向甲方提供_____份展位平面图。

3)不阻碍甲方人员因工作需要持有甲方现行有效证件进入乙方租赁场地。

4)租赁期限届满,在撤离场地日期内将租赁场地恢复原状,返还向甲方租赁的物品并使其保持租赁前的状况。

5)未经甲方书面同意,不在甲方建筑物内进行广告发布。发布广告如果涉及需要有关政府部门批准的,则负责申请办理相关审批并承担相关费用。若不能获得政府部门批准而导致展览无法如期举办,则承担相应的法律后果。

6)对乙方雇员或其参展者在租赁期内对甲方实施的侵权行为承担连带赔偿责任。

7)_____

第九条　责任保证

9.1　乙方应妥善处理与参展商之间的争议。在乙方与参展商发生争议,且双方无法协商解决时,争议双方可共同提请甲方出面进行调解。甲方无正当理由不得拒绝主持调解。调解期间任何一方明确表示不愿继续接受调解,甲方应立即终止调解。甲方的调解非争议解决的必经程序。调解不成的,调解中任何一方的承诺与保证均不作为确认争议事实的证据。在调解中,甲方应维护展会秩序,乙方应配合甲方维护展会秩序。

9.2　乙方应于租赁期开始前三十天按照本合同规定的租金总额的30%向上海市会展行业协会支付责任保证金,以保证乙方在与参展商发生争议并出现下列情况时承担相应责任。

1)争议双方经和解达成协议,乙方承诺承担相应的赔偿或补偿责任。

2)经审判或仲裁机关调解,争议双方达成调解,乙方承诺承担相应的赔偿或补偿责任。

3)审判或仲裁机关对争议做出终审或终局裁决,乙方被裁决构成对参展商合法权益的侵害,应当承担相应的赔偿责任。

9.3　乙方在支付责任保证金后三天内应向甲方提供责任保证付款凭证。

第十条　知识产权

乙方为推动其展览进行对甲方名称、商标和标识的使用,须事先征得甲方书面同意。

如有违反,甲方保留追究乙方侵权责任的权利。

第十一条 保险

11.1 乙方应在进场日期之前向保险公司投保展馆建筑物责任险、工作人员责任险及第三者责任险,将甲方列为受益人之一,并向甲方提供保险单复印件。

11.2 保险公司的理赔不足以支付甲方所受损失的,甲方有权对乙方进行追偿。

第十二条 违约责任

12.1 甲方有下述行为之一的,乙方有权单方面解除本合同,并按照本合同12.4条向甲方主张违约金。

1)未按本合同的规定向乙方提供租赁场地,经乙方书面催告仍未提供的。

2)未按本合同第5.1条提供基本服务,经乙方书面催告仍未提供的。

3)未按本合同8.1(5)条维护展会秩序,致使展会因秩序混乱而无法继续进行的。

4)_____

12.2 乙方未按期支付到期租金,应按日向甲方支付逾期付款金额万分之_____的违约金,直至实际付清或解除本合同之日。

12.3 乙方有下述行为之一的,甲方有权单方面解除本合同,并按照本合同12.4条向乙方主张违约金。

1)未按本合同规定支付场地租金,设备租赁、额外服务及超时场地使用等各项应付费用,经甲方催告后_____天内仍未支付的。

2)国际性展会违反本合同规定,擅自变更展题,经甲方催告后仍未纠正的。

3)未按8.2(1)条规定向甲方提供办展所需的相关政府部门的批准文件,经甲方催告后仍未纠正的。

4)违反本合同规定,擅自使用甲方的名称、商标或标识,经甲方催告后仍未纠正的。

5)未按本合同9.2条支付责任保证金,经甲方催告后仍未纠正的。

6)_____

12.4 本合同12.1、12.3条规定的违约金列明如下:

违约行为发生时间	违约金
租赁期限前_____个月以上	已付租金的_____%
租赁期限前_____个月至_____个月	已付租金的_____%
租赁期限前_____个月至_____个月	已付租金的_____%
租赁期限前_____个月至_____个月	已付租金的_____%
租赁期限前_____个月至租赁期届满	已付租金的_____%

以上违约金不足以赔偿守约方损失的,违约方应就超额部分损失向守约方承担赔偿责任。

12.5 守约方根据12.1、12.3条单方面解除本合同,应在违约行为发生后____天内书面通知违约方,否则视为守约方放弃合同解除权,但不影响守约方向违约方主张违约金和赔偿责任。

12.6　甲方违约的,应在收到乙方解除本合同书面通知之日起_____天内返还乙方已付租金,并支付违约金。乙方违约的,甲方应在乙方收到甲方解除本合同书面通知之日起_____天内将已扣除乙方应付违约金后的剩余租金返还乙方。

12.7　除本合同12.1、12.3条约定外的其他违约行为造成守约方损失,违约方应当承担赔偿责任。

第十三条　变更与解除

13.1　除本合同另有约定外,本合同未经双方协商一致不得变更与解除。

13.2　国际性展会变更展题,须取得政府审批机关的批准,并向甲方提供。

13.3　双方协商变更或解除本合同的,变更或解除方应提前_____天以书面形式通知相对方,相对方应于收到通知后_____天内以书面形式答复变更或解除方,逾期不答复的,视为同意变更或解除本合同。违反本条规定提出协商变更或解除的,相对方有权拒绝。

第十四条　争议解决

因执行本合同而产生或与本合同有关的争议,双方应通过友好协商解决。协商应于一方向另一方书面提出请求后立即执行。如在提出请求后三十天内无法通过协商解决,双方可选择下列第_____种方式解决。

1)向_____仲裁委员会申请仲裁,仲裁裁决为终局裁决并对双方均有约束力。

2)依法向_____人民法院提起诉讼。

第十五条　不可抗力

15.1　本合同履行期间,任何一方发生了无法预见、无法预防、无法避免和无法控制的不可抗力事件,以致不能履行或不能如期履行合同,发生不可抗力事件的一方可以免除履行合同的责任或推迟履行合同。

15.2　本合同15.1条规定的不可抗力事件包括以下范围。

1)自然原因引起的事件,如地震、洪水、飓风、寒流、火山爆发、大雪、火灾、冰灾、暴风雨等。

2)社会原因引起的事件,如战争、罢工、政府禁令、封锁等。

3)_____

15.3　发生不可抗力的一方,应于不可抗力发生后_____天内以书面形式通知相对方,通报不可抗力详尽情况,提交不可抗力影响合同履行程度的官方证明文件。相对方在收到通知后_____天内以书面形式回复不可抗力发生方,逾期不回复的,视为同意不可抗力发生方对合同的处理意见。

15.4　在展会尚未开始前发生不可抗力致使本合同无法履行,本合同应当解除,已交付的租金费用应当返还,双方均不承担对方的损失赔偿。

15.5　展会进行中发生不可抗力致使本合同无法履行,本合同应当解除,已交付的租金费用应当按_____返还,双方均不承担对方的损失赔偿。

15.6　发生不可抗力致使本合同需迟延履行的,双方应对迟延履行另行协商,签订补充协议。若双方对迟延履行无法达成一致,应按15.4、15.5条规定解决。

第十六条　适用法律

本合同的订立、履行、终止及其解释适用中华人民共和国现行法律。

第十七条 附件及效力

双方同意作为合同附件的文件均是本合同重要且不可分割的组成部分,与本合同同时生效并与本合同具有同等法律效力。

第十八条 信息披露

甲方可以网页等形式对外公布本合同约定的展览会名称、馆号和展览日期等相关信息。乙方若调整展会名称、展览日期等内容,应及时书面通知甲方;因乙方未通知甲方致使甲方对外公布的展会名称、展览日期与乙方调整后的不一致,甲方不承担相关责任。

第十九条 保密

双方对基于本合同获取的相对方的办展资料、客户资源等商业信息均有保守秘密的义务。除非相对方书面同意,或法律强制性规定,双方均不得以任何形式对外披露该等信息。

第二十条 通知

本合同规定和与本合同有关的所有联络均应按照收件的一方于本合同确定之地址或传真发出。上述联络如直接交付(包括通过邮件递送公司递交),则在交付时视为收讫;如通过传真发出,则在传真发出即时视为收讫,但必须有收件人随后的书面确认为证;如通过预付邮资的挂号邮件寄出,则寄出七天后视为收讫。

第二十一条 其他

本合同一式_____份,甲乙双方各执_____份,具有同等法律效力。

本合同未尽事宜,经双方友好协商,可订立补充条款或协议,作为本合同附件,具有同等法律效力。

甲方(签章):　　　　　　　　　乙方(签章):_____

_____年___月___日　　　　　　_____年___月___日

案例讨论:

根据案例一讨论其中的条款是否周全,有哪些方面可以增加或精减。

第8章
会展场馆档案资料与信息的管理

【本章导读】

对会展场馆进行全寿命的管理是一项复杂的系统工程，管理者必须妥善保管从项目建设开始的含可行性研究报告、立项、报批、招投标、设计、施工、安装、验收到经营管理活动所有人、财、物的档案资料，以便需要时查阅参考。会展场馆的信息搜集和发布在当今网络时代也更显得十分重要。本章主要介绍会展场馆档案和技术资料管理；会展资料、相关文案、合同协议的管理；会展信息的搜集与会展场馆信息的发布管理；会展场馆网站的创建及管理；会展场馆相关活动的广告宣传等。

【关键词汇】

档案资料　合同管理　广告宣传　信息发布　网站管理

8.1　会展场馆档案和技术资料管理

8.1.1　会展场馆档案资料室的建筑和设备

　　会展场馆档案资料室建筑,一般与场馆的办公部分结合在一起,也可独立建筑。由于会展场馆的性质和规模的不同,档案资料室的规模也不尽相同。一般中小型场馆,其主要任务是保存会议展览资料和业务档案,兼有图书、报刊的借阅任务,建筑和设备比较简单。一些较现代化的大型会展场馆和博物馆,档案资料室除保管借阅外,还有资料的修复、复制、编辑、发行等任务,其业务技术用房较为齐备,如资料阅览室,照相和翻拍洗印用房,静电复印室,翻印装订室,声像档案保存和处理室,中心控制室,裱糊室,除尘室,接收室,以及整理编目、编研、出版、发行、美工、消毒、广告室等。还有办公室、会议室、打印室、储藏室及厕所等辅助用房。

　　档案资料室建筑应按有关设计规范进行设计,特别要满足防护要求。其内容包括外围结构保温、隔热、温湿要求、防潮、防水、防日光及紫外线照射、防尘、防污染、防有害生物(虫鼠等)。还应注意资料室和其他设施的防盗要求,安装报警装置。档案资料室内部的隔墙应采用耐火极限不少于2小时的非燃烧体,防火门宽不小于1 m。在业务及技术用房内应设卤代烷、二氧化碳等气体灭火装置或其他消防设施,并应设于较明显的位置。另外烟囱不应穿越或靠近建筑,资料库区安全出口不少于两个,门要向外开,楼梯采用封闭式。有的房间应设有窗式或集中空调,房间温度应根据要求进行采暖设计。档案资料室内层及顶层不应设置给水设施,生活污水管应与资料室保持一定距离。各房间的灯光照明应根据要求配置。

　　档案资料室建筑在大中型场馆中,应与展厅、会议厅有一定的距离,以便于独立管理;对于小型的会展建筑,一般有直接对外的入口,以方便接洽和管理。若是设置在多层楼房的场馆档案资料室,则应尽量按照以上要求来装修和配置。

8.1.2　会展场馆的档案管理

1)档案管理流程

(1)搜集

①凡场馆处理完毕、有归档要求的文件、资料及其他材料均要归档保存。

②每年在规定的时间由档案室协同各部门做好档案搜集工作。搜集之前,档案管理员不定期对各部门情况进行调查、了解和掌握。

③各部门文件的搜集按确定的顺序进行,由档案室统一安排。

④文件进入档案室时,由移交部门填写文件明细表一式两份,交接双方签字后,各留一份备查,"卷内文件目录""卷末备考表"及文件一并交给档案室("卷内文件目录""卷末备考表"由档案室统一发放)。

⑤档案室针对"卷内文件目录"和"卷末备考表"核实文件,核实无误后归档。

（2）整理

档案的整理是对零乱的和需要进一步条理化的档案进行分类、组合、排列,使之系统化。具体步骤是:

①分类;

②立卷;

③案卷排列;

④编制案卷目录;

⑤编制档号。

其中①、②两项工作在各部门内部进行,③—⑤项在档案室进行。

（3）鉴定

文件的鉴定工作由场馆办公室牵头,档案员协同各部门综合员共同进行。根据重要程度将文件分为重要文件和一般性文件两种。

（4）保存

①归档前要在计算机上录入文件信息。

②每份文件上用铅笔填写编码号和保存期限。

③填写"卷内文件目录"和"卷末备考表"。

④在整个案卷上填写案卷号。

⑤在目录汇总表上登记。

⑥在档案流转全过程中,采取必要的保护措施。

⑦为延长档案寿命,采取必要的(如复制、修补等)技术处理。

（5）检索利用

①从目录汇总表或计算机系统中以编码、收文号/发文号、关键字三个方面入手,查询所需文件。

②根据文件所编档号在目录柜中查找所需文件。

③填写"借阅登记表"。

④文件借出后,做好督促、催还、验收工作。

（6）剔除和销毁

①为避免文件的积压,须定时按规程进行文件的剔除和销毁工作。

②场馆文书部门和各部门文件的剔除,在送交档案室前进行,具体情况自行掌握。

③档案室文件的剔除需按照文件保存期限执行。期满需销毁的档案,报请办公室主管领导批准。对批准可销毁的文件,要填写"档案销毁清册"。剔除的文件不可立即销毁,须集中起来统一保管一段时间后,确无人查询的,方可销毁。销毁工作必须由两人以上共同执行。

2）档案查阅纪律

①总经理、副总经理、办公室主任可查阅档案室所存全部文件(无范围限制)。

②各部门只限查阅本部门送交或与本部门有关的文件。如确需查询与本部门无关的文件,要由本部门经理签字同意及办公室核准后方可。

③各部经理可查阅档案室一般文件,涉密及其他机要、重要文件的查阅必须事先征得办公室主任同意。

④查阅文件必须登记,副总经理以上领导可由秘书代办查阅并签字。

⑤文件的查阅原则上要在档案室进行,必要时可复制;确需要借出的,要予以登记;涉密及其他机要、重要文件的借出须经办公室主任以上领导签字批准。

⑥原则上不允许将文件带出场馆,确因工作需要须带出的,须填写事由单,提交办公室主任签字批准方可。

⑦不准携带私人物品进入档案室。

⑧借阅文件要注意保护,不得损坏。

3) 文书档案的管理

(1) 管理范围

①场馆各部门间文书,场馆各部门与外界往来的文书,凡场馆处理完毕且有归档要求的其他文件和音像材料均应归档保存。

②除公文正本(原件)外,还包括它的附件,如条例、会议纪要、图表、计划、总结、登记表、名单、收文处理单、传阅单等。

③除经过办公室登记的文件外,还包括未经收发文登记的各种文字材料,如会议文件、调查报告、访问记录、合同契约、工作人员从其他机关带回的文件材料等。

④场馆的会议纪要、规章制度、各种统计报表、重要文件的修正稿及具有保存价值的图片、音像资料等。

(2) 管理程序

①搜集。

a. 各部门每季度末向档案室移交文件(时间根据具体情况确定)。

b. 档案室清点核收文件,并检查文件的文本及附件是否完整,如有短少,立即追查归入;如有抽存的,须由办公室主任签字确认。

c. 检查文件处理手续是否完整,如有遗漏,立即退回经办部门补齐。

②整理。

a. 一律按正度16开(B5)纸张大小裁剪存放,加入"卷内文件目录"和"卷末备考表"一并装订,前后用硬纸板护封,特殊情况下,可折叠保存。

b. 有褶皱、破损、参差不齐等情形的文件,应先整补、裁切、折叠,使其整齐划一。

③分类。按内容特征进行分类:场馆收文按发文单位,场馆发文按收文单位,场馆文件按文种,各部门文件按部门类别。详见档案室的《场馆文书档案编号说明》。

④查阅。查阅分内部查阅和外部查阅两种情况。

内部查阅,指场馆内部人员的查阅。内部只允许经理及综合员查阅文件。综合员查阅,必须出具经本部门经理签字核准的"业务通知单"。各部经理及综合员需查阅涉密、机要和重要的文件时,须经办公室主任在"业务通知单"上签字批准方可。查阅时,必须有档案员在旁协助。

外部查阅,指场馆以外人员的查阅。查阅人须出具单位介绍信,经办公室主任(重要文件经场馆主管领导)签字核准后办理查阅。查阅时,必须有档案员在场协助,必要时,须办办公室主任到场。

查阅文书档案原则上必须在档案室进行,不得将档案带出档案室,如需借出,要在业务通知单上注明,并做借阅登记。向外单位提供资料档案要报经场馆领导批准,并限期归还。文件/档案借阅审批表如表 8-1 所示。

表 8-1　文件/档案借阅审批表

××会展中心　　　　　　　　　　　　　　　　　　年　　月　　日

档案类别			
档案名称			
档案编号		借阅或复印	
借阅人		部门或单位	
借阅时间		归还时间	
借阅原因			
审批意见: 总经理:　　　　　　分管领导:　　　　　　部门经理:			

(3)清理与保存

档案员应经常拂拭档案架,保持档案的清洁,防止虫蛀腐朽。年度更换时,依照档案保管期限表剔除注销,并填写"档案销毁清册"。

中心章程,组织及规章制度,重大决定、决议、批文,重要会议纪要,政府机关核准文件,上级文件等永久保存。

期满或解除之合约、场馆一般性文件(文字、函字)等通常保存 5 年。

结束后无长期保存必要文件、中心各部门文件等通常保存 1 年。

4)财务档案的管理

(1)管理范围

①会计凭证。

②财务账簿,包括日记账,明细账,总账,固定资产卡片,辅助账簿,涉外会计账簿,采购、供应、物资管理账簿等。

③财务报表,包括财务计划,月、季、年度会计报表,年度合并报表,财务预算、决算报表,汇总报表,纳税申报表等。

④会计资料档案,包括会计行文、经济合同、协议、规定等。

⑤工资表。

⑥其他有归档要求的财务、会计资料和文件等。

（2）管理程序

①分类。依照上述六种形式分类。

②归档。

a. 财务档案由财务部负责按归档要求整理、立卷并装订成册。财务部保管期满后，编制清册连同档案一并移交场馆档案室保管。

b. 档案室接收、保存的财务档案，原则上应保持原卷册的封装。个别需要拆封重新整理的，要会同财务部和经办人共同拆封整理，以分清责任。

③查阅。

a. 内部查阅，指场馆领导、财务人员及其他相关人员的查阅。财务人员查阅财务档案必须经财务部经理允许并持有"业务通知单"。除财务部外，其他部门原则上不允许查阅财务档案，如有特殊需要，须经总经理或总会计师批准。

b. 外部查阅，指中心以外人员的查阅。外单位不允许查阅本单位财务档案，如有特殊情况（如涉及诉讼案件，检察院、法院、财政部门、税务部门、工商部门、审计部门行使其职权等），须出示查阅单位的有效介绍信，经总经理或总会计师签字批准方可。查阅时，总会计师、财务经理、财务主管及场馆档案员必须同时在场。

c. 查阅财务档案原则上必须在档案室进行，不许将财务档案带出档案室。如需借出，要在"业务通知单"上注明并详细登记。查阅或借阅档案均不得拆散原来卷册，并限期归还。

④保管和保密。

a. 场馆财务档案的保管期限，根据其特点，分为永久和定期两类，原则上按"企业和其他组织会计档案保管期限表"执行，如表8-2所示。

b. 在财务档案保存过程中，要严格执行安全和保密制度，不得随意堆放，严防毁损、散失和泄密。

表8-2 企业和其他组织会计档案保管期限表

序　号	档案名称	保管期限	备　注
一	会计凭证类		
1	原始凭证	15年	
2	记账凭证	15年	
3	汇总凭证	15年	
二	会计账簿类		
4	总账	15年	包括日记总账
5	明细账	15年	
6	日记账	15年	现金和银行日记账25年
7	固定资产卡片		固定资产报废清理后5年
8	辅助账簿		

续表

序　号	档案名称	保管期限	备　　注
三	财务报告类		包括各级主管部门
9	月、季度财务报告	3 年	包括文字分析
10	年度财务报告(决算)	永久	包括文字分析
四	其他类		
11	会计移交清册	15 年	
12	会计档案保管清册	永久	
13	会计档案销毁清册	永久	
14	银行余额调节表	5 年	
15	银行对账单	5 年	

5) 工程档案的管理

(1) 工程建设档案管理范围

① 归档内容。

a. 前期工作资料：
- 项目建议书、审批表、立项批文。
- 土地使用权有偿出让合同书、用地批文及红线图。
- 拆迁、补偿协议书。
- 建设用地规划许可证及规划蓝线图、用地批准书。
- 建设用地许可证。
- 建设许可证。
- 总平和市政方案批文。
- 工程规划许可证。
- 项目报建表。
- 工程招投标有关资料(招标申请表、评定表、公司招标管委会意见)。

b. 基础材料：
- 工程地质、水文地质的勘察报告、勘察设计、地质图、地质化验、试验报告。
- 地形、地貌、地震等其他设计基础材料。

c. 设计文件：
- 初步设计、技术设计、施工图设计及总体规划设计等及批文。
- 设计变更报告及批文。

d. 施工文件：
- 施工许可证、开工执照、工程施工合同。
- 土建施工内业技术资料(含基础工程施工及隐蔽工程施工)。
- 水电施工内业技术资料。

- 设备及管线安装施工内业技术资料。

e. 竣工文件：

- 建施、结施、水施、电施等项目竣工图。
- 单位工程质量评定材料等竣工验收证明。
- 竣工验收会议决议。
- 工程结算材料。
- 消防审定通知书、消防验收意见书。
- 抗震审查意见书。

②归档要求。工程建设人员必须认真做好工程建设项目档案的搜集、整理立卷工作，分门别类装订成册，编写好卷内目录、号码、案卷标题、保管期限，于竣工验收后完成归档工作。

（2）工程设施设备档案管理范围

工程设施设备档案管理范围包括：土建、装修工程，电力及供、变电系统，动力配电系统，室内、外照明系统，防雷与接地系统，水管系统；风管系统，通风系统，排风、排烟系统，正压送风系统，给排水系统，消防系统，电梯系统，音乐喷泉系统，楼宇自控系统，消防报警系统，PDS 综合布线系统，电视监控系统，公共广播系统，电话通信系统，计算机系统，音响灯光和同声传译系统。

工程设施设备档案包括以上各项设计、施工的图纸、文字和图片资料等。

（3）管理程序

①整理。按文字卷在前、图纸卷在后的顺序进行排列。

②分类。依照上述形式执行（必要时根据情况进行修改、调整）。

③归档。工程部门验收工程资料后，编制工程资料目录表，并在移交资料时派人协助。档案室对工程档案原则上以原封装保存，出现问题时，档案员协同工程部人员共同解决。

④查阅。

a. 内部查阅，指场馆内部人员的查阅。工程部人员查阅须经过工程部经理同意并在"业务通知单"上签字。档案员根据要求提取工程档案，并登记借阅数量及明细，以便核对。

b. 为提高工作效率，工程部经理、副经理查阅全部工程档案及主管工程师查阅相关工作档案时，可不必提交"业务通知单"。具体是：

机电主管工程师——空调、通风、给排水、消防水系统；

土建主管工程师——土建及装饰工程；

中控主管工程师——弱电系统，音响、灯光及同声传译系统；

变电主管工程师——电力系统；

计算机主管工程师——计算机系统、电话系统等。

主管工程师查阅非上述范围内档案时，必须填写"业务通知单"。

c. 其他部门原则上不允许查阅工程档案，确有需要的，须经工程经理批准并在"业务通知单"上签字方可。

d. 外部查阅,指场馆以外人员的查阅。外单位原则上不允许查阅本馆工程档案,确有需要的,须出示查阅单位有效介绍信,经工程部经理签字批准后方可查阅。查阅时,必须由场馆工程部派专人和场馆档案员同时在场。

e. 查阅工程档案原则上在档案室内进行,如需将其带出档案室,必须在"业务通知单"上详细标注事由、明细、期限等项目,依次经工程部长、主管领导签字核准后,由档案员登记并办理必要的手续后方可借出。催还工作由工程部经理负责。

⑤保管。

a. 档案室保管的工程资料为永久性保管资料。

b. 工程资料的保管要分类谨慎保管,严禁毁损和丢失。

6)人事档案的管理

（1）管理范围

管理范围包括场馆员工人事档案、员工花名册、员工履历表、员工进出手续、劳动保险档案、干部任免文件等。

（2）管理程序

①归档。归档材料要真实、完整、齐全,文字要清楚,对象要明确,手续要完备。凡需组织审查、盖章或本人签字的,需完备后方能归档,本人未签字的应由组织注明原因。

②鉴别。

a. 下列情况的材料不得归入人事档案。

• "同名异人""张冠李戴"或对象不明确的材料。

• 虽属本人的但不需要归档的材料,如结婚证书、学生证、学术论文、笔记本等。

• 来往文书、资料、大小字报、会议记录等材料。

• 应由组织盖章而未盖章,应由本人签字而未签字,应注明批准机关和批注时间及文号而未注明等手续不完备材料。

• 头尾不清,来源和时间不明,内容不真实、不齐全、不完整,字迹不清的材料。

b. 不能归档的材料,要区别不同情况予以处理。

• 有保存价值的文书、资料,可转文书档案或有关部门保存。

• 属于本人应保存的材料、物品,要退还本人,不宜退回的由有关部门酌情处理,无保留价值的予以销毁。

• 内容不完整,来源及时间不明,残缺不全,手续不完备,字迹扩散的材料,要搜集齐全,补办手续或复制后再归档。

• 涉及政治历史问题及其他重要问题的,需要查清而未查清的材料,交场馆党组织及领导审查处理,未做出决定以前不得归档。

c. 未经鉴别,任何人不得擅自销毁场馆人事档案,如有此类现象发生,将追究行为人责任。

③整理。

a. 人事档案整理工作要经常进行。整理过程中,不得私自涂改、抽取或伪造档案材料,不得擅自处理和销毁材料,包括新建的和不断补充新形成的人事档案材料。

b.按规定剔除的档案材料,须进行登记,经主管领导审批后视情况予以处理。

④查阅。

a.事由。

● 因场馆员工的考核、任免、调动、政治审查、组织处理、入党、出国、福利待遇、治丧等工作需要查阅本人档案的。

● 与他人案件有密切联系而后该人员已经死亡或因病不能直接提供材料以及其他特殊原因,必须从其档案中取得证明材料的。

● 编写史书、地方志,撰写人物传记等,一般不得查阅人事档案,可直接向本人采访。如该人已经死亡,因年迈丧失记忆,有病不能口述或书写的,可直接查阅其履历和自传材料。

● 场馆人员因子女及亲属入党、升学、参军等政审,需了解该人员情况的,一般不予查阅其人事档案,均由所在单位党组织根据中组部组通字(79)第六号文件规定出具证明材料。

b.审批。

● 外单位查阅、借阅人事档案必须填写"查阅人事档案审批表"并严格履行审批手续,仅凭调查证明介绍信和行政介绍信不得查阅和借用档案。档案员根据"查阅人事档案审批表"所注明的项目和领导审批意见提供材料,表上未列的项目,不予提供。

● 内部查阅人事档案必须由人事部指派的专门人员查阅,人事部其他人员如因工作需要查阅人事档案,必须经人事部经理在"业务通知单"上签字许可。

c.纪律。

● 除主管领导、人事部经理和人事部专门人员外,其他部门人员原则上不许查阅人事档案。

● 外单位一般不得跨系统、跨地区查阅人事档案,如必须查阅,须征得场馆主管领导批准并在"查阅人事档案审批表"备注栏内签署意见后方可查阅。

● 外单位查阅人事档案应按相关规定并持"查阅人事档案审批表"、工作证到场馆办公室档案室查阅,"查阅人事档案审批表"依次由人事部经理、主管领导签字核准后方可查阅。审批表或审阅人有问题的,应查明理由,补齐手续后,再予以查阅。

● 人事部查阅人事档案,档案员必须同时在场,外单位查阅人事档案,必须由场馆主管领导或人事部经理、档案员同时在场。

● 人事档案一般不外借,特殊情况需借出使用的,要经办公室主任批准。借用单位要注意保密,妥善保管,不得交无关人员翻阅或中途转借他人。借档单位用毕,按期退还(时间不得超过一周,如超过一周尚未使用完毕要即时办理续借手续),逾期不还者,须向场馆办公室说明情况。如发生丢失、损坏,场馆将按《档案法》追究责任。

⑤保密和保管。

a.办公室、人事部是人事档案的管理部门,其他部门不得保管人事档案。

b.档案室对于人事部门转交的人事档案,原则上保持原卷册的封装,不予拆封。如拆封,须依次征得人事部经理、主管领导的同意,并在人事部经理监管下进行,用后封存。

c.档案在档案室中设专柜保管,钥匙由人事部专人负责,档案员不得私自配备。

d.查阅人事档案时,严禁在档案附近吸烟、喝水,以免损坏污染档案材料;严禁拆除、涂抹、勾圈、批注、折叠、抽取、撤销档案材料,如发现,将严肃处理。

e. 档案室设置防火、防潮、防盗、防尘、防光、防高温等安全防护措施,档案员要经常对安全防护设施进行检查并记录,做到万无一失。

⑥剔除与销毁。

a. 人事档案的剔除、抽取、撤出必须由专人把关,重要材料的取舍须请示主管领导。

b. 对经鉴别后认为确应销毁的人事档案材料要全部进行登记,履行批准手续后方可销毁。

8.2 会展资料与合同的管理

8.2.1 会展场馆的资料管理

广义的会展场馆资料管理包括会展场馆资料管理和图书、报刊资料管理。这里主要讲会议展览资料的管理。

1)会展资料范围

①筹备会议、展览所搜集的原始资料。

②办会展中形成的筹备计划、实施方案、经费预算、陈列大纲、平面图、效果图;有关照片、前言、简介、解说词、版面词、重要展品及其说明书;上级领导对展览的指示与题字,开幕剪彩录像、录音以及展览有关的印刷物、出版物;报刊所刊登的展览广告、消息报道、对展览的评价、观众反应、邀请函、请柬、参观券、会刊、学术报告等。

③展会闭幕后的总结、统计材料等。由于展会的内容、规模和要求有区别,其资料的种类和多寡也不尽相同。

2)展会资料搜集

将分散的无系统的各类资料加以搜集整理,它是资料管理的基础。展会资料的专业性和针对性很强,搜集工作应根据本场馆具体情况制订计划,明确搜集目的,确定搜集范围。搜集方法可采用征集、收购、接受捐赠、预订、交换、复制、购买等。为保证资料的系统性、完整性和针对性,应通过多种渠道进行搜集。

①个别搜集,即向有关人员或资料编印人、保管人及有关部门直接搜集。

②社会搜集,根据征集方案提出具体要求,通过会议或信函,将征集表格寄发有关单位或个人,请其代为搜集。前者多用于专题搜集,后者用于综合搜集。

③若是场馆自办会展活动,要求策划部门提供全套资料;若是出租展厅则要求承办单位提供全套资料。

3)展会资料管理

对已搜集的资料,必须实行规范化、标准化的科学管理,其目的在于合理地组织馆藏,为充分利用馆藏资料提供检索手段,做到查找迅速、使用方便。

其主要任务是:完整地、系统地搜集和存储文献资料,为领导决策和业务工作提供依据与参考,并积极开发文献资源,传播科学知识,在丰富馆内群众文化生活的同时努力为馆外用户提供参考资料,为两个文明建设服务。

展会资料管理的基本程序是:搜集、鉴选、查重、盖馆藏章、登记、分类、著录编目、入库上架、宣传报道和提供利用。

4)展会资料登记

可采用总括登记(以一批或一套资料为登记对象按入馆先后进行登记),也可按类登记(以一种资料为登记对象,将同类资料登记在一起)。照片除总括登记外,还须贴样片本,逐张编号并写好简要说明,底片应装入底片袋或底片夹,底片的编号要与样片中的相应的照片号码一致,若是数码照片则以单次会展活动的素材归类刻录存盘。请柬、参观券一律按时间先后,用透明胶带张贴成册,并分别注明展会日期、规模、效益等。

5)展会资料分类

将性质相类似的、同一学科的资料归纳在一起,而将性质不同的区别开来。资料分类一般以整套资料为单位,按所属学科归类,为方便利用,分类时间可根据各场馆具体情况灵活处理,将资料归入最大用途的类,做到归类正确,反映充分,前后一致,便于检索。

6)著录编目

展会资料一般编制两套目录,即书本式目录和卡片式目录。

8.2.2　会议、展览策划部门文件存放管理规定

为使各业务人员文件存档管理规范化,对文件存放方法和内容应做相应规定。

每份文件夹存放同一类文件,扉页要注明目录和标号以便于查阅。同一项目的文件须存放在一档内,以利综合使用。具体存放内容以会展策划部为例可分类如下。

1)会展策划部经理

展会项目文件夹:全年会展项目方案、进度表、预算表、邀请函样本、招展函样本、专业观众请柬、样本等。

客户档案夹:商务接待表、重要客户文字档案等。

项目计划夹:会展计划表,主办、协办单位确认函等。

合同夹:办会合作协议、招展合作协议、服务商协议、其他合作协议。

2)项目经理

展会项目文件夹:会展项目方案、招展文件、进度表、预算表、会议请柬、招展函、观展函、合作协议。

参展商回执函夹:参展商回执函、参展商预订展位函、参展商名录。

贸易商登录类:贸易商邀请函、买家回执、专业观众登录表。

传真文件夹:已发传真原稿并表明是否收知,接收人,接收时间,落实情况。

工作手册文件夹:岗位责任说明,招展程序表,展览会通则,场馆服务项目,报价单,客户档案,商务接待表,参展商须知,展位图,场馆内外重要部门联系人和电话,场馆服务功能表。

3)信息员

展会信息资料夹:展会统计表、展会通报、展会总结等。

市场信息资料夹:展会信息、剪报信息、经济情报等。

收传真夹:所有接收传真存根,注明处理结果。

发传真夹:所有已发传真存根,注明是否处理及结果。

商务接待夹:所有来访客人登记表存档。

重要文件夹:场馆下发文件及外部门转发文件。

8.2.3 合同的管理

合同档案包括合同正本、往来函电(信函、电话记录、传真、电传电报、电子邮件等)、批文、授权书、图纸、技术资料、合同对方营业执照复印件等有关资料。

与合同有关的传真收文不应仅以传真热敏纸存档,以避免随着时间的推移字迹逐渐淡化无法认清,应复印后与原收文共同存档。传真发文如有传真报告条,该报告条应复印后与传真发文和传真报告条共同装订后存档。

法律室负责公司合同的分类、编号、登记工作。档案室负责保管合同档案。

合同是场馆的机密文件,属于永久保存资料。场馆合同在执行完毕之后,财务部要在确定无误的前提下向场馆领导提交合同履行情况的报告书,经场馆领导批准,此项合同结束。经一段时间后,合同及其所有资料由财务部转交办公室档案室存档。档案室要做好合同的入库管理工作,详细完备地做好登记、造册工作。要坚持保密原则,场馆合同内容除场馆主管领导外,其他人员一律不得查阅。

对于违反规定造成公司经济或信誉损失的部门和个人,将视情节轻重追究相关部门负责人和经办人的责任。

8.3 会展信息的搜集与场馆信息发布的管理

8.3.1 会展场馆的信息工作

信息是客观世界各种事物的变化和特征的反映。人们在获得信息之后,就能消除某种知识上的不确定性,由不知到知,或由知之不足到知之较多。因此,信息是社会共享的人类一切知识、学问,以及从客观现象提炼出来的具有新内容的消息的总和。信息是现代科学技术的三大支柱之一,与会展场馆各项工作有密切关系,是会展场馆提高效益的重要条件。会展场馆内部同外界之间的物质、能量交换必须以信息交换为基础和先导,场馆在整个经营管理活动中,贯穿着人流、物流、资金流和信息流。前三大流的畅通取决于信息流程的畅通,这表明会展场馆工作的每一个环节都是做信息处理。信息与会议、展览更是紧密联系、相互促进的。信息是会展赖以产生的基础。各类会议展览首先需通过各种信息源,有针对性地搜集各种信息(如经济信息、科技信息、产品信息、市场信息、需求信息等),在比较鉴定、去伪存真、去粗取精的基础上,做出办会、办展的决策,使展会适应社会的需要并取得好的效果。因此,会议展览既是综合和激活各种信息的产物,又是传递信息的媒体。其特点是信息量大,而且具体、形象、直观;它的传播具有中介作用和导向作用。

1)会展场馆信息工作任务

会展场馆信息工作的主要任务是快、广、精、准地做好信息的搜集、整理和提供利用,为场馆的经营管理决策服务,为社会信息用户服务,其内容包括:

①通过各种信息源广泛搜集信息(如场馆内的各种原始资料和社会的市场需求、客户意见等)。

②筛选。

③分类编目。

④储存。

⑤检索。

⑥发布(报道)。

⑦提供利用。

⑧信息反馈。这是一个由简单到复杂的不断创新的循环、变化过程,每一环节都会产生以感觉、知觉和知识为内容的智能或新信息。其流程如图 8-1 所示。

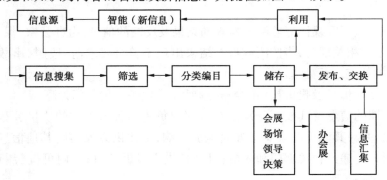

图 8-1　会展场馆信息管理流程示意图

2)会展场馆信息工作的基本要求

①建立信息机构,完善管理制度,即各馆要有自己的情报信息机构。

②有一批信息工作的专业人才,他们应具有较高的政策水平,有渊博的科学知识,执

着的专业热情,甘为人梯的服务精神,熟练精湛的业务技术,快、广、精、准的情报意识和资源共享的协作风格。

③加快信息现代化的步伐。重视信息工作的投入,配备传递、处理信息的必要设备(如电话、电报、电传、电脑、网络宽带、广播、电视、录像、录音等),建立以电子计算机为主要基础的信息网络,实行内外、上下联网。

8.3.2 信息交流程序

1)目的

为及时、准确地搜集、传递及反馈有关信息,做好信息管理工作。

2)范围

适用于会展场馆内部信息传递、处理及与外部各方相关信息的交流。

3)职责

①办公室负责公司对内、对外相关信息的传递与处理。

②各部门负责与对口相关单位的信息交流和搜集,建立信息档案,保存和管理相关的信息,并负责各自工作范围内信息的传递与交流。

③职工代表负责与职工有关信息的搜集和传达。

④保卫部负责治安消防信息的处理。

4)内容

(1)信息的搜集与处理

①外部信息。

a.治安、消防、新闻媒体等监测或检查的结果及反馈的信息,由办公室、保卫部负责搜集,并传递给公司相关部门,当监测或检查结果出现不符合要求时,按照《事故报告、调查及处理程序》的规定进行处理。

b.客户反馈的信息及投诉按《不合格控制程序》由各相关部门处理。

c.供方反馈的信息及其投诉分别由对口部门负责与各自供方的质量、职业健康安全等信息的沟通,并对其职业健康安全方面施加影响;上述供方反馈的其他信息,对口部门应按有效的形式传递给相关部门和人员;对来自供方投诉,对口部门可按《纠正预防措施程序》提交办公室处理。

d.政策法规标准类信息,如职业健康安全法律法规、条例、标准,服务质量法律法规、标准等,按《法律、法规识别程序》执行。

e.其他外部信息,如各部门直接从外部获取的有关职业健康安全等方面的信息,由相关人员反馈给部门处理,并反馈到办公室或保卫部,由其负责分类、整理,根据需要传递到相关部门处理。

f. 对于与外部的沟通应记录于相应的"记录本"或"联络单"中。

②内部信息。

a. 正常信息,如方针、目标、监测记录、内部审核与管理评审报告以及体系正常运行时的其他记录等,各部门依据相关文件的规定直接搜集并传递;办公室按照相应文件的规定传递方针、目标、管理方案、内部审核结果等信息。

b. 有关工作存在不符合或潜在不符合的信息,如体系内部审核的不符合项报告、纠正和预防措施记录等,由相关部门按《纠正预防措施程序》《内部审核程序》《管理评审程序》处理;服务的不符合信息按《不合格控制程序》规定传递。

c. 紧急信息,如出现火灾、爆炸、台风灾害等情况下的相关信息与记录,由发现部门迅速传递给保卫部处理,参见《应急准备和响应控制程序》。

d. 其他内部信息,提供者反馈给部门主管或办公室进行处理。职工还可以通过职工代表、工会组织反映有关信息。

③信息可采用总经理办公会或书面资料、记录、讨论、培训、电子媒体、声像设备、办公自动化系统等其他通信方式予以传递。

（2）信息的整理和应用

各部门及时将信息交流过程中的相关信息汇总整理后,按《记录控制程序》的要求建立信息档案。

8.4 会展场馆网站的管理

互联网在现代经济中的迅速崛起极大地改变了传统会展业的运作方式。为会展场馆建立专门网站,将场馆的硬件设施设备有关情况介绍、资料、展会信息,以及管理模式、机构设置、服务项目、相关价格等的有关信息在网上向外界传播,并从网上搜集办会办展单位、参展商和目标观众的资料和反馈的信息,促进会展场馆(特别是有自办展的场馆)和客户的信息沟通彼此互动,对成功举办展会有很大的帮助。

8.4.1 会展场馆网站的作用

互联网具有空间虚拟化、时间随意化、信息处理便捷化和内容个性化的特点,一个精心设计的专门网站,对扩大会展场馆的影响,促进更多展会成功举办具有很大的作用,其表现为以下几点。

1) 为会展场馆营销和客户服务拓展了市场空间

互联网具有全球性,一旦会展场馆建立起了专门网站,不论你在世界哪个角落,只要能上网,你就能从网上看到该场馆的有关信息。网站极大地拓宽了展会的营销渠道。从网站上,参展商可以了解在该场馆举办的展会相关交通、住宿、登记等各种必需事项的处理办法,这会极大地拓宽展会的营销空间。同时,会展场馆将各有关服务事项在网上提前通知客户,极大地便利了客户对各项参展(参观)工作的准备,使会展场馆可以在网上为客户服务。

2)为会展场馆提供了快速的市场应变能力

现代会展业已经向规模化、国际化和市场化的方向发展,适应市场变化的要求,尽快提高展会的市场应变能力,是许多展会迫切的需要。互联网具有互动性,会展场馆不仅可以在网上发布展会信息,也可以从网上搜集客户对展会的意见和建议,促进场馆与客户之间的沟通和互动,使场馆和展会更快更直接地了解市场和客户的需求变化,并制订相应应对措施。

3)有利于会展场馆特定信息的传播

互联网内容具有个性化的特点,网站对各种信息内容的包容性很强,各种信息都可以在网上传播,而且信息内容的更新很方便,信息传播的成本也较小,传播的速度快。场馆和展会完全可以根据会展题材、行业的特点和客户的需要来编制网站的内容,使各种特定的信息通过网站传播到行业和客户那里。

4)有利于场馆、展会与有关企业和机构的协作

现代大型展会往往都是多方合作的成果,许多机构的共同努力和精诚协作才能促成展会的成功举办;同时,展会的成功举办还有赖于展会与参展单位以及观众的相互合作。互联网具有超时空互联性,它可以成为各有关方面进行精诚协作的重要工具和纽带。

5)有利于展会招展招商活动的展开

展会的招展和招商活动是一项费时费力的浩大工程,展会一般广泛利用各种渠道进行营销,通过各种媒体发布展会信息,使目标参展商和观众了解展会、知道展会并进而参加展会。会展场馆网站在展会招展和招商活动中可以扮演重要角色,可以为展会招展和招商提供很多帮助。

6)有利于提高会展场馆客户服务水平

网站所附带的客户数据库是展会进行客户关系管理的信息基础,这个数据库信息的准确性和新鲜度会直接地影响到展会的客户管理和服务工作。网站通过与客户的互联互通,可以及时更新这个数据库的客户信息,改善展会的客户管理和服务工作。

8.4.2 会展场馆网站的建立与管理

随着 IT 技术在现代展览业中的广泛使用,当今,为了适应日益激烈的市场竞争的需要,已经很少有不开通自己的专门网站的会展场馆了,可以说,是否开通和办好自己的专门网站已经成为业内评价一个场馆的重要指标。如果一个会展场馆没有自己的专门网站,它在其目标客户的心目中的形象必然会受到很大影响。那么,该如何建立会展场馆的

专门网站呢？一般来说,建立会展场馆专门网站可以按以下步骤进行。

1)对网站的主要功能定位

要为会展场馆建立一个专门网站,首先必须明确要给会展场馆建立一个什么类型的网站,就是必须对该网站的主要功能进行定位。例如,希望该网站具有哪些功能？希望该网站对会展场馆带来哪些帮助？如果没有明确的目标,网站的内容必将十分混乱,这样的网站即使建立起来了,又能对场馆有多大帮助呢？网站的功能在建设场馆网站之前必须明确。并且,网站的功能一定要符合场馆和展会的需要,而不一定求全、求大。对于一些目前还不需要的功能可以暂时不安排,但可以根据场馆的发展趋势而为其预留接口,为将来丰富网站内容和功能留有余地。

2)确定网站需要的栏目和内容

对会展场馆网站进行定位以后,还必须仔细考虑网站将开通哪些栏目,各栏目将有些什么内容。网站的栏目和内容是网站向目标客户展示的重要部分,必须精心安排,巧妙设计,让它们既能满足会展场馆营销和宣传推广的需要,又能为目标客户服务,还能为目标客户所喜闻乐见。例如,为宣传场馆可设:"展览空间""会议场所""场馆资源""场馆示图""场馆查询""技术参考""服务报价""招聘信息"等;考虑到参展商的需要,网页栏目安排可以有"参展指南""展会服务""展商报到""展会信息"等;考虑到观众的需要,网页栏目可以有"参观指南""展会新闻";考虑到新客户对展会和该城市还不了解,可以开设"展会回顾"以及"城市指南"栏目等。另外,为增加网页内容的可读性,还可以开设"行业动态"和"市场信息""会展文摘""专家论坛"等栏目。总之,网站的内容要为展会服务,为目标客户服务,要能吸引目标客户的眼球。

3)设计网页的界面

网页上的内容不能乱七八糟地呈现在网上冲浪者面前,也不能对所有内容一概平均分布,因为谁也不会花时间仔细浏览一个内容主次不分、杂乱无章的网站。要注意精心设计网页的界面,尽量安排好网页界面的布局,各栏目的轻重缓急,按场馆 VI 设计统一使用主色调,将网页界面尽量设计得简单明了、重点突出、图文并茂,使浏览者能轻松浏览,方便地找到自己感兴趣的内容。

4)确定网站内容的更新方法

网站是用来服务于场馆、展会和客户的,随着场馆的发展和展会筹备的进展,网站的内容也应该不断更新。有些场馆和展会在建立网站时很积极,但网站建立起来后,内容却很少更新。如果网站内容始终一成不变,那么很多目标客户就会对该网站失去兴趣,他们可能从此不再浏览该网站。因此,网站建立起来以后,及时更新网站内容十分重要,它是维持网站与客户联系的黄金纽带。场馆要明确网站内容的更新办法,并安排专人负责跟进,只有这样,会展场馆网站才能发挥它应有的作用。

5）制订网站技术维护办法

除了要及时更新网站内容以外,会展场馆网站还必须有一套实际可行的技术维护办法。场馆网站离不开专业技术支持和维护,要有专职的网络管理员,不然,将会对各种网络病毒的侵袭束手无策,对网络故障无法及时排除。不管采用哪种维护策略,场馆都要为网站的畅通运行制订一套技术维护办法,这样会展场馆网站才不会经常出现故障而关闭。

建立会展场馆专门网站是一项技术性很强的工作,在进行这一项工作时,一定要精心策划,合理安排,认真设计。如果没有这方面的人才,可以委托有关机构完成,但不管怎样,对自己网站的定位、栏目设计、内容安排和浏览界面一定要有符合场馆需要的明确主张。只有这样,会展场馆网站才不会只流于形式,才有较大的使用价值。

会展场馆网站页面如图 8-2 所示。

图 8-2　会展场馆网站页面实例

8.5　会展场馆相关活动的宣传

8.5.1　场馆会展广告的选择

会展广告策略的具体执行可以有两种选择,一种是委托广告公司全面代理,一种是会展场馆自己执行。

前者是指选择一家合适的广告公司,由其全面代理会展产品的营销策划、广告宣传和推广促销工作及相应费用。选择广告公司的参考标准是:丰富的行业经验及优秀的策划能力。好的广告公司拥有强大的智力资源优势和传播网络优势,对如何运作、推广展会有较深入的了解,其行为带有科学的投机性,可为企业所用。

后者则是会展活动的一切推广完全由场馆自己来做,这通常是指场馆自己拥有独立的广告公司,有组织、管理、策划、营销、公关、工程等工作人员,设施和设备以及得天独厚的广告位资源。其自办展的广告费用可以自由支配,利润独享,还可以同当地的媒体合作,承接大量会展客户的广告项目,既为在场馆举办的会议展览活动提供配套服务,又带来较好的经济效益。

广告是会展宣传的重要方式,也是吸引办会办展单位、参会参展对象的主要手段之一。会展广告是覆盖面最广的,范围可能覆盖已知的和未知的所有参展参会对象,可以将会展情况传达到直接联络所遗漏的企业,还可以加强直接联络的效果。会展广告同时也是较昂贵的宣传手段,因此要严格控制,登广告要目标明确,根据需要、意图和实力进行安排。

8.5.2　广告规模

广告预算决定广告规模,要根据需要和条件决定预算。如果经费充裕可以多在几家报刊上反复登载广告;如果经费有限,则集中力量在少数影响大效果好的报刊上做广告,而不要使用很多家影响小的报刊。广告开支与效果不一定是正比例,选择合适的媒体是降低成本提高效率的最好办法。

8.5.3　广告时间

广告时间也需要进行合理规划,一般情况下,做好展会决定时就要开始并持续刊登。时间的间隔要事先安排,连续刊登广告有利于加深客户的印象。美国有一专项调查显示,比起未刊登广告的办展单位,连续登 6 次广告的要多招收 50% 的参展企业,连续登 12 次整版广告的办展单位要多招收 70% 的参展企业。

8.5.4　广告媒体选择

选择媒体主要看媒体的对象是否是会展活动的目标参展企业。如果是消费品的展出,可以选择大众传媒,包括大众报刊、电视、电台、集中地的招贴、条幅、路牌、旗帜等。如果是专业性质的贸易展出,就要在综合媒体上刊登广告,要选择生产和流通领域里针对观众的专业媒体,包括电台、电视台、专题栏目、专业报刊、内部刊物、会展刊物等。

1)电视和电台

组织消费性质展览会的组织者可选择使用电视和电台。因为它是覆盖面最广的媒体,广告之效果十分理想,但费用通常很高。

2)电子计算机网络

由于电子计算机和网络的迅速发展,在国际互联网上做广告的情况越来越普遍。利用电子计算机网络做广告费用低廉,覆盖面却非常广。但作为"信息海洋"的网络信息,信息量太多,被淹没的可能性很大,会展企业可将它作为一个辅助宣传方式。

3）专业刊物

专业刊物是指生产、流通领域的专业报纸、杂志，专业刊物如果受众包括会展企业的目标参展企业，就可以选择其刊登广告，效果很好，而且费用比大众媒体低。某一专业领域往往会有数家报刊，如果预算有限，就要选择影响最大的专业报刊刊登；如果预算充足，可以在多家报刊刊登广告，交叉使用行业内的不同刊物刊登广告还可以加深参展客户的印象。

4）内部刊物

内部刊物指政府有关部门、贸促机构、工商会、行业协会刊物。在内部刊物上刊登广告的优势是读者专业。发行对象多是特定的专业读者，费用低、效果好。缺点往往是覆盖面不够理想。会展企业如果与内部刊物有特殊关系，可以在做广告的同时安排新闻性质的报道，以加强宣传的可信性。

5）广告夹页

在重点刊物中设广告夹页，可以刊登较多的信息和照片，印刷质量也容易控制，可给人留下印象。也可单独印制宣传场馆及其举办会展活动的彩色宣传材料，放置场馆指定地点供观众索取。

6）广告牌

广告牌主要用于吸引注意，激发参展兴趣。广告牌广告主要作用不是推销而是吸引注意，扩大影响。

7）其他形式

还可充分利用场馆的广告资源，如路牌、灯箱、模型、大型电视屏、充气模型、旗帜、空飘气球条幅、航空飞艇等（参考本书7.6广告位的管理）。

8.5.5 广告制作的注意事项

1）广告内容要简洁、清楚、准确

清楚是广告成功的关键。阅看广告的人只关心事实，因此，广告用语一定要简洁明了。广告用语要讲究措辞语法，但切不可过于修饰。广告对象不是语言学专家，广告所表达的内容要使很随意的读者也能立即领会。

2）广告内容要有吸引力、要全面

要将有关信息传达给目标观众，还要吸引观众的注意和兴趣，因此，仅仅刊登公司名称、联络地址、会议展览目的、展出产品还不够，必须强调项目的特色，适合哪些需要，对参展参会企业带来的益处等，要有承诺。如果可能，要在广告中提及会展企业在当地的代理或代表，可以注明有兴趣者可以索取更详细的信息。

3）广告要有规模、要重质量

广告要有一定规模，可以相对集中做，即次数可以少些但容量可以大些（报刊的大版面、电视电台的长时间），这样做比分散做效果好。时间短、版面小往往被人忽略，效果不佳。对广告质量最有影响的人是广告设计师和撰稿人，他们可能不太在乎广告公司的赢利，他们最关心的是他们作品的质量，与他们建立良好的关系，可能会使他们下功夫制作出高质量的广告。刊登广告可以使用代理。代理有专业技术和经验，可以协调广告安排，并且报价可能比直接的媒体报价低。展会所在地的广告代理比主办者所在地的代理要好，展会所在地代理熟悉所在地的新闻媒体并与之有更近的关系，并熟悉当地的广告文化和效果。

本章小结

通过本章的学习应懂得会展场馆的档案和信息管理的基本常识，能够对会展场馆文书影像档案、财务档案、工程档案、人事档案、会展经营活动相关文案、合同协议等进行管理，能够合理安排会展场馆网站的栏目，能够进行会展场馆相关信息的搜集、发布及广告宣传的管理工作。

复习思考题

1. 档案查阅纪律包括哪些？
2. 会展资料包括哪些主要项目？
3. 会展场馆信息工作的基本要求是什么？
4. 你认为会展场馆设立专门网站有作用吗，为什么？
5. 会展广告制作应注意的事项有哪些？

实 训

1. 试为某会展场馆设计网站的栏目。
2. 试设计一份会展场馆举办展览会的报纸广告。

案 例

案例一 展会现场纸质广告遍地 浪费惊人

推销员手捧一厚叠色彩缤纷的广告宣传单，在展厅入口处、购票窗口边、大门两旁一边卖力吆喝，一边对过往观众"围追堵截"；许多人匆匆扫了一眼广告单，没走几步就随手丢弃了。废弃的广告单洒落一地,还塞满了周围的垃圾箱。在某些会展活动场所见到的这种既浪费又影响环保的现象实在令人心痛。如图8-3所示。

图8-3　展厅散发广告单实况

案例二　广交会馆内宣传品管理规定(发布日期:2013-01-25)

一、总则

(一)为维护广交会的声誉和权益,规范广交会馆内宣传品发放秩序,根据《中华人民共和国著作权法》《中华人民共和国商标法》《中华人民共和国广告法》等国家有关法律法规和商务部相关要求制定本规定。

(二)广交会馆内宣传品,特指广交会宣传品、广交会参展企业宣传品和广交会驻会商务单位宣传品。

(三)广交会各部门、各参展单位、各宣传品服务单位应遵守本规定。

(四)广交会新闻中心对广交会宣传品发放行使管理职能,包括实施审核和监管,并对违规行为进行处分。

二、广交会宣传品

(一)广交会宣传品,是指经广交会批准,广交会开幕期间在广交会展馆内由新闻中心统一安排发放,以宣传国家商务政策、广交会、参展企业和参展商品为主要内容,直接为参展商和采购商服务的印刷品、电子出版物及其他用于宣传的信息载体。

广交会宣传品分为三类:①广交会授权印制的宣传品,包括《广交会会刊》《参展商名录》《广交会宣传光盘》《展区指南和导向图》等直接为大会服务的宣传品;②各进出口商会、外商投资企业协会的广交会专刊(每个单位限一本);③经广交会批准进馆发放的商务部直属单位宣传品以及全国性外经贸类报纸、杂志或其他宣传品(每个单位限一种)。除上述三类外,其他任何宣传资料均不具备广交会宣传品资格。

(二)未经广交会许可,任何单位或个人不得擅自以中国进出口商品交易会(广交会)名义征集文稿和广告;不得在任何宣传品上使用"中国进出口商品交易会""广交会"中英文字样(包括简写体)和广交会Logo;不得在任何宣传品上使用可能对广交会声誉和形象造成不良影响的字样和标志;不得采取与中国进出口商品交易会(含广交会各办)或中国对外贸易中心联合或合作名义编印、发放宣传品。

（三）广交会宣传品必须标明宣传品和编印单位名称。所选用文稿、图片，以及涉及广告、专利、版权等内容，必须符合国家有关规定。如发现任何违法违规行为，由编印单位承担全部责任。宣传品主办单位应立足为参展企业和采购商提供信息资讯服务，严格控制营利性广告篇幅。

（四）广交会宣传品（样刊）必须在当届广交会开幕前一个月报广交会新闻中心审批，审批当届有效。其中的第一类宣传品内容由广交会新闻中心审核；第二、三类宣传品内容由编印单位自行按本规定要求严格审核后，填写发放申报表，签订遵守相关管理规定的保证书，连同样刊在当届广交会开幕前一个月报送广交会新闻中心审核。审核通过后方能在当届广交会印制发放。

（五）广交会宣传品由广交会新闻中心安排在指定发放地点供采购商和参展商自愿免费领取，不得售卖和强行派发。各进出口商会、外商投资企业协会的宣传品仅限于在本会办公室和会员企业展位发放；各交易团的宣传品仅限于在本团办公室和本团所属企业展位发放。

（六）广交会新闻中心有权对广交会宣传品的质量、内容进行检查，对有下列情况之一的宣传品，一经发现，即予取缔：①违反本规定擅自对外发放宣传品；②超出指定的宣传品发放区域；③编印单位申报不实，虚报，假报；④出现严重知识产权侵权行为；⑤出现其他违法违规行为。

（七）广交会宣传品在每届广交会对外发放的数量不少于8 000册，编印单位须在广交会开幕前交纳发放工本费（每种10 000元人民币/届）。否则，其下一届的进馆发放资格将被自动取消。

（八）经商务部批准在广交会发放的部分展会招商宣传资料以及外贸中心的展会招商宣传资料，归入新闻中心统一管理，具体办法参照广交会宣传品有关规定执行。

（九）广交会休会期间，相关工作由外贸中心办公室负责。

三、广交会参展企业宣传品

广交会参展企业宣传品，是指广交会进口展区、出口展区参展企业自备的企业介绍、产品目录或宣传单张等，内容仅限于介绍本企业和本届参展的产品，仅限于在本企业展位内派发。

未经广交会许可，企业在参展期间不得在展览场地，以任何形式陈列、展示其他展览会或电子商务网站的资料；不得为该展览会或网站进行任何形式的宣传活动。

各交易团按大会有关规定对出口展区参展企业的宣传品行使管理职能。

四、广交会驻会商务单位宣传品

广交会驻会商务单位宣传品，是指经批准进入广交会的商务单位，用于介绍本单位以及专门为广交会参展商或采购商提供业务服务的宣传资料。

驻会商务单位宣传品仅限于在本单位服务点范围内发放。外贸中心广交会工作部对驻会商务单位宣传品行使管理职能。

五、违规处罚

宣传品所属单位人员超越其固定区域发放，或擅自派发未经审批的宣传品，一经证实，大会将予以劝阻，没收资料和证件等处罚。对情节严重或屡教不改者，广交会保卫办将会同其他管理部门做出清场处罚。

六、检查和处理

除广交会新闻中心实施监管外,广交会现场服务指挥部大会检查组有权对馆内宣传品发放情况进行检查,并依据第五条规定对违规单位做出处理。

七、附则

(一)本规定由广交会新闻中心负责解释。

(二)本规定自2013年1月15日起施行。2011年7月15日发布的《广交会馆内宣传品管理规定》同时废止。

(摘自:中国进出口商品交易会官方网站)

案例讨论:

许多交易会上都存在滥发广告的现象,参展商明知可能造成浪费却都照样进行,在场馆内外形成发广告的通道"夹道欢迎"来宾和观众,造成不好的影响。而有些较规范的品牌展会,主办单位配合场馆采取了相应的措施,此种浪费和不雅观的现象也是可以杜绝的,可见主办者的态度和措施是关键。思考一下还可以采取哪些措施?

第9章
会展场馆安全管理

【本章导读】

　　会展场馆是高额投资的大型建筑,是经常举办各类会展活动,大量人流物流短时间聚集和疏散的场所,任何时候都必须注重安全管理,做到安全第一。本章主要介绍:会展场馆安全管理概述,会展场馆治安和消防工作管理流程以及相关制度,会展场馆对突发事件的处理预案。

【关键词汇】

　　安全管理　治安和消防　突发事件处理预案

9.1 会展场馆安全管理概述

9.1.1 会展场馆安全管理的含义

每个进入会展场馆的客人对安全都是极其关注的,安全是客人的基本要求。保证客人人身及财产安全是会展场馆的基本职责之一。会展业是一种服务性行业,会展场馆的主要产品是本身热情好客的形象。如果不能有效保证客人安全或安全措施不周,都会有损会展场馆客人的利益,最终使会展场馆无法获得客源。

会展场馆安全管理有三层含义:一是保护客人人身及财产的安全;二是保护会展场馆财产的安全;三是员工在生产和服务过程中的安全操作。本章主要论述第一、二层含义。会展场馆安全管理应以预防为主,而不是在发生伤害客人人身、财产事件之后的事后处理。会展场馆安全管理在任何时候都应该以预防为主,消除一切隐患。

9.1.2 会展场馆安全管理的组织机构与岗位设置

1)会展场馆安全管理的组织机构

现代化会展场馆由于其规模越来越大,业务范围越来越广,社会治安情况越来越复杂,对安全保卫工作的要求也越来越高,由此产生了专职的安全保卫人员和保卫部这个直接隶属于总经理的职能部门。

需要指出的是,虽然保卫部门承担了会展场馆安全管理的许多责任,但会展场馆安全管理实际涉及场馆各个部门,贯穿于会展场馆的整个业务活动之中。

2)会展场馆保卫部的岗位设置

会展场馆保卫部一般设有内保组、警卫组、消防组、消(监)控室、办公室秘书等岗位。此外,从岗位的流动性看,又有固定岗位、流动岗位和临时岗位等多种形式,应根据会展场馆的实际情况和工作需要而定,使它们既有利于保卫工作的管理,又有利于会展场馆的正常营业和生产活动,同时还要考虑到在特殊情况下的应变能力,如图9-1所示。

9.1.3 会展场馆保卫部的任务

①经常开展安全和法制教育,不断提高职工对会展场馆安全保卫工作的认识。
②逐步健全安全防范管理制度,逐步推行安全保卫岗位责任制。
实行安全保卫岗位责任制的大致做法如下:
a.确立会展场馆的安全目标体系。
b.经过逐级承包、专业承包、专项承包等形式,把各项安全保卫工作目标落实到各级领导和每个职工身上,使大家明确自己的任务和应负的责任。
c.通过考核把各自完成的工作情况同奖惩结合起来。

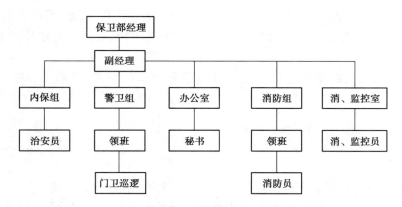

图9-1 会展场馆保卫部岗位设置

③加强会展场馆内部的治安管理,维护内部治安秩序。主要包括:

a. 加强会展场馆及下属各部门与社会化合作单位、外包单位的日常经营及公共场所的治安管理,维护内部治安秩序。

b. 加强对危险物品的管理。

c. 对员工中的轻微违法行为进行教育,严格查处各种治安案件。

d. 配合有关部门做好消防、交通管理,防止火灾或其他灾害事故的发生。

④协助公安机关查处治安案件和侦破一般刑事案件。

⑤协助公安机关查处破坏性事故和治安灾害性事故。

⑥确保会展场馆的重点和要害部位的安全。

⑦保障客人的人身财产安全和心理上的安全感。

会展场馆的保卫部门在执行上述任务的同时要处理好安全工作与日常经营的关系,结合会展场馆的实际,做到"内紧外松","宾客至上,安全第一","预防为主",避免造成紧张气氛,影响参会、参展和参观者的情绪,从而干扰正常的营业环境。

9.1.4 会展场馆的安全保卫管理

1) 会展场馆安全保卫工作总的要求

会展场馆安全保卫工作总的要求是:围绕会展、服务群众、保障安全、加强防范。其基本任务是:

①落实安全承包责任制。会议、展览、展销会现场实行安全保卫划区、定岗、专人负责制,以确保会议、展览、展品和人员安全。

②加强会展场馆现场治安管理。开展防火、防盗、防爆炸、防事故教育,严防一切破坏活动和各种刑事犯罪活动。

③进行安全员培训,提高业务素质,培养一支忠于职守、全心全意为人民服务的保卫队伍。

④加强展厅会议厅场地、门窗、消防和门卫管理。

⑤加强车辆管理,搞好馆区内的交通秩序。

⑥加强会议、展览证件管理,严格发证、验票手段,防止无票、假票、无证人员混入。

⑦建立健全保卫制度。如会展场地开馆交接、闭馆清场、夜间在场地外围的巡逻、值班等制度。

⑧会同有关部门,经常检查展厅会议厅的建筑、空调、电源、消防等设施,保障展会安全。

2)会展安全保卫工作要明确的问题

(1)保卫对象

保卫对象即服务对象,展会的保卫对象可以归纳为人、事、物三大类。

①人,包括展会工作人员和观众,特别要加强对重要人物和贵宾的保卫服务工作。

②事,主要是会展中的各项事宜,要保证会议展览和有关的事项安全顺利地进行。

③物,是指展品、商品、技术档案、现金、票证、设备、建筑物、交通工具以及周围环境的安全保卫,使之不受损坏和盗窃。

(2)侵害因素

凡侵犯和危害保卫对象安全的各种因素都是侵害因素,包括以下几种。

①人们的违法犯罪行为。这种行为为故意的,绝大多数是有预谋的。如敌对分子破坏活动、刑事犯罪、流氓犯罪和违法分子违反社会治安管理行为等。

②人们的失职行为。如工作人员玩忽职守造成财务、设备损坏及人员伤亡事故;违章操作,随便接拉电源造成事故等。

③自然因素。如台风、雷击、暴雨等自然灾害造成的事故。

(3)保卫力量

保卫力量指同侵害因素做斗争的保障保卫对象的各种力量,大致可分三大类。

①领导力量。根据不同展会"谁主管谁负责"的原则,展会主办单位要有一位负责人参与保卫工作,在上级公安和安全部门的领导和参与下,落实各项安全保卫措施。

②专业力量。场馆要配备一定人数的治安、消防队伍,建立专业的安全防范体系。

③群众力量。发动所有参会、参展人员尽心尽职管好自己展台,要求做到"治安工作,人人有责"。同时还要向广大观众宣传参观须知,运用指路牌、图标、告示、有线广播等导向,使观众自觉遵守公共秩序,注意安全参观。

(4)安全保卫防范措施

针对各种不同类型的会展活动和各个轻重环节,采取各种不同措施。

①明暗结合,内紧外松,既有固定岗,又有机动力量。

②运用闭路电视和无线电对讲机联络,强化现场指挥。

③对现场通道、观众容纳量、危险品存放要有明确的规定。

④场馆内禁止吸烟和动用明火。

⑤涉外展会的外事纪律要有章可循。

⑥在展会期间所发生的问题和处理结果都要记录在案。

⑦为控制参观人数,请柬、参观券发放量要与安全保卫组商定。

9.2　会展场馆治安和消防工作管理流程及相关制度

9.2.1　会展场馆治安和消防工作管理流程

1）目的

各种类型的会展场馆为了确保场馆、客户、员工人身财产安全,必须制订工作流程。

2）范围

流程适用于展馆治安和消防工作的管理。

3）职责

①保卫部为场馆治安和消防的归口管理部门。
②各部门负责配合管理所辖区域的治安和消防安全。

4）工作内容

（1）治安和消防管理

治安和消防管理要求包括以下信息。
①参展客户信息。
②公安机关的治安信息。
③消防部门的消防信息。
④治安、消防设施、设备的状态。
⑤重点防范部位的信息。
⑥相关法律法规对治安、消防管理的强制要求。
⑦场馆对治安消防管理的要求。
保卫部掌握上述信息,编制治安消防管理工作规范,作为对治安、消防管理的依据。

（2）消防管理

①保卫部负责建立和保持消防安全管理指挥体系,绘制《消防指挥系统图》,组织建立专业和业余相结合的消防队伍,作为实施消防管理的组织基础。

②保卫部负责按照消防管理的要求与各部门签订消防管理责任书,划分责任区域,明确责任人员,建立各部门的安全员队伍,确保各项管理工作都落到实处。

③保卫部负责按《中华人民共和国消防法》要求,配置与场馆规模和服务要求相适应的消防器材,编制"灭火器材配置表"。

④保卫部及各部门管辖的消防设备、设施及器材应标志醒目,并进行日常维护、定期维护和设备的点检、系统的联动检查。

a.日常维护按照"基础设施使用维护职责划分一览表"和消防设备、设施、器材年度检查、维护计划的划分和要求进行；日常维护工作要求设备运行（操作）人员在班前对设备进行外观检查，在班中按操作规程操作设备，定时巡视记录各运行参数，随时注意运行中有无异声、震动、异味、超载等现象，在班后对设备做好清洁工作。

●保卫部按照《消防系统安全检查工作规范》对消防控制室、气瓶间等管辖空间及消火栓箱、灭火器材、防火门和消防联动控制设备、火灾自动报警系统、气体灭火系统、通信系统、防火卷帘门、滑升门进行巡视检查和维护，发现问题及时报告。灭火器材如图9-2所示。

图9-2　灭火器材

●工程部负责对水泵房等管辖空间及灭火器材、防火门和事故照明系统、疏散指示系统、防排烟系统、电梯、自动喷淋系统、水雾系统、水炮系统（使用红外线自动控制系统寻找火源启动气体灭火或者"水泡"喷淋的灭火系统）、消火栓系统进行日常维护，发现问题及时报告。烟感、喷淋、火警紧急按钮、水炮系统如图9-3所示，场馆事故照明和疏散系统标志如图9-4所示。

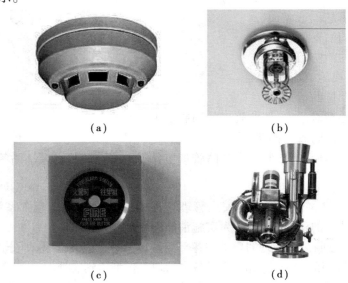

（a）　　　　　　　　　　（b）

（c）　　　　　　　　　　（d）

图9-3　烟感、喷淋、火警紧急按钮、水炮系统

●网络信息部负责对音控室等管辖空间及灭火器材、防火门和消防通信系统、公共/紧急广播系统进行日常维护，发现问题及时报告。

●场地管理部负责对展厅、公共空间、场管部库房、空置房等管辖空间及灭火器材、防火门、防火卷帘门、滑升门进行巡视、保洁,发现问题及时报告。

图9-4 场馆事故照明和疏散系统标志

　● 会务部负责对会议空间、库房等管辖空间及灭火器材、防火门进行巡视、保洁,发现问题及时报告。

　b. 定期维护的主要方式是对设备、设施进行清洁、紧固、调整、外观表面检查和防腐,对长时间运行的设备要巡视检查,定期切换,进行强制保养,同时进行设备系统的点检、联动检查。

　● 保卫部按照《消防系统安全检查工作规范》进行设备系统的定期点检和联动检查,保证设备系统处于正常状态,发现问题及时填写"报修单",向工程部或网络信息部报修。

　● 工程部按照《水系统设备运行工作规范》《电梯维护工作规范》《空调设备系统维护工作规范》《配电柜、控制柜、照明装置维护工作规范》《防火卷帘门和滑升门维护工作规范》的要求进行定期维护和设备的点检;每月负责对分管区域的消防器材完好情况检查一次。场馆消防水系统检查登记表如表9-1所示。

表9-1 场馆消防水系统检查登记表

××会展中心——(　) 　　　　　　　　　　　年 月 日　　NO:

设备名称 ＼ 位置		设备运行情况及处理	参检人员	
			消控室	工程部
水幕雨淋阀控制	南侧			
	北侧			

续表

设备名称＼位置		设备运行情况及处理	参检人员	
			消控室	工程部
水位水池信号	高位			
	低位			
	高位			
	低位			
水喷雾雨淋阀控制	锅炉房			
气压罐压力信号	高压力			
	低压力			
	故障讯号			

主管：_____　　　　部门经理：_____
　　年　月　日　　　　　　　年　月　日

● 网络信息部按照《综合布线线路管理工作规范》《电力监控系统维护工作规范》《公共/紧急广播系统维护工作规范》《楼宇自控系统维护工作规范》《气体灭火报警及联动控制系统维护工作规范》《消防报警及联动控制系统维护工作规范》《智能照明系统维护工作规范》的要求，进行定期维护和设备的点检；每月负责对分管区域的消防器材完好情况检查一次。场馆消防联动调试登记表如表9-2所示。

表9-2　场馆消防联动调试登记表

××会展中心——（　　）　　　　年　月　日　NO：

联动位置		时间	
联动设备			
主排烟风机			
主补风机		消防广播	
主加压风机		消防电梯	
防火卷帘门		消防泵	
应急照明		喷淋泵	
切非消防电源		喷淋加密泵	
备注：			

主管：_____　　　　　部门经理：_____
___年___月___日　　　　　　___年___月___日

● 场地管理部每天负责清洁电梯轿厢、消火栓箱体外表面，侧卷门轨道；每月负责对分管区域的消防器材完好情况检查一次。

●会务部每月负责对分管区域的消防器材完好情况检查一次。

●其他部门每月负责对分管区域的消防器材完好情况检查一次;每月一次对分管区域消火栓箱检查箱门、封条是否完好,锁、玻璃有无损坏,清洁箱体外表面;同时应按照"基础设施使用维护维修职责划分一览表"《消防设备、设施、器材年度检查、维护、维修计划》的职责划分、要求进行维护,以保证消防设备、设施、器材正常完好。

⑤保卫部负责展馆消防设备系统、设施、器材的使用、运行、检查、监督归口管理,要保证其完好正常,发现问题,及时报修或填写"联络单"(对公司内部)、"隐患整改通知单"(对外单位),下发整改限期。

a. 按照《消控中心值班管理规定》进行机房和人员的值班管理;消防管理人员和专业消防人员持证上岗;消控室值班员应认真检查火灾报警设施运行情况,正确履行消防中心指挥职能,做好记录。

b. 按照《巡查记录工作规定》实施24小时巡查监控,同时做好交接班记录。

c. 开展每年1月19日的消防日宣传活动。

d. 按照《消控中心火警处置程序》和相关设备操作规程进行场馆消防设备系统的操作、监控,掌握设备的运行规律,对运行中发现的问题和隐患,及时采取措施,消除隐患以确保安全。

e. 实施消防知识普及宣传和培训,提高员工的消防意识;每年举行一次消防灭火及疏散演习,提高消防人员实战技能,如图9-5所示。

图9-5 展厅内外进行消防演习

⑥保卫部负责制订和保持《消防应急疏散预案》《应急准备和响应控制程序》,随时准备对付可能发生的突发事件。

⑦按照《明火作业管理规定》的要求,严格场馆中明火管理,确需动火时应提出申请,经保卫部批准,在落实防火监护人并采取相应措施后方可实施动火。展会明火作业审批表如表9-3所示。

表9-3 展会明火作业审批表

××会展中心——( ) 年 月 日 NO:

申请单位			
经办人		电话	
动火事由		动火部位	

续表

相关部门 （组委会） 意　见	
工程部 意　见	
公司领导 批　示	

（3）治安管理

①保卫部负责建立和保持有效的安全管理体系,成立治安保卫小组,负责组织协调和处理治安有关事宜。

②保卫部岗位勤务管理。

a.保卫部当班领班负责本班次治安、消防工作的检查,督促各岗位保卫人员正确履行岗位职责,安排、协调当班期间各类活动的保卫任务和馆内禁火,经批准动火现场防火的监护,并按照《场馆日常人员出入管理规定》《场馆物品出入管理规定》《明火作业管理规定》《场馆临时出入证管理规定》《巡查记录工作规定》,认真填写、检查各种记录表。动火许可证如表9-4所示。

表9-4　动火许可证

××会展中心——（　　）　　　　　　　　　　　　　　年　　月　　日　NO:

动火单位		动火责任人		
动火地点		动火时间		至
安全防火措施	1.每次动火前后,必须由消控室人员现场确认签字后,动火证有效。 2.随身携带焊工证、动火证,并自觉接受保卫人员检查监督。 3.动火前后,认真清理现场,动火时监火人必须在场,落实接火措施。 4.配备灭火器材(二氧化碳2 kg、ABC干粉4 kg)＿＿＿支。 5.交纳动火押金＿＿＿＿元,动火期间无违章操作,动火结束后退还。			
焊工姓名		操作证号	监火人	
焊工姓名		操作证号	监火人	
动火责任人签字			保卫部签字	

		确认时间	确认人			确认时间	确认人
第一次	动火前			第三次	动火前		
	动火后				动火后		
第二次	动火前			第四次	动火前		
	动火后				动火后		

b. 门卫保卫人员负责场馆大门的安全秩序保卫任务,按照《明火作业管理规定》《场馆高处作业安全管理规定》《场馆日常人员出入管理规定》《场馆物品出入管理规定》《场馆临时出入证管理规定》《门卫管理工作规范》等相关规定,严格控制人员、物品的进出馆,并做好电报、汇单、特快专递的收发、登记,按要求填写相关记录。

c. 停车场保卫人员应执行《停车场管理规定》,保证车场客户停放车辆安全有序,车辆进出路线畅通,按要求检查、登记客户车辆,填写"××巡查记录表"。

d. 夜间巡逻人员按照《巡查记录工作规定》《夜间广场值勤工作管理规定》,负责确保夜间场馆内外治安、消防安全,同时填写"××巡查记录表"。

e. 监控室值班保卫人员按照《监控中心管理规定》进行机房和人员的值班管理,认真观察电视监控点,按要求录制电视监控摄像资料,夜间清场后按规定对场馆各区域报警设施进行布防。严格保管场馆各空间门钥匙,借用钥匙按《消防安全备用钥匙使用规定》等审批制度执行,做好交接并填写"交接班登记表"。安装在会展场馆各出入口及重要区域的监控探头如图9-6所示,监控员在监控室工作图如图9-7所示。

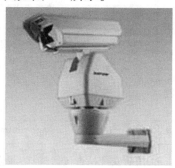

图9-6　安装在会展场馆各出入口及重要区域的监控探头

图9-7　监控员在监控室工作

f. 保卫部内部员工培训按公司和部门培训计划进行。

③展览、会议治安管理。

a. 展览、会议开始前应对使用空间用电设施、灯光照明设备进行检查,疏通全部消防通道,并维持好秩序,具体按《场馆安全管理规定》《场馆防火规定》《场馆物品出入管理规定》等相关规定执行。

b.在广场举办大型集会时,保卫部应安排足够的保卫人员维持会场秩序。

④治安、消防检查。

a.保卫部会同工程技术人员或公司领导每季度对各部门的治安、消防管理状况检查一次,保卫部负责填写"消防安全检查记录表",发现违反规定的行为,填写"联络单",及时通知责任部门整改,并对整改结果进行验证。

b.保卫部会同工程技术人员或公司领导对每次展会的治安、消防管理状况检查一次,保卫部负责填写"消防安全检查记录表",对于检查发现的重大治安、消防隐患,填写"隐患整改通知单",送责任单位或个人,限期整改,并对整改结果进行验证。展会消防安全检查记录表如表9-5所示。

表9-5　展会消防安全检查记录表

××会展中心——(　　)　　　　　　　　　　　　年　月　日　　NO:

展会名称			提出整改时间		执行人(单位)	
检查时间		展会地点				
检查情况及存在问题			整改意见:		整改情况: 追踪人: 日期:	
检查人员		部门负责人			项目负责人	
备注:①消防安全检查包括:消防通道、防火门、灭火器材、安全用电、消火栓、报警设备、易燃易爆、现场吸烟情况、防火卷帘门等内容;②要求检查人员严肃认真,发现问题及时向项目负责人提出整改意见,确保消防安全。						

⑤内部安全管理。

a.各部门应对员工加强法制教育、道德教育和纪律教育,提高员工素质。各级管理人员应按照治安消防管理的要求,做好内部安全防范工作,防止内盗和破坏活动的发生。

b.对在馆内发生的刑事案件和治安案件,执行《案件(事故)处理办法》。

⑥重点部位治安管理。保卫部对场馆重要经营场所、危险设备、锅炉、厨房、仓库、财务部及其他重点部位和安全隐患点应加强巡视,依照《重点部位治安管理规定》实行重要部位的重点管理。

(4)治安和消防管理工作的要求

①防止发生重大火灾事故。

②防止发生重大恶性刑事案件。

③为客户、员工提供安全保障服务。

④治安消防设备、设施处于良好运行状态。

保卫部每年总结治安消防管理工作,编制治安消防管理总结报告,以识别和改进存在的问题。

9.2.2 保卫部设备(设施)管理工作规范

1) 岗位职责

①负责对分管仓库和责任区防火门、展馆大门、玻璃门、铝合金门、防火卷帘门(含侧卷门)、滑升门、旗杆、值班房、停车场、护栏、洗车台、安全门、安检X光机等的检查,对不规范使用现象进行巡查、纠正,并报告公司分管领导。

②配合工程部进行维修项目的检查和跟踪。

③负责职责分工内基础设施使用功能的日常巡查,并及时报修。

④负责消防设施的日常巡视检查并及时报修。

⑤部门经理负责对以上基础设施检查、维修工作进行监督。

2) 工作程序

(1) 检查

①在日常检查中注意检查客户有无擅自违规使用展馆公用基础设施,有无在墙、柱、玻璃或天花板上悬挂、张贴广告等物品及有损场馆建筑物、设施的其他行为。

②在布、撤展检查与日常检查中,应注意检查公共基础设施的安全性和外观情况,对违反《场馆物业管理规定》《场馆安全管理规定》《场馆防火规定》《展品运输指南》的,应及时制止,令其拆除违章物,对在布、撤展中因违规操作造成损坏部分,应要求其修复至原状,并按规定进行处理或罚款。

③每月进行检查,发现有损坏等情况,应在"检查维修记录表"中记录,及时报修并做好跟踪验证。

(2) 维护

①制订每年度分管责任区设备(设施)检查、维护、维修年度计划,经公司领导审批后实施。

②部门经理对建筑设施检查、维护、维修工作进行监督、检查。

③维修。

a. 门、窗维修。

• 检查各式门、窗灵活可靠性,检查各五金附件有无损坏、松脱,发现门窗不灵活,手把、插销、锁具等五金件损坏,窗玻璃裂纹破损等情况,应及时填写"报修单",由工程部安排修理或更换,缺少备件材料时应采取临时措施并及时申购,到货后及时更换修理。

• 填写好"检查维修记录表"。

b. 防火门、防火卷帘门、滑升门、防火隔断保养修理。

检查管辖区域内的防火门、防火卷帘门、滑升门、防火隔断门扇及五金附件有无明显碰伤、脱漆、变形、松脱,活动轨道有无异物卡住(特别是侧卷防火门);牵引钢绳有否过度松动、脱槽,各开关、保险装置有否处在正常状态;点动检查防火卷帘门运行是否有异响、震动、跑偏或脱轨。

c. 仓库、旗杆、值班房、停车场、洗车台、安全门、安检X光机等的维修。

● 检查仓库、旗杆、值班房、停车场、洗车台、安全门、安检 X 光机的安全性和外观情况,发现损坏等情况应及时报修。

● 检查旗杆的外观情况和安全稳固性,发现不稳、严重锈蚀、断裂等异常情况,应及时处理,未修复前应设置警示板;铁件出现脱漆生锈及时除锈补刷防锈漆。

● 检查时应做好相应的防护措施,注意安全,维修完毕及时填写"检查维修记录表"。

（3）维修检查

每月对"报修单"进行整理、汇总,对不合格的维修项目和问题隐患,查找原因并采取纠正措施。

9.2.3 会展场馆安全保卫管理的相关制度

安全保卫管理制度的制订,是大型会展场馆安全保卫管理工作的重要组成部分,严格的管理制度是开展安全保卫工作的前提,各场馆都十分重视,按照相关的法规进行制订,虽各自条款不同但主要内容基本相似。

1）场馆安全管理规定

①为维护展会的良好秩序,防止各类事故的发生,确保展会安全顺利进行,依据社会治安管理有关要求,制订相关规定。

②展会主（承）办单位应遵守公安部关于《群众性文化体育活动治安管理办法》和《机关、团体、企业、事业单位消防安全管理规定》精神依法办展,须办理:公安机关"许可举办活动决定书"、消防部门"同意举办展会消防审核意见书"、工商行政管理机关"商品展销会登记证"方可进馆布展。

③实行安全保卫责任制。按照"谁主办,谁负责"的原则,主（承）办单位对展会的安全负责,并制订安全保卫方案,加强安全宣传教育和管理,落实以防火、防爆、防盗、防破坏、防事故等为主要内容的安保措施,并层层签订安全责任书。

④加强证件的使用管理,展会应统一制作有效证件,参（布）展人员须佩戴证件进场,并服从安保人员的检查,证件不得转借,遗失立即向主办单位报告并补办。所有参展人员按照展会规定的开/闭馆时间,准时进/出展馆;闭馆后,一律不准进入展厅;需要加班时,要事先经过主办单位的同意,并主动向展厅服务台办理相关的加班申请手续。

⑤所有展台、展品、广告牌布置不得跨区布展,不得占用安全疏散通道;不得在人行通道、出入口、消防设施、强弱电地插等处摆、挂、贴及钉各类展览样品、宣传品或其他标志;不得占用人行通道放置展品,大声叫卖,如图 9-8 所示。

⑥对所有标准摊位的照明及电源安装提供服务。需 24 小时供电和延时断电的用户必须事先申请;参展单位应如实向工程部提供用电负荷,严禁私接线路和超负荷用电,自带电工必须持有上岗证,服从工程部对用电安全的管理;标准展位内 500 W 电源只限一般照明及低功率电器使用;未经展场电工确认,禁止私自接装大功率照明灯具、电冰箱（柜）和电动工具等设备。

⑦参展商须在展览会规定的时间进场布展、参展、撤展。开展后未按时到位或闭馆清场时提前离开展位,展品丢失、损坏,责任自负;在展期内要妥善保管各人的提包、现金、手

 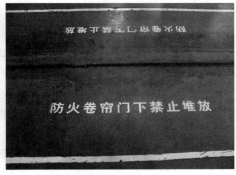

图9-8 地下消火栓与防火卷帘门位置的标示

机、证件等贵重物品,尽量锁入展柜内,不得随意丢放展位上,贵重展品要定人看管,提高警惕,严防盗窃、诈骗行为;对拾获的物品应及时送交保卫部。

⑧标准展位的搭建及展具的配置由场地管理部统一负责。不得擅自拆装改动,改动须到展厅服务台办理手续;严禁用展馆的桌椅做登高工具,凡需登高请自行搭建攀登器具;不得在展板展具上钉钉、刻画、悬挂较重的物品,损坏展板、展具按损坏物的实价赔偿;在展架展具上大面积粘贴或裱褙,按每件收取××元押金,撤展时自行撤除清理并接受检查确认后可退还押金;各展厅按照协议对每个展位配置展具(如桌椅、射灯、插座、台板等),参展单位或个人不能以任何名义转借(让)或出租,若需要使用其他展具时,须向各服务台办理租借手续;严禁私自转租或挪用其他展位展具,一经发现工作人员有权收回。

⑨需进行特殊装修施工的参展单位,要提前与场地管理部联系。在进馆前,向场地管理部提交施工图、电路图、使用材料说明等资料,经核准后,缴纳相应费用,办理施工人员临时进馆施工证后,方可进馆施工。特装展位的搭建不得超高;登高作业人员要有安全措施并具备高空作业操作证;广告牌的搭建必须牢固可靠,符合安全要求;禁止在展馆内进行木工材料及油漆类基础加工;各展位的特殊装修布置物品应尽量在室外做好再进入展厅现场安装;参展人员进馆后,按××元/m² 标准向展厅服务台交纳特装押金,在撤展时,自行拆除清理并经展厅服务人员检查确认后,方可退还押金;参展商进行展位特殊装修布置时,应自行清理特殊装修布置的废弃物,若不清理者,按××元/m² 保洁收费标准从特装押金中扣除费用。

⑩任何参展单位的展品、样品、广告宣传活动、布展等仅限于在其展位内进行,严禁堵塞消防通道和消防设施;经劝阻不听,将予以清理;情节严重者,移交保卫人员按照有关规定给予处理。所有参展单位或个人不得展示、出售侵犯他人商标的样品和擅自使用他人商标对外报价、成交;严禁参展人员经营出售假冒伪劣商品,如有违者,后果由参展人员自负。

⑪严禁非报名参展展品进馆展示,严禁非参展人员携带展品、样品进馆展示、销售,一经发现经劝阻两次不听者,送交组委会保卫部处理。

⑫展位音响设备的音量应低于 50 dB;展位音响若对其他展位或参观者造成不合理滋扰并不听劝阻者,展厅服务台保留采取相关措施的权利。

⑬若发生燃、爆等突发事件,主办单位及其人员要保持冷静,应遵守场馆制订的紧急疏散措施,服从工作人员的指挥。主办单位必须对其组织的观众人数按约定严格限制;观

众参观时间应尽量避开举行开幕式和闭馆的时间,并控制当天观众人数的总量。

⑭展览样品拆箱后,包装箱、碎纸、泡沫和木板等易燃物必须及时清出展馆,不得在展位外存放包装箱和展品;如存放物品可与场地管理部联系和办理存放手续。

⑮参展商将任何物品带出展馆,必须持有保卫部或主办单位的"物品出馆证明",经查验后方可放行。因故需提前撤展的参展单位,须到各自的展厅服务台索取"物品出馆证明",填写并经承办单位负责人同意签字和展厅负责人确认后,保卫人员凭"物品出馆证明"给予放行,如表9-6所示。

表9-6 展会物品出馆证明

××会展中心——( )　　　　　　　　　　年 月 日　　NO:

展会单位			出馆事由	
展会物品	品　名		规　格	数　量
经办人			身份证号	
主办单位负责人签字			厅长(项目经理)签字	
保卫部负责人签字			执勤门卫签　字	

⑯撤展时,参展单位应保管好各自的物品,以防丢失;爱护馆内设施,不得夹带搬走、不得损坏,违者照价赔偿;对私拿他人物品者以偷窃论处。参展单位的物品应在撤展当天撤出展馆,如确需留在展馆内暂时寄存或需办理托运的,须到展厅服务台办理寄存或托运手续。

⑰在展览会开幕前,所有自行组织展台施工的参展单位应准时参加由公安、消防等部门组织的安全检查,对检查出的问题应在开幕前解决,不得拖延。违章(隐患)整改通知单(整改联)如表9-7所示。

表9-7 参展单位违章(隐患)整改通知单(整改联)

××会展中心——( )　　　　　　　　　　NO:

_____:

　因_____,违反_____

_____之规定,请予____年___月___日___时___分之前完成下列整改:_____

_____,否则将按有关规定予以

_____之处罚。

　特此通知

　整改人(签字)_____　　　　　　　××会展中心保卫部

　　　　　　　　　　　　　　　　　　　　　　　年 月 日

⑱允许使用可擦洗的粉笔或经批准使用的胶带在展览大厅地面上标志摊位位置,其他地面画线方法不可使用;去除未经批准的地面画线的费用由主办单位负担。

⑲在租用区域内分发食品及饮料样品,主办单位应获得有关机构书面批准。

⑳所有食品及饮料的样品应符合现行的健康、安全、卫生标准和其他一切中国食品卫生管理部门规定。

2)展馆防火规定

(1)制订展馆防火规定

为做好展馆的安全防火工作,依据《中华人民共和国消防法》(以下简称《消防法》)和有关规定,结合展馆的具体情况,制订本规定。

(2)实行消防安全责任制

①主(承)办单位的负责人是消防安全的第一责任人,对消防安全负责,应当履行《消防法》规定的消防安全职责。

②主(承)办单位要认真落实《消防法》和有关消防安全的规定,按照"谁主办,谁负责"的原则,制订消防工作防范措施,严格落实防火责任制,加强检查管理,发现问题及时处理,把火灾事故隐患消灭在萌芽状态。

③各展位的负责人对各自的安全防火工作负全责。

(3)布展方案的报审

①主(承)办单位举办展会应按该地区政府发布的"大型社会活动安全管理报备规定"向有关单位申报。

②主(承)办单位在开展前的10~15天(会议、活动前5~10天)向展馆提供公安消防机构审核批准的布展方案批文,以便展馆协助主(承)办单位落实消防部门所提出的审核意见。未经公安消防部门核准的,不得擅自变更布展方案。

③布展方案报审时,应向消防部门提供所使用的装修材料说明和电气线路、电器设备安装图等。

④布展方案应包括对展馆的建筑灭火器配置的设计。

⑤展位的布局要合理,留出足够的疏散通道。

(4)展馆禁止吸烟

展馆内包括展场、摊位、仓库、通道、楼(电)梯前室等场所严禁吸烟,吸烟应到展馆指定的吸烟区,否则按展馆规定处罚。

(5)安全疏散通道始终保持畅通无阻

①各展厅安全出口前和各疏散通道上不得设置咨询台和护栏等障碍物,出口前不得布置展位。

②保持展馆通道畅通,主通道宽度不小于6 m,次通道宽度不小于3 m,通道上不得摆放任何物品。对占用通道摆放物品且不听劝阻者应予以没收。

③展览期间展馆及展厅安全出口不得上锁,确保畅通。

④展台后背板与展馆墙壁须保留60~80 cm的安全检查通道。凡遇有展馆固定配电

柜、消火栓、消防报警按钮或房门,须留出 1.5 m 宽的通道。

（6）保证消防设施完好和正常运转

①展馆工作人员、参展客商应自觉爱护展馆内的各种消防器材和设施,保证消防设施完好和正常运转。

②展厅内临时设置的广告及标志等不应影响消防设施的使用,严禁擅自挪用、遮挡、圈占、损坏各种消防设施。

③垂直或侧式防火卷帘两侧 50 cm 范围内不允许设置展柜、货架及堆放其他物品。

④展馆内装修构架（含展品）不准遮挡红外线消防报警系统。不得在消防报警设备及有关器件固定或悬挂广告彩旗等物品。

（7）对装修材料的要求

①凡特装工程（包括展台、灯箱、广告牌、霓虹灯等）所需要的材料,应采用不燃或阻燃材料,确需使用木制材料应刷防火涂料或加贴防火板,使其达到防火 B1 级要求。

②装修所使用的壁纸、地毯等材料必须采用 B1 级难燃材料,施工单位应提供该材料国家法定检测机构的检测报告。

③装修装饰所用的灯具、家电、开关、电线等电器设备以及防火材料,必须是经国家检验的合格产品。

（8）对电气安装的要求

①电气线路及电器敷设、安装应向展馆工程部申报,由持证电工安装,安装后应经工程部验收合格后,方可供电。

②电气线路及电器的敷设、安装均应符合《建筑内部装修设计防火规范》（GB 50222—1995）的有关规定,电气线路应采用护套线、电缆,线路连接可靠,电器发热原件与可燃物应保持一定的安全距离,严禁将电器发热原件直接敷设在可燃材料上。

电气线路的敷设应当架空固定布置,沿地敷设的电气线路应穿管或铺设绝缘耐压醒目的过桥装置保护,如图 9-9 所示。

图 9-9　电线过通道铺设绝缘耐压醒目的过桥装置保护

③严禁乱接、乱拉电线或擅自安装大功率电气设备（包括照明灯、碘钨灯、广告灯等）。对展位内擅自使用电热水壶等电热器具的,应予以没收。

④展馆内不得使用、存放充压的压力容器。使用汽油的展示车辆,油箱内存油量不应超过仪表盘的底线,电瓶线应拆除。

⑤广告牌、灯箱、灯柱内必须留有足够的通风散热孔。筒灯、射灯、石英灯安装时要离装饰物30 cm以上,并要加装接线盒,电线不得外露。

⑥电路连接应使用铜芯绝缘导线,不得使用铝芯绝缘导线。导线铰接时应采用接线柱或金属接线盒封闭。

⑦电源导线穿过可燃结构时,应穿金属管或阻燃PVC管。

⑧室外的电器照明设备都应采用防潮型,并要落实防潮等安全措施。

(9)严禁携带易燃易爆等化学危险品进入展馆

严禁将烟花爆竹、油漆、汽油、香蕉水、酒精、煤气罐、氢气瓶、氧气瓶等易燃易爆及腐蚀、剧毒化学危险品带入展馆,此类展示样品不得用实物展出,应使用模型或图片替代。

(10)对特殊装修的要求

①特装的展台、展具、展架及广告灯箱等的加工制作应在展馆外进行,展厅内只允许进行组装和少量的修补。严禁使用电锯、电刨等木工机械。严禁在展馆内油漆、喷漆作业。

②展馆内严禁动用明火。确需进行电、气焊作业的,必须向保卫部提出申请,严格履行动火审批手续。电、气焊作业时,操作工必须持证上岗,展馆消控中心应派人现场监督,作业前应对现场进行检查,彻底清理,落实各项防火措施。

(11)认真做好闭馆前的清场工作及闭馆后的防火巡查

①闭馆前,各展位人员离开时应切断电器电源,将废弃物清出展位。保洁人员应将展览样品包装废弃物和垃圾(特别是烟头)清出展馆;工程部人员应及时切断展位电源;各展厅厅长应组织服务人员对展厅清扫及电源关闭情况进行检查;展厅封闭前,保卫部人员应对展厅情况进行再次检查。

②展厅封闭后,保卫部监控室要留适当灯光进行摄像监控,每隔一小时用摄像头对展厅内情况进行一次巡查,及时发现和处理火灾隐患。

展馆防火规定应作为参展指南的重要内容之一,提前告知各参展及布展人员严格实施,如有违反以上规定并造成事故或严重后果者,视情节依照《消防法》给予处罚并依法追究有关人员的法律责任。

3)展览期间安全保卫规定

①展位需进行特殊装修的参展商,应于布展前15日将布展方案报保卫部门审批,并上报相关部门批准,严格限制使用易燃、易爆的布展材料,特殊情况下,应对材料进行特殊的防火、防爆处理。施工时应自觉接受保卫部门检查、监督。

②布展人员应凭布展证进入展厅,门卫有权对布展人员所带的布展器材、材料进行安全检查。

③严格限制车辆驶入展厅,如遇大型或重型布展材料或参展物品进馆,应先报保卫部审批并办理车辆入馆证。车辆进入展厅时应服从保卫人员指挥,卸货后应立即驶出,禁止在展厅逗留停放。

④参展商的布展材料和展品进入展厅时,应按各自的展位有序摆放,不得占用公共空间和堵塞消防通道,确保展厅内通道畅通。

⑤严格动火审批手续。布展中如需电焊、乙炔切割等动用明火操作时,应向保卫部门申办"动火证"。施工时,操作人员应随身携带"三证"("电工证""焊工证""动火证"),并按有关规定落实好安全措施。严禁布展人员在展厅内私拉线路用电。

⑥严格证件的管理。参展人员不得将证件转借,一经发现保卫人员有权没收,并取消其参展资格。参展人员应妥善保管好参展证件,如发现遗失,应及时报告保卫部门注销,按规定手续补办。

⑦参展商应严格按展期规定的时间进展馆,如有特殊情况确需加班的,应向大会组委会申请并通报保卫部门,并自觉配合保卫人员搞好加班期间展厅内的防火、防盗等安全保卫工作。

⑧展览期间参展商及相关工作人员应按规定的时间凭证准时从规定的入口经安检后进入展馆。凡携带展具展物、旅行包袋的客商应由展馆货运专用通道经安检后进入展厅。

⑨严禁携带易燃、易爆及政府明文规定的违禁物品进入展厅,违者将被没收物品或处以罚款,重者将交有关部门处理。

⑩展览期间参展工作人员应负责看管好自己的展品,防止丢失被盗。

⑪展馆实施禁烟管理,参展客商只能在规定允许的区域内吸烟,违者将处以罚款。禁止参展商在展厅内进行动用明火及易燃易爆物品的示范操作表演。

⑫参展商只能在自己的展位内从事展览活动,严禁占用公共空间和消防通道,违者将处罚金直至没收展品。

⑬展会期间如发生突发事故,参展商应及时报告现场保卫人员妥善处理,并服从保卫人员的指挥和协调。

⑭参展车辆应按指定路线行驶,按规定地点停放,违者将处罚款。

⑮闭馆前,展位工作人员应收拾好展位内的物品,贵重物品应随身携带,以防丢失被盗。

⑯展览结束,展品展物撤馆时,参展单位应向大会组委会申请"出馆证",门卫凭"出馆证"放行。

4)治安与消防管理工作涉及的制度

根据各会展场馆建筑和设施设备以及管理模式的不同,通常治安与消防管理工作所涉及应制订的相关制度如下:《消防指挥系统图》《消防应急疏散方案》《消防安全备用钥匙使用规定》《场馆安全管理规定》《停车场管理规定》《场馆防火规定》《案件(事故)处理办法》《夜间广场执勤工作管理规定》《重点部位治安管理规定》《明火作业管理规定》《场馆日常人员出入管理规定》《场馆临时出入证管理规定》《场馆物品出入管理工作规范》《巡查记录工作规定》《门卫管理工作规范》《消控中心火警处置程序》《消防系统安全检查工作规范》《消控中心值班管理规定》《监控中心值班管理规定》"基础设施使用维护维修职责划分一览表"《水系统设备运行工作规范》《电梯维护工作规范》《空调设备系统维护工作规范》《配电柜、控制柜、照明装置维护工作规范》《防火卷帘门和滑升门维护工作规范》《综合布线线路管理工作规范》《电力监控系统维护工作规范》《公共/紧急广播系统管理工作规范》《楼宇自控系统维护工作规范》《气体灭火报警及联动控制系统维护工作规范》《消防报警及联动控制系统维护工作规范》《智能照明系统维护工作规范》《场馆高处作业安全管理规定》《重要贵宾来访安全管理规定》《保密电话的设置和使用管理规定》和《紧急事故处理预案》等。

应用表单包括"交接班登记表""消防安全检查记录表""隐患整改通知单""报修单""巡查记录表"和"灭火器材配置表"等。

5）全国及地方性会展活动消防安全管理规定

各会展城市的有关部门根据各地区情况，通常会制订与会展活动相关的消防安全管理规定，如《北京市展览、展销活动消防安全管理暂行规定》《上海市展览馆消防安全管理标准（试行）》等。本处引用中华人民共和国国务院令（第505号）《大型群众性活动安全管理条例》供大家学习参考。

中华人民共和国国务院令
（第505号）

《大型群众性活动安全管理条例》已于2007年8月29日国务院第190次常务会议通过，现予公布，自2007年10月1日起施行。

总理　温家宝

二〇〇七年九月十四日

大型群众性活动安全管理条例

第一章　总则

第一条　为了加强对大型群众性活动的安全管理，保护公民生命和财产安全，维护社会治安秩序和公共安全，制定本条例。

第二条　本条例所称大型群众性活动，是指法人或者其他组织面向社会公众举办的每场次预计参加人数达到1 000人以上的下列活动：

（一）体育比赛活动；

（二）演唱会、音乐会等文艺演出活动；

（三）展览、展销等活动；

（四）游园、灯会、庙会、花会、焰火晚会等活动；

（五）人才招聘会、现场开奖的彩票销售等活动。

影剧院、音乐厅、公园、娱乐场所等在其日常业务范围内举办的活动，不适用本条例的规定。

第三条　大型群众性活动的安全管理应当遵循安全第一、预防为主的方针，坚持承办者负责、政府监管的原则。

第四条　县级以上人民政府公安机关负责大型群众性活动的安全管理工作。

县级以上人民政府其他有关主管部门按照各自的职责，负责大型群众性活动的有关安全工作。

第二章　安全责任

第五条　大型群众性活动的承办者（以下简称"承办者"）对其承办活动的安全负责，

承办者的主要负责人为大型群众性活动的安全责任人。

第六条 举办大型群众性活动,承办者应当制订大型群众性活动安全工作方案。

大型群众性活动安全工作方案包括下列内容:

(一)活动的时间、地点、内容及组织方式;

(二)安全工作人员的数量、任务分配和识别标志;

(三)活动场所消防安全措施;

(四)活动场所可容纳的人员数量以及活动预计参加人数;

(五)治安缓冲区域的设定及其标识;

(六)入场人员的票证查验和安全检查措施;

(七)车辆停放、疏导措施;

(八)现场秩序维护、人员疏导措施;

(九)应急救援预案。

第七条 承办者具体负责下列安全事项:

(一)落实大型群众性活动安全工作方案和安全责任制度,明确安全措施、安全工作人员岗位职责,开展大型群众性活动安全宣传教育;

(二)保障临时搭建的设施、建筑物的安全,消除安全隐患;

(三)按照负责许可的公安机关的要求,配备必要的安全检查设备,对参加大型群众性活动的人员进行安全检查,对拒不接受安全检查的,承办者有权拒绝其进入;

(四)按照核准的活动场所容纳人员数量、划定的区域发放或者出售门票;

(五)落实医疗救护、灭火、应急疏散等应急救援措施并组织演练;

(六)对妨碍大型群众性活动安全的行为及时予以制止,发现违法犯罪行为及时向公安机关报告;

(七)配备与大型群众性活动安全工作需要相适应的专业保安人员以及其他安全工作人员;

(八)为大型群众性活动的安全工作提供必要的保障。

第八条 大型群众性活动的场所管理者具体负责下列安全事项:

(一)保障活动场所、设施符合国家安全标准和安全规定;

(二)保障疏散通道、安全出口、消防车通道、应急广播、应急照明、疏散指示标志符合法律、法规、技术标准的规定;

(三)保障监控设备和消防设施、器材配置齐全、完好有效;

(四)提供必要的停车场地,并维护安全秩序。

第九条 参加大型群众性活动的人员应当遵守下列规定:

(一)遵守法律、法规和社会公德,不得妨碍社会治安、影响社会秩序;

(二)遵守大型群众性活动场所治安、消防等管理制度,接受安全检查,不得携带爆炸性、易燃性、放射性、毒害性、腐蚀性等危险物质或者非法携带枪支、弹药、管制器具;

(三)服从安全管理,不得展示侮辱性标语、条幅等物品,不得围攻裁判员、运动员或者其他工作人员,不得投掷杂物。

第十条 公安机关应当履行下列职责:

(一)审核承办者提交的大型群众性活动申请材料,实施安全许可;

（二）制订大型群众性活动安全监督方案和突发事件处置预案；

（三）指导对安全工作人员的教育培训；

（四）在大型群众性活动举办前，对活动场所组织安全检查，发现安全隐患及时责令改正；

（五）在大型群众性活动举办过程中，对安全工作的落实情况实施监督检查，发现安全隐患及时责令改正；

（六）依法查处大型群众性活动中的违法犯罪行为，处置危害公共安全的突发事件。

第三章　安全管理

第十一条　公安机关对大型群众性活动实行安全许可制度。《营业性演出管理条例》对演出活动的安全管理另有规定的，从其规定。

举办大型群众性活动应当符合下列条件：

（一）承办者是依照法定程序成立的法人或者其他组织；

（二）大型群众性活动的内容不得违反宪法、法律、法规的规定，不得违反社会公德；

（三）具有符合本条例规定的安全工作方案，安全责任明确、措施有效；

（四）活动场所、设施符合安全要求。

第十二条　大型群众性活动的预计参加人数在1 000人以上5 000人以下的，由活动所在地县级人民政府公安机关实施安全许可；预计参加人数在5 000人以上的，由活动所在地设区的市级人民政府公安机关或者直辖市人民政府公安机关实施安全许可；跨省、自治区、直辖市举办大型群众性活动的，由国务院公安部门实施安全许可。

第十三条　承办者应当在活动举办日的20日前提出安全许可申请，申请时，应当提交下列材料：

（一）承办者合法成立的证明以及安全责任人的身份证明；

（二）大型群众性活动方案及其说明，2个或者2个以上承办者共同承办大型群众性活动的，还应当提交联合承办的协议；

（三）大型群众性活动安全工作方案；

（四）活动场所管理者同意提供活动场所的证明。

依照法律、行政法规的规定，有关主管部门对大型群众性活动的承办者有资质、资格要求的，还应当提交有关资质、资格证明。

第十四条　公安机关收到申请材料应当依法做出受理或者不予受理的决定。对受理的申请，应当自受理之日起7日内进行审查，对活动场所进行查验，对符合安全条件的，做出许可的决定；对不符合安全条件的，做出不予许可的决定，并书面说明理由。

第十五条　对经安全许可的大型群众性活动，承办者不得擅自变更活动的时间、地点、内容或者扩大大型群众性活动的举办规模。

承办者变更大型群众性活动时间的，应当在原定举办活动时间之前向做出许可决定的公安机关申请变更，经公安机关同意方可变更。

承办者变更大型群众性活动地点、内容以及扩大大型群众性活动举办规模的，应当依照本条例的规定重新申请安全许可。

承办者取消举办大型群众性活动的，应当在原定举办活动时间之前书面告知做出安全许可决定的公安机关，并交回公安机关颁发的准予举办大型群众性活动的安全许可证件。

第十六条 对经安全许可的大型群众性活动,公安机关根据安全需要组织相应警力,维持活动现场周边的治安、交通秩序,预防和处置突发治安事件,查处违法犯罪活动。

第十七条 在大型群众性活动现场负责执行安全管理任务的公安机关工作人员,凭值勤证件进入大型群众性活动现场,依法履行安全管理职责。

公安机关和其他有关主管部门及其工作人员不得向承办者索取门票。

第十八条 承办者发现进入活动场所的人员达到核准数量时,应当立即停止验票;发现持有划定区域以外的门票或者持假票的人员,应当拒绝其入场并向活动现场的公安机关工作人员报告。

第十九条 在大型群众性活动举办过程中发生公共安全事故、治安案件的,安全责任人应当立即启动应急救援预案,并立即报告公安机关。

第四章 法律责任

第二十条 承办者擅自变更大型群众性活动的时间、地点、内容或者擅自扩大大型群众性活动的举办规模的,由公安机关处1万元以上5万元以下罚款;有违法所得的,没收违法所得。

未经公安机关安全许可的大型群众性活动由公安机关予以取缔,对承办者处10万元以上30万元以下罚款。

第二十一条 承办者或者大型群众性活动场所管理者违反本条例规定致使发生重大伤亡事故、治安案件或者造成其他严重后果构成犯罪的,依法追究刑事责任;尚不构成犯罪的,对安全责任人和其他直接责任人员依法给予处分、治安管理处罚,对单位处1万元以上5万元以下罚款。

第二十二条 在大型群众性活动举办过程中发生公共安全事故,安全责任人不立即启动应急救援预案或者不立即向公安机关报告的,由公安机关对安全责任人和其他直接责任人员处5000元以上5万元以下罚款。

第二十三条 参加大型群众性活动的人员有违反本条例第九条规定行为的,由公安机关给予批评教育;有危害社会治安秩序、威胁公共安全行为的,公安机关可以将其强行带离现场,依法给予治安管理处罚;构成犯罪的,依法追究刑事责任。

第二十四条 有关主管部门的工作人员和直接负责的主管人员在履行大型群众性活动安全管理职责中,有滥用职权、玩忽职守、徇私舞弊行为的,依法给予处分;构成犯罪的,依法追究刑事责任。

第五章 附则

第二十五条 县级以上各级人民政府、国务院部门直接举办的大型群众性活动的安全保卫工作,由举办活动的人民政府、国务院部门负责,不实行安全许可制度,但应当按照本条例的有关规定,责成或者会同有关公安机关制订更加严格的安全保卫工作方案,并组织实施。

第二十六条 本条例自2007年10月1日起施行。

(摘自新华社,2007-09-21)

9.3　会展场馆对突发事件的处理

会议、展览或活动在现场可能会发生一些意想不到的突发事件,会展组织者和会展场馆管理人员在突发事件面前将得到真正的检验。做好危机管理工作,会展组织者和会展场馆管理人员在危机和紧急事件中要扮演领导角色,要表现出足够的冷静和魅力,在事前会展场馆要能列举可能发生的各种紧急事件以设定预案,除在第一时间报告之外,按事先制订的程序和措施来处理,以防措手不及。

2006年1月8日,国务院发布的《国家突发事件总体应急预案》确定了突发事件处置的六个工作原则:以人为本、减少危害;居安思危、预防为主;统一领导,分级负责;依法规范,加强管理;快速反应,协同应对;依靠科技,提高素质。

会展场馆对突发事件的处置也应遵循和参照以上原则并制订相关的应急预案。本节介绍几个场馆的紧急预案供参考,以对不同预案的制订和实施有所了解。

9.3.1　火情处理预案

1)报警和火情确认程序

①场馆人员发现火情后,要沉着冷静,不得大声喧哗,应立即击碎附近的火警按钮玻璃,按下按钮,并就近打电话向消防控制中心报警。报警时,报警人应吐字清晰,详细说明起火地点、火势的大小、火灾的性质(固体、气体、液体、电路、爆炸等),有无人员受伤及本人姓名。

②接到火警报告或设备报警后,消防控制中心值班人员中的一人应迅速持对讲机赶到报警现场确认火情,另一值班人员应坚守岗位掌握情况。

③火情确认后(包括火警电话可以确认的火情),消防室的值班人员要立即以电话向中心报警。

④上述岗位接报警后,要立即按下列顺序报告中心领导:总经理、副总经理、保安部经理。报警时要依序向在场馆的领导报告,然后再以电话通知在外领导。此外,还应尽快通知中控室。

⑤中控室接火警后,应立即通知变电所、空调机房火警待命。

2)火情处理程序

①火灾指挥部属于第一指挥序列人员,接到火警报警后,要立即奔赴火点,判明火情,指挥灭火和疏散。

②火情确认后,消防控制中心值班人员要迅速按火灾事故处理程序进行操作,做好各种准备,等候指挥部总指挥的命令。

③现场消防人员在报警后,要立即以对讲机呼唤保安人员并组织周围的同事和群众用附近的灭火器材进行扑救。

④保安人员接到火警呼唤后,要立即控制失火点出入口,禁止无关人员进入,并根据火场位置,准备开启有关疏散通道;非火情展场内巡人员,要立即接替展场守门人员,并做好打开疏散门的准备;其他保安人员应迅速到消控室提取备用消防器材赶赴火场,维持秩序,救助伤员,参与灭火。

⑤火灾指挥员赶抵火场后,场馆所有人员均应服从其指挥。消控现场人员要提示指挥人员应采取的措施并始终跟随指挥人员,负责指挥员与消防室和中心的通信联络。

须提示的措施包括:是否组织全场馆人员参与灭火,是否向119报警,是否发出紧急疏散通知。

⑥展场内失火后,展场内巡要立即打开×号门,然后打开×或×号门,接着赶往玻璃自动门前,视情况,以消防斧击碎玻璃门,引导人员由此疏散。

⑦如下达全体人员参与灭火令,消控室值班人员立即启用应急广播,通知全体人员赶赴火场。

⑧接到灭火广播通知,除档案室留2人、财务部门留2人整理重要文件,准备疏散;中控室、电话室、前台各留1人,保障设备运转和开间安全外,其他所有人员均应赶赴火场。

⑨前台人员应立即通知工程部维修人员赶赴火场,并禁止无关人员进入开间。

⑩如下达拨119的命令,消控值班人员应立即报警,并通知车队派一人到××路口指引消防车,另派一人去××路口指引消防车。

⑪如下达紧急疏散命令,消控值班人员要立即打开失火区域的应急广播,通知人员疏散。

3)疏散方案

扑救火灾的同时,疏散工作应根据总指挥的命令,有组织有计划地展开。

(1)人员疏散要点

①先疏散失火场所的人员,再依据火势确定其他需要疏散的区域。

②各部门、各岗位的人员在进行疏散时应遵循"老、弱、病、残、妇、幼"在先的原则,由一名工作人员在前领路,另一名工作人员认真检查每一地方、每一角落,确保无任何人员留下后方可离开。

③在疏散的同时要引导客人走最近的安全疏散通道,不得乘坐电梯。

④场馆的所有人员在撤离时,应沿路关闭一切门和窗户,阻止火势蔓延。撤离后,应当立即到指定的安全地带集中并清点人数,如有下落不明的人或还未撤离的人员,立即通知消防队。

(2)财产安全疏散要点

场馆财产(包括档案、资金、贵重物品及其他物品等)的迅速疏散是火场中一项紧迫的任务,对受火灾威胁的重要财产是迅速进行疏散还是就地保护,要根据火场的具体情况来决定。下列情况需要进行财产紧急疏散。

①重要的财产受到火焰或烟雾等直接威胁而无法保护时,要进行紧急疏散。

②重要的又不能用水扑救的财产要进行紧急疏散。

③有可能助长火势的易燃、助燃物质。

④有可能在热辐射的影响下造成爆炸的物品、容器,如氧气瓶、乙炔瓶等。

⑤当物资有碍人员进行疏散或妨碍消防队员的灭火行动时,要迅速疏散。

在火场中,疏散要分清主次、缓急,方法要适当,一般情况下应先疏散有爆炸危险的、贵重的、处于下风向的物品。

（3）场馆各区域的疏散方案

①地下室人员的安全疏散。地下室人员应按安全出口的疏散指示灯疏散。

②展厅人员的安全疏散。展厅是场馆安全疏散工作的重点,如发生紧急情况易造成混乱,因此,展览期间保安内巡人员应手持对讲机和安全门钥匙在展厅内待命,当人流过大时,要报告上级领导及时开启安全出口大门。

③办公区人员安全疏散。办公区人员听到火灾事故广播后,应首先打开安全门,由室外铁梯或员工通道疏散。

④国际会议区、多功能厅人员安全疏散。国际会议区和多功能厅是中心防火的重点。因地面铺地毯,装修材料多采用木质,火灾发生后会产生大量浓烟,具有很大的危险。因此,无论是开会还是节目演出期间,国际会议区和多功能厅都应事先打开各安全疏散门,做好突发事件的安全疏散准备工作。

需要疏散时,国际会议区及多功能厅的工作人员要立于安全出口处,引导人员撤离,避免人员都涌入一个安全出口,造成拥挤和伤亡。

⑤中餐厅人员的安全疏散。中餐厅每日营业期间,应始终保证各安全疏散门的畅通无阻,当遇有大型宴会或其他宴请活动时,要加大安全力度,确保万无一失。

当餐厅员工和服务人员发现火情或听到事故广播后,要保持冷静,应迅速引导客人通过安全疏散通道撤出中心。

中餐厅由于包厢多,疏散工作要细致周密,疏散通知下达后,服务员要将所有房间检查一遍,确认无人后方可撤离。

⑥中央大堂人员安全疏散。大堂保安人员当发现火情或听到事故广播后,应迅速打开大堂各疏散通道,关闭观光梯,引导客人撤出场馆,同时大堂保安人员应迅速赶到火灾发生的区域,反复开启落下的防火卷帘,救助被困在卷帘前的人员,并在大堂加强警戒,禁止无关人员进入场馆。

特别事项:如火情发生在展厅、夹层、中餐厅的任何一个部位,那么相应部门的防火卷帘就会落下阻止火势的蔓延,这就给安全疏散带来了困难,因此,除保安人员反复开启卷帘外,有关部门应保证场馆设定的安全通道畅通无阻,并设专人负责引导客人从安全出口疏散。

火灾发生在二楼以上层面时,保安部要根据失火区域,迅速打开该区域疏散通道的临街门。

4）善后处理

①火灾扑灭后,保安部要负责保护好现场,并配合专责机关进行事故调查。

②保安部要做好火警、火灾的登记建档工作。

③各部门应统计本部门的物资损失情况。

④工程部应在事故调查结束后,及时更换损坏的喷头、烟感探头等消防设备,使消防系统恢复正常。

5)火灾逃生要领

疏散时,最好随身带一条湿毛巾,经过烟雾区时,要弯腰爬行前进,用湿毛巾捂住嘴鼻,以防吸入有毒气体。

在可能的情况下,用一件针织衣浸湿后套在头上,如果身上着火了,应把着火衣服脱掉,来不及脱衣服可就地打滚,把身上的火苗压灭。

9.3.2 爆炸及可疑爆炸物品紧急处理预案

1)报警程序

①迅速用电话通知控制室,讲明发现爆炸或爆炸物的时间、地点和情况,同时将自己的姓名和身份讲清,不要轻易移动或排除爆炸物(疑似爆炸物),尽可能保护、控制现场。

②控制室值班员接到报警后,详细记录报警人的姓名、部门、时间、地点和发现爆炸或爆炸物品的情况,并立即呼叫下列人员到现场。

a. 保卫部经理、工程部经理、网络信息部经理、展厅厅长或会务经理。

b. 总经理、副总经理。

c. 发生爆炸部门的经理、医务室、车队有关人员。

③呼叫时要简明扼要地将发生的情况、时间、地点讲清。

2)各部门人员到场后的职责

①总经理、副总经理立即组织临时指挥部,根据各部门汇报的情况,组织、指挥、协调各项工作,统一下达指令,采取有力措施,进行扑救,布置有关部门做好善后工作。

②展厅厅长或会务经理传达指挥部的指示,协调各部门工作,详细记录现场处理经过,向客人解释发生的情况并安定客人情绪。

③发生爆炸部门的经理负责组织疏散事故发生区域的客人及行李。

④保卫部要做好下列工作:

a. 立即组织警力,划定以爆炸或爆炸物为中心的警戒线,控制现场,疏散无关人员,事故区可关闭防火门;

b. 同时报告上级公安部门;

c. 公安人员到场后,听从公安人员指挥,配合公安人员做好各项工作;

d. 随时将现场情况报告公司有关领导。

⑤工程部、网络信息部立即关闭附近由于爆炸可能引起恶性事故的设备,撤走现场附近可以移动的贵重物品。

⑥医务室抢救伤员,等待急救中心到来或护送伤员到医院。

⑦车队做好抢救伤员所用车辆的准备。

除按以上报警处理外,还要求场馆员工沉着、冷静,听从指挥,坚守岗位,配合专业人员排除险情。

9.3.3 食物中毒防范及处理预案

1)场馆办公室负责选择配套餐饮空间及合作单位

①选择的空间与会展活动保持一定距离,避免就餐与参观人员混杂,确保厨房、配餐间与库房的安全与卫生及整个餐饮空间的通风、排烟和排污。

②选择合格的餐饮企业进行社会化合作,同时签订卫生与安全责任书,严格审核餐饮工作人员的相关资质,监督其操作流程,确保餐饮质量。

2)场馆人员发现有食物中毒情况时的职责

①报告保卫部值班人员,讲明自己的身份、所在地点、食物中毒人员国籍、人数、中毒程度、症状等。

②报告人应就近看护中毒者,不要将病人单独留下,不挪动任何物品,保护好现场。

3)保卫部值班人员任务

①接到食物中毒通知后,要问清时间、地点、中毒人数、中毒程度、症状并记录。

②按下列顺序简明扼要通知有关部门人员到达食物中毒现场:医务室和办公室;总经理,副总经理,展厅厅长或会务经理,餐饮部经理,保卫部经理;车队长。

4)食物中毒发生后,各指定人员带下列设备和物品赶到现场

①医务室人员:急救设备、药品、氧气。

②保卫部人员:勘察箱、照相机、对讲机、笔录纸、手电。

③场地管理部人员:担架。

④办公室人员:食品取样器材。

5)食物中毒发生后有关人员的职责

(1)医务室人员

①携带急救器材、氧气等赶到现场,对中毒者及时诊断,采取紧急抢救措施,并按现场指挥员要求,负责与"120"急救中心联系,如中毒者需送医院时,医务室应派专人陪同前往。

②公安机关来场馆处理食物中毒时,医务人员要主动提供中毒者病理情况。

③在领导决定通知防疫部门来场馆时,医务人员负责向防疫部门介绍中毒情况和接待工作。

(2)保卫部人员

①立即赶到现场,划定警戒线,禁止无关人员进入和围观。

②协助医务室人员抢救中毒者,做好对发现人和现场知情人的访问记录。

③情况严重时随中毒者前往医院,适时做好中毒者访问记录,同时查明中毒者身份、

国籍。

④公司领导决定通知公安局时,保卫部负责与公安局联系并做好接待工作。

⑤如中毒者死亡,应安排警卫保护好现场,进行初步调查,如是投毒,应立即控制嫌疑人,开展调查侦破工作。

(3)总经理、副总经理

①听取各部门情况报告,对各部门工作予以协调,统一下达命令。

②对应急措施予以决策,通知有关部门做好善后工作。

(4)展厅厅长或会务经理

①执行公司领导对中毒现场及抢救工作的一切指令,向客人进行解释,稳定客人情绪。

②必要时立即通知中毒者家属。

(5)场地管理部人员

①立即到医务室取担架准备进行抢救。

②按公司领导或部门领导的指令到达现场,用担架运送食物中毒者。

(6)车队人员

①准备好抢救中毒者和调查办案人员专车。

②一名人员在现场随时准备接受公司领导指示。

9.3.4 台风暴雨紧急处理预案

①在台风、暴雨到来前,用各种形式通知公司全体工作人员和客户做好防台风、暴雨的各项准备工作。

②各部门组织检查房屋建筑的各种设备、设施,对低洼处的设备要进行防水淹的防护处理。

③各部门检查辖区内的公共设施,对易被台风刮倒的设施,如高杆灯、户外广告等,应加固的要进行加固,能移走的要暂时移到安全地带。

④工程部检查各种排水设备,保证完好状态,确保应急使用。

⑤场地管理部检查天台、屋面、下水道、沟渠,确保畅通,通知保洁、绿化外包方,对建筑物周围可能飞起的丢弃物进行清理,对花木进行加固,对摆放的花盆进行转移。

⑥台风期间,各部门加强值班和巡查制度,并组织应急抢险队伍,做到分工明确,措施得当,招之即来,排险有效。如遇险情,接到报告后,应立即赶赴现场,同时上报场馆领导,并尽快通知部门员工到达出事现场,组织机电设备抢险,防止事故扩大,同时记录好时间,保护好出事现场。

⑦各部门巡查中发现严重漏水事故的,立即组织清除现场的积水,属于下水道堵塞的要立即疏通下水道;电器设备浸水的,要立即切断电源,然后进行排水,防止漏电伤人;遇电梯附近漏水的,应立即将电梯升至顶层,并关闭电梯,然后进行排水处理和维修。

⑧台风过后,各部门应立即组织检查,保证设备(设施)完好。如有财产损失,相关部门做好事故调查和财产理赔工作。

本章小结

通过本章的学习,要明确会展场馆安全管理的重要意义,懂得会展场馆安全管理的组织机构与岗位设置;能按照会展场馆治安和消防工作管理流程以及相关制度要求,具体实施日常、布展、展出、撤展期间的安全保卫管理工作;能够在会展场馆发生意外事件和紧急事故时按照预案处理。

复习思考题

1. 会展场馆安全管理的含义是什么? 会展场馆保卫部的工作主要有哪些方面?
2. 场馆举办的各种类型会展活动主要采取的安全保卫防范措施有哪些?
3. 你知道的会展场馆有哪些安保设施?
4. 会展场馆安全保卫管理规定的要点有哪些?
5. 除本章介绍的以外,你认为会展场馆还可制订哪些紧急事故处理预案?

实 训

模拟在某会展场馆可能遇到的紧急事故,作为会展场馆的工作人员你将如何处置?用文字列出最佳的处理过程。

案 例

案例一 美国音乐会发生舞台坍塌事故 已确认5死40伤

网易娱乐8月15日报道 据外国媒体报道,北京时间2011年8月14日(当地时间13日)举行的印第安纳州博览会(Indiana State Fair)发生音乐会舞台坍塌事故,日前已经造成至少5人丧生,40人受伤。

据了解,当地时间13日晚9点,一年一度的美国印第安纳州博览会准备举办一场乡村音乐会,美国乐队组合Sugarland将演出。但就在演出前,一阵强风突然袭来,导致牵引舞台的装置坍塌,数人被压埋。警方称目前已从坍塌舞台下找到5名死者遗体,另有至少40人受伤。而博览会主办方则认为,死伤人数可能更多。

意外发生后,警方封锁了现场,让紧急部门救援人员及现场的音乐会粉丝立即展开救援,伤者已被送往医院治疗,其余数千名歌迷被转移到附近的建筑物中。对此,印第安纳州州长米奇·丹尼尔斯(Mitch Daniels)发表声明称这是一场可怕的灾难,而现在已经取消计划举行的所有活动并做好各项紧急措施尽量将伤害减到最低。

据悉,当时强风来袭得毫无征兆,强风突然袭来将整个舞台从左边翻转起来。而现场的歌迷也因舞台的倒塌发生推挤踩踏。事件发生后,美国乐队组合 Sugarland 随即在 Twitter 上向乐迷表示乐队很安全并为这次的灾难祈祷,其中写道:"我们很安全,现在我们一起为受到这次灾难影响的乐迷祈祷,我们希望你能加入我们。因为他们都需要大家的力量。"

美国印第安纳州博览会(Indiana State Fair)发生音乐会舞台坍塌事故如图 9-10 所示。

图 9-10　美国印第安纳州博览会发生音乐会舞台坍塌事故现场

（摘自网易娱乐,2011-08-15）

案例二　阿联酋迪拜购物节发生火灾　中国展馆被毁

当地时间 2 月 3 日上午 9:00,正在举办 2005 年迪拜购物节的"地球村"内突然起火,大火首先从尼泊尔展馆烧起,继而波及隔壁的中国展馆和约旦展馆,并导致中国展馆内 120 个摊位中的 110 多个被烧毁。据阿联酋当地警方初步调查,这起火灾的起因是电线短路,而展馆建材为易燃物以及事发当时风力巨大,都为火势蔓延创造了条件。所幸的是,这场大火没有造成人员伤亡。接到火灾报告后,中国驻迪拜总领馆负责人立即赶赴现场,了解中国展馆受灾情况,并与迪拜有关方面交涉善后事宜。

据悉,这已经是"地球村"自开村以来的第二次火灾了。上一次火灾发生在人流拥挤的夜晚游园活动期间,一名脚踩高跷、吞食火苗的表演者忙中出错,当场燃起熊熊大火,并迅速蔓延。幸好消防车及时赶到,才控制了火情。

为了吸引游客和发展商贸业,位于阿联酋首都阿布扎比东北约 160 km 处的港口城市迪拜每年初都要举办一次购物节。参展商家以国家为单位在市内的"地球村"中建设具有民族特色的销售展馆。2005 年的购物节"地球村"设在迪拜市的酋长路,共设有 46 个不同国家的展馆,大约 60 个餐馆和 75 个凉亭,同时备有 100 多辆马车,此次展览于 1 月 12 日开展,至 3 月 31 日结束,总共为期 79 天。阿联酋迪拜购物节火灾前后的中国馆门楼照片如图9-11所示。

图9-11 阿联酋迪拜购物节火灾前后的中国展馆门楼照片

（摘自新华网,2005-02-04）

案例三 波兰卡托维茨国际博览会展厅坍塌事故抢险结束

新华网华沙1月29日电(记者邵进)波兰西里西亚省政府发言人梅耶尔29日晚宣布,随着最后一具尸体从废墟中找出,卡托维茨国际博览会展厅坍塌事故的抢险工作业已结束。

在波兰西南部城市卡托维茨举办的国际博览会一展厅的房顶28日晚突然坍塌。估计当时展厅内有500~1 000人。

梅耶尔说,初步查明,在这场灾难中共有66人死亡,140多人受伤。卡钦斯基总统表示,他将亲自监督事故原因的调查工作,并查处相关责任人。政府29日凌晨设立了中央调查委员会。

波兰运输和建设部长波拉切克说,事故原因很可能是房顶积雪超过了安全限度。根据波兰有关规定,房顶承受积雪的最大限度是70 kg/m^2。他认为,卡托维茨国际博览会展厅已经超过限度。波兰内务部在事故发生后便立即要求全国展开房顶检查和清雪工作。

但卡托维茨国际博览会有限公司董事会代表认为,坍塌有可能是其他一些原因造成的,如建筑设计、结构、材料不当,或内外温差大而导致屋顶材料脆化等。当时展厅内为20 ℃,而室外是-15 ℃。

初步查明,有6名外国人在这起事故中遇难,他们分别来自捷克、斯洛伐克、比利时和德国。事故发生后欧盟委员会以及许多国家领导人向波兰发出唁电表示慰问。

卡托维茨位于波兰西南部,距离首都华沙大约300 km,是波兰著名的"煤都"。

此次"第七届国际赛鸽展"原计划持续3天,到1月29日闭幕。作为欧洲最大的赛鸽展之一,展览吸引了德国、捷克、比利时、荷兰等欧洲国家的公民。图9-12为搜救人员在事故现场紧张救援。

图9-12 搜救人员在事故现场紧张救援

（摘自新华网,2006-01-30）

案例讨论:

1. 大型节事活动临时搭建的设施、建筑物的安全、重点位置人流疏导等的重要性。

2. 展览会在消防工作中对电线可能引起的火灾应该有哪些措施?

3. 自然环境对大型场馆可能造成灾害的除了大雪外还有哪些方面? 应采取什么措施?

第 10 章
会展场馆的标准化管理

【本章导读】

会展场馆的建筑设施和设备是举办会展活动的基础,硬件固然重要,但进行经营和管理的软件及行业的规范标准更是不能忽视。本章主要介绍:ISO 质量认证体系在会展场馆的推广,会展场馆的 CI 策划,部分国家对某些图案和色彩的喜爱和禁忌,会展场馆相关的规定,展会知识产权保护办法,会展场馆的服务质量调查和管理等。

【关键词汇】

ISO 质量认证体系　　CI 策划　　展览会等级　　展会知识产权保护　　服务质量调查

10.1　ISO 质量认证体系在会展场馆的推广

10.1.1　ISO 质量体系简介

1) ISO

ISO 是一个国际标准化组织,其成员由来自世界上 100 多个国家的国家标准化团体组成,代表中国参加 ISO 的国家机构是国家质量监督检验检疫总局(以下简称"国家质检总局")。ISO 与国际电工委员会(IEC)有密切的联系,中国参加 IEC 的国家机构也是国家质检总局。ISO 和 IEC 作为一个整体担负着制定全球协商一致的国际标准的任务,ISO 和 IEC 都是非政府机构,他们制定的标准实质上是自愿性的,这就意味着这些标准必须是优秀的标准,它们会给工业和服务业带来收益,因此他们自觉使用这些标准。ISO 和 IEC 不是联合国机构,但他们与联合国的许多专门机构保持技术联络关系。ISO 和 IEC 有约 1 000 个专业技术委员会和分委员会,各会员国以国家为单位参加这些技术委员会和分委员会的活动。ISO 和 IEC 还有约 3 000 个工作组,ISO,IEC 每年制定和修订 1 000 个国际标准。标准的内容涉及广泛,从基础的紧固件、轴承各种原材料到半成品和成品,其技术领域涉及信息技术、交通运输、农业、保健和环境等。每个工作机构都有自己的工作计划,该计划列出需要制定的标准项目(试验方法、术语、规格、性能要求等)。ISO 的主要功能是为人们制定国际标准达成一致意见提供一种机制。其主要机构及运作规则都在一本名为 ISO/IEC 技术工作导则的文件中予以规定,其技术机构在 ISO 有 800 个技术委员会和分委员会,他们各有一个主席和一个秘书处,秘书处由各成员国分别担任,目前承担秘书国工作的成员团体有 30 个,各秘书处与位于日内瓦的 ISO 中央秘书处保持直接联系。

通过这些工作机构,ISO 已经发布了 9 200 个国际标准,如 ISO 公制螺纹、ISO 的 A4 纸张尺寸、ISO 的集装箱系列(目前世界上 95% 的海运集装箱都符合 ISO 标准)、ISO 的胶片速度代码、ISO 的开放系统互联(OS2)系列(广泛用于信息技术领域)和有名的 ISO 9000 质量管理系列标准。此外,ISO 还与 450 个国际和区域的组织在标准方面有联络关系,特别与国际电信联盟(ITU)有密切联系。在 ISO/IEC 系统之外的国际标准机构共有 28 个。每个机构都在某一领域制定一些国际标准,通常它们在联合国控制之下。一个典型的例子就是世界卫生组织(WHO)。ISO/IEC 制定 85% 的国际标准,剩下的 15% 由这 28 个其他国际标准机构制定。

2) ISO 9000 的诞生

人们并未等太长时间,在各国专家努力的基础上,国际标准化组织在 1987 年正式颁布了 ISO 9000 系列标准(9000~9004)的第一版。ISO 9000 标准很快在工业界得到广泛的承认,被各国标准化机构所采用并成为 ISO 标准中在国际上销路最好的一个。截至 1994 年底已被 70 多个国家一字不漏地采用,其中包括所有的欧洲联盟和欧洲自由贸易联盟国家、日本和美国。有 50 多个国家建立了国家质量体系认证/注册机构,开展了第三方认证和注册工作。有些国家,等待注册的公司队伍如此之长,要等上几个月甚至 1 年才能得到认证。ISO 9000 标准被欧洲测试与认证组织 EOTC 作为开展本组织工作的基本模式。欧洲联盟在某些领域如医疗器械的立法中引用 ISO 9000 标准,供应商在某些领域必须取得 ISO 9000 注册。许多公司得出的结论是,要想与统一起来的欧洲市场做生意,取得 ISO 9000 注册是绝对有好处的。许多国家级和国际级产品认证体系如英国 BSI 的风筝标志、日本 JIS 标志都把 ISO 9000 作为取得产品认证的首要要求,把 ISO 9000 结合到产品认证计划中去。

3）ISO 9000 认证特点和益处

①ISO 9000 标准是一系统性的标准,涉及的范围、内容广泛,且强调对各部门的职责权限进行明确划分、计划和协调,而使企业能有效地、有秩序地开展各项活动,保证工作顺利进行。

②强调管理层的介入,明确制订质量方针及目标,并通过定期的管理评审达到了解公司的内部体系运作情况,及时采取措施,确保体系处于良好的运作状态的目的。

③强调纠正及预防措施,消除产生不合格或不合格的潜在原因,防止不合格的再发生,从而降低成本。

④强调不断地审核及监督,达到对企业的管理及运作不断地修正及改良的目的。

⑤强调全体员工的参与及培训,确保员工的素质满足工作的要求,并使每一个员工有较强的质量意识。

⑥强调文化管理,以保证管理系统运行的正规性、连续性。如果企业有效地执行这一管理标准,就能提高产品（或服务）的质量,降低生产（或服务）成本,建立客户对企业的信心,提高经济效益,最终大大提高企业在市场上的竞争力。

4）ISO 9000 认证原则

ISO 9000 认证原则包括:以顾客为关注焦点,领导作用,全员参与,过程方法,管理的系统方法,持续改进,基于事实的决策方法,与供方互利的关系。

5）ISO 9000 认证步骤

仔细阅读过 ISO 9001 标准后,你一定会产生这样一个概念,ISO 9001 标准的确非常全面,它规范了企业内从原材料采购到成品交付的所有过程,牵涉企业内从最高管理层到最基层的全体员工。

ISO 9000 认证步骤如下:

知识准备—立法—宣贯—执行—监督、改进。

可以根据公司的具体情况,对上述五个过程进行规划,按照一定的推行步骤,引导公司逐步迈入 ISO 9000 的世界。

以下是企业推行 ISO 9000 的典型步骤,可以看出,中间完整地包含了上述五个过程:
- 企业原有质量体系识别、诊断;
- 任命管理者代表,组建 ISO 9000 推行组织;

- 制订目标及激励措施；
- 各级人员接受必要的管理意识和质量意识训练；
- ISO 9001 标准知识培训；
- 质量体系文件编写（立法）；
- 质量体系文件大面积宣传、培训、发布、试运行；
- 内审员接受训练；
- 若干次内部质量体系审核；
- 在内审基础上的管理者评审；
- 质量管理体系完善和改进；
- 申请认证。

企业在推行 ISO 9000 之前，应结合本企业实际情况，对上述各推行步骤进行周密的策划，并给出时间上和活动内容上的具体安排，以确保得到更有效的实施效果。

6）ISO 9000 认证周期

ISO 9000 认证周期如表 10-1 所示。

表 10-1　ISO 9000 质量体系认证的周期

项　目	内　容	时间/天
初　访	到企业了解一般情况	1～2
培　训	ISO 9000 授课、培训（与企业领导落实质量体系）	5～8
文件审查（编写）	质量手册、程序文件、作业指导书	18
修改文件	质量手册、程序文件、作业指导书	3
运行指导	试运行（各部门接口、修订）	5
内审培训	企业审核员培训	5
正式内审	（包括内审）（管理评审）	2～5
通过认证	（包括预审至通过认证）	2～5

7）ISO 9000 的精神

①制订合理化，具有说服力。
②制度具有涵盖性。
③用证据证明以按制度实施。
④说你所思，写你所说，做你所写。
⑤不但强调事后的改正能力，而且注意预防能力。

8）质量体系建立的过程

质量体系建立的过程如图 10-1 所示。

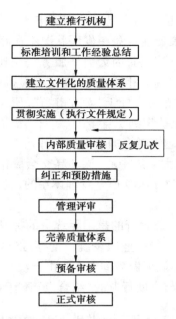

图 10-1 质量体系建立的过程

10.1.2 在会展场馆推行 ISO 认证的目的和适用范围

1) 目的

①指导场馆会议和展览活动服务过程中的质量工作。

②向社会和客户及相关方面表明场馆质量工作的能力。

③作为质量管理体系认证机构对场馆质量体系认证注册审核和监督审核的依据。

④通过管理体系的有效应用,包括持续改进的工作过程,保证场馆会议和展览活动服务过程符合客户和相关适用法律法规的要求,提高客户满意度。

2) 适用范围

认证适用于会展场馆内部管理及外部(包括认证机构)评价本场馆满足客户要求、符合法律法规的要求。

覆盖的区域包括场馆服务区和办公区以及配套服务场所和设施等。

10.1.3 ISO 质量认证体系在我国会展企业的推广

ISO 9000 认证作为建立一种完善质量管理体系的有效方法已普遍地被会展企业所接受。ISO 9000 认证的根本目的就是要企业按照国际标准来促进管理规范化,认证证书已经成为企业向"需方"提供"信任度"的证据。随着我国市场经济和会展经济的发展,越来越多的中小型会展企业涌现出来,但不管这些企业是会展公司,还是会展服务公司,都有着中小企业本身的局限性,并承受着现阶段会展经济发展不完善带来的影响,使得会展企业的管理方式以及产品质量存在较多问题。因此,会展企业把目光投向了 ISO 9000 认证等,都想通过国际认证这条"捷径",将自己送达国际市场。

目前,ISO 9000 认证在会展产业链条中发展状况不尽相同,据目前来看,ISO 9000 认证在会展服务公司中推行得比较顺利,因为会展服务公司比较活跃,处于"被人选择"的位置,所以寻求认证的积极性较高。相比之下,展馆就显得不是特别积极,因为我国部分城市大型展馆相对"紧俏"的状态使之处于"卖方市场",所以推行的速度相对缓慢。但随着近年来会展业的发展,展馆也认识到了竞争的严峻,不少周边城市展馆也纷纷通过或着手准备通过认证。目前在我国越来越多的会展场馆开始重视开展 ISO 质量体系的认证工作,先后有北京展览馆、上海光大会展中心、深圳高交会展馆、南京国际会展中心、厦门国际会议展览中心等许多场馆通过了 ISO 质量管理体系的认证。在服务质量上都有了一定程度的提高。

需要说明的是,ISO 9000 认证运行的是国际统一的标准,但要运用到行业中来,还必须找到与行业的结合点。由于会展行业缺少统一的标准,即使一些认证公司已有相关业务,也多是为国内展会接受国际认证做咨询工作。由于没有成型的认证市场,更难有对认证工作的监管,因此,国际认证与会展行业的"结合点"还有待进一步研究完善。

10.1.4 推行 ISO 14000 认证,促进生态场馆的建设

生态场馆作为一种全新的发展模式,已逐渐为各国会展界认同和接受。推行 ISO 14000 认证是实施会展场馆可持续发展战略的重要举措,其基本思想和运行特点是着眼持续的改进,重视生态环境质量,强调管理者的承诺和责任,立足于全员意识、全员承诺、全员参与,系统化、程序化、规范化地管理以及必要的文件支持,以便与其他管理体制兼容和协同运作。

ISO 14000 系列标准的核心是指导地区和组织建立起一个符合标准要求的环境管理体系 EMS(Environmental Management System)。推行 ISO 14000 认证,不仅可以增强生态会展场馆对成本的控制力度,节约能源和资金,提高生态场馆的环境管理水平,减少环境责任事故的发生,而且可以使广大会展场馆的经营管理活动更符合国家环境保护法规的要求,提高生态场馆的声誉形象。

在会展建筑的形式设计中,有两个基本策略可以达到节约能源的目的,一是通过合理组织各功能空间的布局,缩短交通路线,减少用于运输的能源;一是通过简洁、紧凑的建筑形体来减少热量的损失,从而来减少建筑材料的消耗。在设计中充分利用自然通风、日光照明和太阳能,以减少能源消耗。生态会展场馆设计时首先考虑保护环境和有利人类健康,设计建造最大限度地利用回收物资,符合环境要求、具有推广价值的可持续性建筑物。

中国展览馆协会第七届三次理事会 2011 年 1 月 12 日在杭州召开,会上中国展览馆协会理事们倡导理性建馆、绿色发展。我国有些展览会使用的材料不够环保,特别突出的是木结构装饰使用过多。使用过的木材料往往不能循环利用,造成了很大浪费。另一方面是声、光污染。许多大型展览会,参展商为了吸引参观人群的关注,使用大量的强光、眩光以及大功率音响扩音设备,造成能源消耗和灯光污染、噪声污染,破坏了环境的安静与舒适,影响洽谈和交流。会议提出,会展行业内应率先更新理念,倡导使用金属或其他可循环使用的展示器具和材料,推动我国展览向绿色环保型发展。

推行 ISO 14000 认证,促进生态场馆的建设将有助于我们展览大国的会展场馆建设以及整个会展行业跨入现代化、国际化与规范化的轨道。

一些管理先进,有着更高标准和要求的会展场馆,加强了在国际标准认证方面的工作。除了已有一批通过 ISO 9001 服务质量管理体系认证的会展企业外,天津梅江会展中心、西安曲江国际会展中心等场馆又做了职业健康安全管理体系和环境管理体系国际标(ISO 18001、ISO 14001)的认证,国家会议中心还特别通过了食品安全卫生体系国际标准(ISO 22000)和国际绿色建筑标准的认证。

10.2 会展场馆的 CI 策划

会展场馆的环境创新需要导入形象识别 CI 战略(Corporate Identity),创造出个性鲜明强烈、具有视觉张力和文化底蕴,并能使参展商和观众获得便捷、舒适、具有美感享受的心理满足的会展场馆环境。

10.2.1 会展场馆企业形象工程——CIS

CIS 是企业形象识别系统——Corporate Identity System 的缩写。许多实例表明,CIS 能把企业经营活动成功地导入一个创新的境界。国外许多会展场馆企业特别是大型会展场馆实施 CIS 已有一定的历史,但对于我国会展场馆而言,CIS 还是一个较新的概念。

1)CIS 定义及构成

CIS 是运用视觉设计,将企业的理念与特质予以视觉化、规格化及系统化,运用整体性全传播行销(Integrated Marketing Communication),特别是运用视觉沟通技术,透过传播媒体来增加社会认同的符号系统。

CIS 是一个有丰富内涵的有机整体,它包括三个子系统:理念识别(Mind Identity,MI)、行为识别(Behavior Identity,BI)以及视觉识别(Visual Identity,VI),其构成如图 10-2 所示。

2)会展场馆企业 CIS 的导入时机和模式选择

CI 战略包括了企业理念、行动规范、视觉形象三方面的统一。会展场馆导入 CIS 没有固定的开发模式,从国外及我国企业实施 CIS 的情况来看,会展场馆导入 CIS 的时机与过程有两种情况可供选择:①会展场馆在管理、营销、服务等方面条件较成熟,经营运转、规范化管理达到较高水平时,企业在 CIS 设计规范基础上,努力形成自己的风格,使会展场馆的整体营销力、管理水平更上一个台阶;②对于一些尚未形成自己经营理念的企业来说,可以先从 VI(企业视觉识别)起步,逐渐增加理念化的含量,将企业的经营理念、管理活动按 CIS 的基本要求加以体系化,从而借助 CIS 的实施,调整企业经营战略,将会展场馆企业的产品设计、服务质量管理、市场营销、信息传播等集成并提升为 CI 战略指导下的企业整体优化水平的系统性活动。这两种 CI 导入的时机与背景是不同的,其操作过程、开发模式也是不同的。国内外企业也都有成功的先例,我国会展场馆在实施 CIS 之时,应注意导入时机、目标模式及操作技巧的选择。

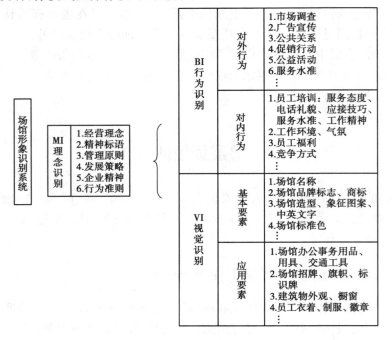

图 10-2　CIS 的三个子系统

3) 会展场馆企业 CIS 的操作过程

CIS 包括企业经营理念(MI)、企业行为规范(BI)、企业形象设计(VI)三个连续操作的系统和过程,其操作为:明确 MI,规范 BI,突出 VI。

(1) 明确理念识别系统

它是指会展场馆的经营理念的定位,包括企业经营理念,企业精神,经营信条,企业风格文化,经营哲学与方针策略,经营姿态,行为准则等。企业精神标语是其具体的表征。一些世界著名的会展场馆都十分重视企业理念识别及其传播,其鲜明的企业理念识别无不贯穿于企业经营的始终。

(2) 规范行为识别系统

它是指企业围绕理念识别系统而给予社会的种种形象及其行为准则,是企业内部人员的活动,以及他们在活动中所表现出来的举止、态度、行为方式等。BI 包括企业的对外行为活动和对内行为活动。前者有市场调查、产品推广、公共关系、促销活动、沟通对策及公益文化活动等,后者有企业的生产管理、员工教育等。会展场馆导入 BIS(行为识别系统),对场馆的所有工作岗位都制订了详细的职责、程序、标准,以标准化、规范化服务与超常服务、个性服务的完美结合为目标,突出企业的服务特色,使会展场馆日常的管理和服务行为全面规范化。除此之外,有的会展场馆还重视自己社会形象的塑造,积极捐助社会福利事业,有效地体现了其"友善、相助、礼貌、朴实、精勤、完善"的服务精神和经营理念。

（3）突出视觉识别系统

在 CIS 中，视觉识别的传播与感染力量最为具体，这方面所包含的项目最多，层面较广，效果也最直接。VIS 包括基本体系和应用体系两部分。基本体系是指将 CIS 制造成标准规范，诸如场馆标志、公司象征符号、企业造型、标准色、标准字（中英文）、基本构图及企业标语等。在 VIS 的设计与运用上，国外会展场馆有较成功的经验与先例，值得我国会展场馆学习和借鉴。如国外会展场馆企业在其名称的确定上，精益求精，颇具匠心，力求企业名称简洁明了，易读易记。在企业标志的设计上，力求达到瞬间强烈刺激与形象耐久性的有机结合，而且采用全球统一的企业名称和标志，大大提高了其集团所有成员的可识别性、视觉可辨认度和知名度。

一旦视觉识别基本体系构筑完成，即可将其运用于整个企业视觉与感觉的应用体系中。国外会展场馆早已成功地将其应用于内部陈设、办公用品系列、员工服装系列、专业化的会议展览服务、餐厅服务用品系列、展示陈列、广告版式、公共标志符号系列（如招牌、展示版、标志牌、说明架等店头广告）等。独立经营的会展场馆企业，其特色鲜明的建筑物外观设计能给予顾客强烈的视觉感受，成为其视觉识别标志的重要组成部分。

4）会展场馆企业 VIS 视觉识别系统的应用要素

（1）基本要素

基本要素包括：企业标志，企业标志释义，标志制图法，标志的使用规范，标志的色彩规范，中文标准字（横式），中文标准字（竖式），英文标准字，中文指定印刷字体，英文指定印刷字体，企业标准色，企业辅助色，企业象征图案，企业吉祥图形，标志与标准字组合，标志与基本资料组合，标志与标准字色彩使用规范，下属企业规范。

（2）应用系统

①办公用品系列：名片、中文信纸、英文信纸、普通信袋、普通信封、国际信封、国际信袋、传真纸首页、公文纸、便条纸、用款单、付款凭证、报销单、货物流程单、档案袋、薪资袋、介绍信、合同书、意向书、电话留言条等。

②会议展览系列：展具展架、可供出租用品、会议桌椅、台布、讲台、桌号牌、桌签、茶杯、纸杯、杯垫、文件夹、稿纸、铅笔、湿毛巾、指示牌、签到台、签到本、签到笔、名片盘等。

③标志系列：公共标志图案、企业招牌、公共导向牌、部门标志牌、横式楼顶招牌、竖式楼顶招牌、立地招牌、吊牌、工作证、贵宾卡、来宾卡、通行证、手提袋、包装纸、外包装箱、封箱胶带、不干胶贴纸等。

④广告系列：企业宣传册、海报广告规范、杂志广告规范、电视风格、幻灯片风格、报纸广告规范、企业杂志封面、招商说明书封面、气球广告规范、雨伞遮阳伞广告规范、广告旗、路牌广告规范、公布栏、说明书、企划书、招聘书、互联网主页、E-mail 背景风格等。

⑤服饰系列：男管理人员制服、女管理人员制服、维修服、维修帽、男女礼宾服、男女服务员制服、男女保安人员制服、男女清洁人员制服、工作服、工作帽、安全帽、运动服、运动帽、文化衫、雨具、皮夹、皮带头、领带、领结、领巾、领带夹、胸针等。

⑥交通系列：轿车、交通车、商务车、运输车、电瓶车、叉车、升降车等。

⑦旗帜系列：馆旗、公司旗、车旗、桌旗、锦旗、双面锦、POP 吊旗、横幅布旗等。

⑧环境系列：办公楼主体造型、装饰、形象墙、旗杆、灯杆、展示会场风格、垃圾桶、踏垫等。

⑨其他用品：记事本、台历、挂历、茶具、烟灰缸、意见箱、稿件箱、感谢卡、各式贺卡、卡片封套、请柬、伞架、各类纪念品等。

10.2.2　利用 CI 和 CS 战略，优化会展场馆环境

会展场馆导入形象识别 CI 战略（Corporate Identity）与顾客满意 CS（Customer Satisfaction）战略，要求设计者将会展场馆的营销理念和精神文化运用经营理念识别、整体视觉形象识别、经营活动识别这一整体传达系统传递给会展活动的主承办者、参展参会者与公众，使之产生认同感，达到场馆与会展项目促销的目的。另一方面，在企业经营竞争达到"感情化"程度的今天，会展场馆的设计要使参展商与公众接受有形产品与无形产品后感到满意。

10.3　部分国家对某些图案和色彩的喜爱和禁忌

10.3.1　部分国家对色彩的喜爱和禁忌

会展活动离不开色彩，由于世界不同国家、不同民族的生活习俗、文化背景和宗教信仰不同，对色彩的喜爱和禁忌也不同。随着我国改革开放的发展，国际间的会展交流活动日益增多，在气氛布置、背景板（开幕式或会议场所）、现场的主色调、地毯、窗帘、桌布、中心展台的布展设计等如色彩使用不当，不仅影响会议和展览的效果，也会影响交往国之间的相互关系。下面介绍世界五大洲部分国家对色彩的喜爱和禁忌，供会展工作者特别是设计人员和现场管理人员在工作中参考。

1）亚洲

（1）中国

红色在中国是喜庆色，中国人常用红色表示喜庆和荣耀。黄色在古代是皇家常用颜色，以示至高无上，洪福齐天。黑白两色习惯用于丧事，有的臂戴黑纱，以示悼念。在日常生活中，人们喜爱穿鲜艳夺目、明快艳丽、庄重淡雅的服装，也有些人追随世界流行色或用黑、白色做西服和裙服。

（2）日本

日本人非常钟爱的颜色是红色，日本人认为自己的国家是太阳最早升起的地方，把鲜红的太阳作为大和民族的象征，把红色称为其民族色；还喜爱柔和的色调和鲜艳的颜色；讨厌黄色，认为黄色是"死亡和不幸"的象征；也很少使用绿色。

（3）印度

印度人对红、黄、绿色都喜欢。红色表示生命力、活跃、狂热。绿色意味着真理，表示对知识的追求，还意味着和平与希望。黄色是代表太阳的颜色，表示华丽和光辉。印度人

不喜欢黑色和白色。

（4）缅甸

缅甸人最喜欢纯色和鲜明色彩。佛教的僧服是葵黄色,它是唯一带有宗教意义的颜色。

（5）斯里兰卡

红色和绿色在斯里兰卡具有重要的政治意义,平时共产党和保守党成员分别穿这两种颜色的衣服。

（6）马来西亚

马来西亚人喜欢红、橙等鲜艳色彩。绿色通常具有宗教意义,也可以使用在商业上。黄色为王室所用的颜色,人民不穿黄色衣服。

（7）菲律宾

菲律宾人喜欢红、绿、蓝、紫、橙黄色,尤其是鲜明的红色和黄色,很受当地人的喜欢。

（8）泰国

泰国人普遍喜欢红色、白色和蓝色,特别喜爱纯色,从服装到广告,都喜欢使用纯色。黄色是象征泰国皇室的颜色。泰国人还习惯用不同颜色表示一星期内不同日期,称为"星期色"。星期日红色,星期一黄色,星期二粉红色,星期三绿色,星期四橙色,星期五浅蓝色,星期六浅紫色。

（9）巴基斯坦

巴基斯坦流行鲜艳色彩,以翡翠绿最盛行,金、银色备受欢迎,视黑色为消极,黄色特别不受欢迎。

（10）新加坡

新加坡华裔很多,喜好红、绿、蓝色,视黑色为不吉利。

（11）伊拉克

伊拉克人最喜欢的颜色是绿色和黑色。在伊拉克,所有外事机构都用红色做标记,客运行业用红色,警车用灰色,丧服用黑色,商品上严禁使用国旗的橄榄绿色。

（12）以色列

以色列人非常喜欢白色和天蓝色,但在商业上不使用这些颜色。黄色在以色列被看作不吉祥的象征,受到人们的憎恶。在犹太教中,神圣的颜色是红、蓝、紫、白色。对基督教来说,绿色比蓝色含义更深。蓝色主要代表上帝的颜色。

（13）叙利亚

叙利亚人喜欢的颜色是蓝色、红色、绿色,认为黄色是象征死亡的颜色。

（14）土耳其

土耳其人一般喜欢纯色,尤其对绯红色和白色特别喜欢。此外,由于宗教信仰的关系,还喜欢绿色,对黄色和蓝色非常讨厌。

2）非洲

在色彩意识上,非洲的白种人与欧洲的白种人相比,除了因气候、水土不同有所差异外,在其他方面是非常相似的。土著民族一般都非常喜欢强烈的纯色,认为红色象征着战争与反抗,讨厌各种红色的产品和包装;蓝色意味着和平,因此受到普遍的喜爱。

(1)埃及

埃及人最喜欢的颜色是绿色。但是部分人相信蓝色能辟邪。埃及人在传统上对原色(红、黄、蓝)有特殊爱好,常把这三种颜色配合起来使用。

(2)摩洛哥

摩洛哥东部地区的人,特别喜欢红色和黄色;西部地区的人对红色和黄色却怀有很深的偏见。

(3)突尼斯

突尼斯人特别喜欢绿色,其次是白色和红色。白色和蓝色很受犹太族人喜爱。

3)欧洲

(1)奥地利

奥地利流行绿色,视绿色衣服为高贵、吉祥,许多装饰品也都使用绿色。

(2)比利时

比利时一些地区少女喜欢粉红色服装,忌讳蓝色。如遇丧事都穿蓝色服装,日常生活严禁用蓝色。

(3)保加利亚

白色象征人民热爱和平,绿色象征农业和国家的主要财富,红色象征勇士的鲜血。保加利亚人喜欢的服装颜色是灰绿色和茶色,一般来说,鲜明的色彩和纯色不受欢迎。鲜艳的绿色是无政府主义者农民党的代表色,大多数保加利亚人都非常讨厌它。

(4)芬兰

芬兰人没有特别显著的爱好色。在这个国家,在政治上具有代表性的颜色,与商业没有任何关系。

(5)德国

德国人一般喜欢纯色系颜色,尤其南部人比北部人更喜欢纯色。由于政治上的原因,对有些颜色持有偏见,例如对茶色、黑色、深蓝色的衬衫和红色的领带特别讨厌,甚至禁用深橙色。

(6)荷兰

荷兰人喜欢橙色或蓝色,特别是橙色,在节日里被广泛使用。橙色和蓝色是国家的代表色。

(7)法国

法国人喜欢鲜艳的色彩,对灰绿色的衣服非常反感,原因是它会使人联想到旧德国陆军的军装。在法国西部,男人喜穿蓝色服装,女人喜穿粉红色服装;在东部则相反。

(8)爱尔兰

传统的荷兰紫云英的绿色,是爱尔兰人最喜欢的颜色。爱尔兰人讨厌黄色,尤其讨厌代表英国的红色、白色和蓝色。这些禁忌都有历史渊源。

（9）意大利

在意大利绿色象征美丽的国土，白色象征阿尔卑斯山的雪和爱好正义、和平的精神，红色表示爱国的热血，视紫色为消极色彩。服装、化妆品以及较高级包装喜用浅淡色彩，食品和玩具喜好用鲜明色彩。

（10）挪威

挪威人十分喜欢鲜明色彩，特别是红、蓝、绿三色，这与当地冬季时间长有关。

（11）葡萄牙

葡萄牙人没有特别明显的爱好色。红色和绿色是国旗的颜色，蓝色和白色则是象征君主的颜色。

（12）瑞典

瑞典人喜欢蓝色和黄色。蓝色和黄色代表国家色，但不宜用于商业上。

（13）英国

在英国，色彩象征主义和徽章，曾广泛流行。即使在今天，著名的公司、学校以至橄榄球队仍在使用以色彩为象征的徽章。例如，金色（或黄色）象征着名誉和忠诚，银色（或白色）表示信仰和纯洁，红色象征勇气和热忱，蓝色意味着虔敬和诚实，黑色意味着悲哀和忏悔，绿色意味着青春和希望，紫色意味着王位和高贵，橙色意味着智力和宽厚，紫红色象征牺牲精神。

（14）瑞士

瑞士人喜欢原色和浓淡相间的色彩。黑色衣服只能在丧事活动中使用，但对黑色汽车都很喜欢。国旗的红色和白色，是最受人喜欢的颜色，而且非常喜欢将红色和白色同时使用。

4）北美

（1）美国

美国人十分讲究色彩的配合，一般喜欢鲜艳、强烈的单色或配色。在日常生活当中，美国人对黄色也情有独钟。黄色丝带是爱情的象征，金黄色的头发是美少女必不可少的条件。很多美国人都默认黄色是美国的民族色。美国人还十分喜欢明亮、活泼、美丽的色彩。美国国旗是由红、蓝、白色组成，因此，美国人对这三种颜色也特有好感。

（2）加拿大

在加拿大，除了受宗教教规影响的少数村庄外，一般并无显著的色彩爱好，但受宗教影响的色彩一般对市场的影响不大。

5）拉丁美洲

拉丁美洲的许多国家，一般比较喜欢纯色，不喜欢购置白色搪瓷制品。

（1）巴西

巴西人喜好红色，视紫色为悲伤，黄色表示绝望。

（2）墨西哥

墨西哥人喜欢的颜色是红色、白色和绿色。这些颜色广泛用于社会各个方面，特别是喜欢用在装饰品上。

（3）古巴

古巴人在色彩爱好方面与美国非常相似，一般喜欢纯色。

（4）委内瑞拉

在委内瑞拉，白色、绿色、茶色、红色、黑色具有特殊的政治意义，它们标志着五大政党的颜色。另外，黄色象征医疗卫生，连医疗车也用黄色；红色代表凶险，不能随便使用；忌用黑色。

（5）秘鲁

秘鲁人在色彩爱好上，看不出什么明显的倾向，但紫色是十月宗教仪式上使用的颜色，因此一般避免使用。

10.3.2 部分国家对某些图案的喜爱和禁忌

部分国家对某些图案的喜爱和禁忌如表 10-2 所示。

表 10-2 部分国家对某些图案的喜爱和禁忌

图 案	喜爱的国家	禁忌的国家
熊 猫	熊猫是世界珍稀的动物，中国视为国宝，曾定为 1990 年北京亚运会的吉祥物。	
大 象	东南亚地区甚为喜欢，印度视为吉祥，斯里兰卡视为庄重。印度还把大象选定为新德里亚运会的吉祥物。美国共和党把大象作为党徽。	欧洲人不喜爱。英国人认为是笨拙的同义词，忌用大象图案。
山 羊		英国人不喜欢，认为山羊是不正经的男子。妇女不爱这种商标。
狗	西方国家大都视狗为神圣的动物和忠诚的伴侣，受到法律的保护。	非洲北部一些国家，把狗看作不吉祥的动物。忌用狗的图案。
猫	猫是西方人的宠物。在亚洲许多国家中，由于猫具有捕鼠灭害的本领，不少人作为重要的家养动物。欧洲人认为纯黑色的猫能带来好运，而美国人则认为纯白色的猫，才能带来好运。	
公 鸡	中国人作为黎明的报晓者，历来喜欢它。法国、肯尼亚定为国鸟。	美国俚语里，公鸡往往被译成不雅的名称，并有淫秽之意。

续表

图 案	喜爱的国家	禁忌的国家
孔 雀	中国和东南亚地区,视为吉祥和美好的象征。印度定为国鸟。	欧洲一些国家中,美丽的孔雀被贬为淫鸟、祸鸟。
蝙 蝠		西方国家视为恐怖、死亡和不吉祥的怪物。中国也有禁忌。
仙 鹤	在东方国家,仙鹤是吉祥和长寿的象征。中国、日本及东南亚诸国,历来有"松鹤延年"的美誉。	法国认为仙鹤是蠢汉和淫妇的代名词。
猫头鹰	西方国家认为猫头鹰是智慧、勇猛和刚毅的化身。	中国和一些东方国家,认为是不吉祥的动物。
乌 龟	中国古代一直把乌龟和龙、凤、麒麟统称为"四灵",受崇敬。日本人把乌龟看作寿星和吉祥的象征,历来用"龟鹤延年"祝福老人。在日本人的名字中,也常用这个象征吉祥的字。	现代中国人,常用"乌龟王八"来讥讽和辱骂人。
狮 子	伊朗视为国宝,也是最喜爱的图案。	
鸭 子	日本人喜爱用鸭子作为图案。	
马	法国、摩洛哥喜爱。	
鱼		德国、越南、苏丹忌食。
牛	印度、尼泊尔、西班牙、苏丹、埃塞俄比亚、马达加斯加、缅甸视为神牛,忠诚的朋友。尼泊尔定为国兽。	
鹿	芬兰视为珍稀动物。	
企 鹅	丹麦视为珍稀动物。	
龙	中国、法国视为神圣的象征。	
猴	中国、印度喜爱。	
雄 鹰	阿拉伯也门、伊拉克、智利、墨西哥、波兰喜爱,定为国鸟。	
荷 花	颇得中国、印度、泰国、孟加拉国、埃及等国的好评。中国赞荷花为"出淤泥而不染,濯清涟而不妖",称为"花中君子"。印度、埃及定为国花。	日本认为是不祥之物,它意味着祭奠,是忌用的图案。
菊 花	菊花是日本皇室的专用花卉,人们对它极为尊重,一般平民不准接受赠送。	意大利忌用图案。意大利和拉美各国认为是"妖花",只能用于基地和灵前。
茉莉花	菲律宾定为国花。	

续表

图　案	喜爱的国家	禁忌的国家
扶　桑	扶桑是马来西亚、斐济的国花。	
睡　莲	孟加拉国、泰国、瑞典、圭亚那定为国花。	
杜　鹃	尼泊尔国花。	
樱　花	日本国花。	
兰　花	斯里兰卡、新加坡、委内瑞拉(五月花)、厄瓜多尔(白兰花)定为国花。	
丁　香	坦桑尼亚国花。	
油橄榄	希腊、突尼斯国花。	
石　竹	摩洛哥、葡萄牙定为国花。	
枫　叶	加拿大国花。	
玫　瑰	玫瑰是叙利亚、伊拉克、伊朗、英国、卢森堡、法国、罗马尼亚、保加利亚、捷克、美国的国花。	
郁金香	土耳其看作爱情的象征,匈牙利、荷兰都很喜爱,定为国花。	
"13"	无论文字、语言、图案上,西方人都很厌恶,任何场所都尽量避开它。高楼12层上是14层,餐桌12号接14号,有人对每月13日惴惴不安,若遇到13是星期五,一般不举行宴请活动。	

10.4　会展行业分类与标准

10.4.1　会议和展览服务业的代码

在目前统计工作执行的《国民经济行业分类与代码》(GB/T 4754—2002)中对会展业的界定:会展业是指会议及展览服务,隶属于租赁和商务服务业,代码是L7491(租赁和商务服务业是门类L,商务服务业是大类74,其他商务服务业是中类749,会议和展览服务业是小类7491),如表10-3所示。

表 10-3　会展业结构分类

结构分类	相应国民经济分类代码 GB/T 4754—2002
会议及展览服务,指为商品流通、促销、展示、经贸洽谈、民间交流、企业沟通、国际往来而举办的展览和会议等活动。包括展览馆和会议中心的管理服务。 ◇包括: ——各类博览会及专业承办机构 ——各类交易会及专业承办机构 ——各类商业性、专业性、技术性展览及专业承办机构 ——各种商务会议中心及专业会议承办机构 ——其他以商业性展览为主的展览场馆的活动	L7491

10.4.2　《专业性展览会等级的划分及评定》商业行业标准

（本部分供参考,正文以中华人民共和国商业行业标准 SB/T 10358—2202 为准）

1. 范围

本标准规定了对专业性展览会等级划分和评定的原则、要求和方法。

本标准适用于在中国境内举办的以经济贸易活动为目的的专业性展览会的等级划分及评定。

2. 术语和定义

下列术语和定义适用于本标准。

2.1　专业性展览会 professional exhibition(show,fair,exposition)

在固定或规定的地点,规定的日期和期限内,由主办者组织、若干参展商参与的通过展示促进产品、服务的推广和信息、技术交流的社会活动。

2.2　特殊装修展位 raw space with special decoration

由参展商自行或委托专业机构专门设计并特别装修的展览位置及其所覆盖的面积。

2.3　展出净面积 exhibition net area

专业性展览会用于展出的展位面积总和,以平方米表示。

2.4　特殊装修展位面积比 ratio of area for special booth

特殊装修展位面积总和与展出净面积的比值,以百分比表示。

2.5　参展商 exhibitor

参加展览并租用展位的组织或个人。

2.6　境外参展商 overseas exhibitor

以境外注册企业或境外品牌名义参加展览的参展商。

2.7　专业观众 professional visitor

从事专业性展览会上所展示产品的设计、开发、生产、销售、服务的观众,以及用户观众。

注:这里所指的产品可以是有形的产品(如机械零件),也可以是无形的产品(如软件、服务等)。

2.8 等级 grade

用于划分专业性展览会质量差异的级别设定,用英文大写字母 A,B,C,D 表示。

3.等级的划分、依据和评定方式

3.1 专业性展览会的等级评定分为 4 个级别,由高到低依次为 A 级、B 级、C 级、D 级。

3.2 等级的划分是以专业性展览会的主要构成要素为依据,包括展览面积、参展商、观众、展览的连续性、参展商满意率和相关活动等方面。

3.3 专业性展览会等级的具体评定标准,按照附录 A 执行。

3.4 专业性展览会的等级是由专业机构依据同意的评定标准及方法评定产生,其评定结果表示该专业性展览会当前的等级状况,有效期为 3 年。具体的评定方式按专业性展览会评定机构制订的评审程序和评定实施细则执行。

3.5 专业性展览会等级的评定采取自愿的原则,主办(承办)方按有关程序向评定机构提出申请,由评定机构予以评定。

4.安全、卫生、环境和建筑的要求

专业性展览会举办场馆的建筑、附属设施和管理应符合现行的国家、行业和地方的消防、安全、卫生、环境保护等有关法规和标准。

5.专业性展览会等级评定条件

5.1 A 级

5.1.1 展览面积。

5.1.1.1 展出净面积不少于 5 000 m²。

5.1.1.2 特殊装修展位面积比至少达到 20%。

5.1.2 参展商。

境外参展商展位面积与展出净面积的比值不少于 20%。

5.1.3 观众。

5.1.3.1 展览期间专业观众人次与观众总人次的比值不少于 60%。

5.1.3.2 境外观众人次不少于观众总人次的 5%。

5.1.4 展览的连续性。

同一个专业性展览会连续举办不少于 5 次。

5.1.5 参展商满意率。

参展商满意率的评价按"参展商满意率调查表"的调查结果进行,其中总体评价结论为"很满意"和"满意"的数量总和,应不低于参展商总数的 80%。

5.1.6 相关活动。

专业性展览会期间组织与专业性展览会主题相关的活动。

5.2 B 级

5.2.1 展览面积。

5.2.1.1 展出净面积不少于 3 000 m²。

5.2.1.2 特殊装修展位面积比至少达到 10%。

5.2.2　参展商。

境外参展商展位面积与展出净面积的比值不少于10%。

5.2.3　观众。

5.2.3.1　展览期间专业观众人次与观众总人次的比值不少于50%。

5.2.3.2　境外观众人次不少于观众总人次的2%。

5.2.4　展览的连续性。

同一个专业性展览会连续举办不少于4次。

5.2.5　参展商满意率。

参展商满意率的评价按"参展商满意率调查表"的调查结果进行,其中总体评价结论为"很满意"和"满意"的数量总和,应不低于参展商总数的75%。

5.2.6　相关活动。

专业性展览会期间组织与专业性展览会主题相关的活动。

5.3　C级

5.3.1　展览面积。

5.3.1.1　展出净面积不少于2 000 m²。

5.3.1.2　特殊装修展位面积比至少达到5%。

5.3.2　参展商。

境外参展商展位面积与展出净面积的比值不少于5%。

5.3.3　观众。

5.3.3.1　展览期间专业观众人次与观众总人次的比值不少于40%。

5.3.3.2　境外观众人次不少于观众总人次的1%。

5.3.4　展览的连续性。

同一个专业性展览会连续举办不少于3次。

5.3.5　参展商满意率。

参展商满意率的评价按"参展商满意率调查表"的调查结果进行,其中总体评价结论为"很满意"和"满意"的数量总和,应不低于参展商总数的70%。

5.4　D级

5.4.1　展览面积。

展出净面积不少于1 000 m²。

5.4.2　观众。

展览期间专业观众人次与观众总人次的比值不少于30%。

5.4.3　展览的连续性。

同一个专业性展览会连续举办不少于2次。

5.4.4　参展商满意率。

参展商满意率的评价按"参展商满意率调查表"的调查结果进行,其中总体评价结论为"很满意"和"满意"的数量总和,应不低于参展商总数的65%。

6.专业性展览会等级评定附加项

6.1　管理体系状况

6.1.1　负责专业性展览会具体组织管理工作的主办(承办)方通过 GB/T 19001—

2000 质量管理体系认证。

6.1.2　展馆方通过 GB/T 19001—2000 质量管理体系认证、GB/T 28001—2001 职业健康安全管理体系认证。

6.1.3　装修和搭建的主要承办方通过 GB/T 19001—2000 质量管理体系认证、GB/T 28001—2001 职业健康安全管理体系认证。

6.1.4　展览运输的主要承办方通过 GB/T 19001—2000 质量管理体系认证、GB/T 28001—2001 职业健康安全管理体系认证。

注：专业性展览会等级评定附加项不作为专业性展览会等级评定的必要条件，达到的项目在评定规定时可以加分。

专业性展览会等级划分及评定标准如表 10-4 所示。

表 10-4　专业性展览会等级划分及评定标准

等级划分及评定标准	各大项的得分汇兑栏	各分项的得分汇兑栏	计分栏
A.1 评分说明			
A.1.1 本标准满分为 720 分			
A.1.2 各等级应达到的最低分数			
A 级：546 分			
B 级：420 分			
C 级：216 分			
D 级：108 分			
A.2 评分标准			
A.2.1 展出净面积及特殊装修展位面积比	150		
A.2.1.1 展出净面积不少于 15 000 m²		75	75
展出净面积不少于 10 000 m²			65
展出净面积不少于 5 000 m²			50
展出净面积不少于 3 000 m²			35
展出净面积不少于 2 000 m²			20
展出净面积不少于 1 000 m²			10
A.2.1.2 特殊装修展位面积比不少于 30%		75	75
特殊装修展位面积比不少于 20%			55
特殊装修展位面积比不少于 10%			35
特殊装修展位面积比不少于 5%			15
A.2.2 参展商	70		
境外参展商展位面积与展出净面积的比值不少于 40%		70	70

续表

等级划分及评定标准	各大项的得分汇兑栏	各分项的得分汇兑栏	计分栏
境外参展商展位面积与展出净面积的比值不少于30%			55
境外参展商展位面积与展出净面积的比值不少于20%			40
境外参展商展位面积与展出净面积的比值不少于10%			30
境外参展商展位面积与展出净面积的比值不少于5%			20
A.2.3 观众	100		
A.2.3.1 展览期间专业观众人次与观众总人次的比值不少于70%		50	50
展览期间专业观众人次与观众总人次的比值不少于60%			40
展览期间专业观众人次与观众总人次的比值不少于50%			30
展览期间专业观众人次与观众总人次的比值不少于40%			20
展览期间专业观众人次与观众总人次的比值不少于30%			10
A.2.3.2 境外观众人次不少于观众总人次的4%		50	50
境外观众人次不少于观众总人次的10%			35
境外观众人次不少于观众总人次的5%			20
境外观众人次不少于观众总人次的2%			10
境外观众人次不少于观众总人次的1%			5
A.2.4 展览的连续性	50		
同一个专业性展览会连续举办不少于5次			50
同一个专业性展览会连续举办不少于4次			40
同一个专业性展览会连续举办不少于3次			30
同一个专业性展览会连续举办不少于2次			20

续表

等级划分及评定标准	各大项的得分汇兑栏	各分项的得分汇兑栏	计分栏
A.2.5 参展商满意率	150		
参展商满意率调查表中对展览会的总体评价结论为"很满意"和"满意"的数量总和不低于参展商总数的85%			150
参展商满意率调查表中对展览会的总体评价结论为"很满意"和"满意"的数量总和不低于参展商总数的80%			120
参展商满意率调查表中对展览会的总体评价结论为"很满意"和"满意"的数量总和不低于参展商总数的75%			90
参展商满意率调查表中对展览会的总体评价结论为"很满意"和"满意"的数量总和不低于参展商总数的70%			70
参展商满意率调查表中对展览会的总体评价结论为"很满意"和"满意"的数量总和不低于参展商总数的65%			50
A.2.6 相关活动	80		
展览会期间组织与展览会主题相关的各种活动			80
A.2.7 附加评定项	120		
A.2.7.1 主办（承办）方通过 GB/T 19001—2000 质量管理体系认证			20
A.2.7.2 展馆方通过 GB/T 19001—2000 质量管理体系认证			20
A.2.7.3 展馆方通过 GB/T 28001—2001 职业健康安全管理体系认证			20
A.2.7.4 装修和搭建的主要承办方通过 GB/T 19001—2000 质量管理体系认证			15
A.2.7.5 装修和搭建的主要承办方通过 GB/T 28001—2001 职业健康安全管理体系认证			15
A.2.7.6 展览运输的主要承办方通过 GB/T 19001—2000 质量管理体系认证			15
A.2.7.7 展览运输的主要承办方通过 GB/T 28001—2001 职业健康安全管理体系认证			15

10.4.3 《展会知识产权保护办法》

第一章 总则

第一条 为加强展会期间知识产权保护,维护会展业秩序,推动会展业的健康发展,根据《中华人民共和国对外贸易法》《中华人民共和国专利法》《中华人民共和国商标法》和《中华人民共和国著作权法》及相关行政法规等制订本办法。

第二条 本办法适用于在中华人民共和国境内举办的各类经济技术贸易展览会、展销会、博览会、交易会、展示会等活动中有关专利、商标、版权的保护。

第三条 展会管理部门应加强对展会期间知识产权保护的协调、监督、检查,维护展会的正常交易秩序。

第四条 展会主办方应当依法维护知识产权权利人的合法权益。展会主办方在招商招展时,应加强对参展方有关知识产权的保护和对参展项目(包括展品、展板及相关宣传资料等)的知识产权状况的审查。在展会期间,展会主办方应当积极配合知识产权行政管理部门的知识产权保护工作。

展会主办方可通过与参展方签订参展期间知识产权保护条款或合同的形式,加强展会知识产权保护工作。

第五条 参展方应当合法参展,不得侵犯他人知识产权,并应对知识产权行政管理部门或司法部门的调查予以配合。

第二章 投诉处理

第六条 展会时间在三天以上(含三天),展会管理部门认为有必要的,展会主办方应在展会期间设立知识产权投诉机构。设立投诉机构的,展会举办地知识产权行政管理部门应当派员进驻,并依法对侵权案件进行处理。

未设立投诉机构的,展会举办地知识产权行政管理部门应当加强对展会知识产权保护的指导、监督和有关案件的处理,展会主办方应当将展会举办地的相关知识产权行政管理部门的联系人、联系方式等在展会场馆的显著位置予以公示。

第七条 展会知识产权投诉机构应由展会主办方、展会管理部门、专利、商标、版权等知识产权行政管理部门的人员组成,其职责包括:

(一)接受知识产权权利人的投诉,暂停涉嫌侵犯知识产权的展品在展会期间展出;

(二)将有关投诉材料移交相关知识产权行政管理部门;

(三)协调和督促投诉的处理;

(四)对展会知识产权保护信息进行统计和分析;

(五)其他相关事项。

第八条 知识产权权利人可以向展会知识产权投诉机构投诉,也可直接向知识产权行政管理部门投诉。权利人向投诉机构投诉的,应当提交以下材料:

(一)合法有效的知识产权权属证明:涉及专利的,应当提交专利证书、专利公告文本、专利权人的身份证明、专利法律状态证明;涉及商标的,应当提交商标注册证明文件并由投诉人签章确认,商标权利人身份证明;涉及著作权的,应当提交著作权权利证明、著作权人身份证明。

（二）涉嫌侵权当事人的基本信息。

（三）涉嫌侵权的理由和证据。

（四）委托代理人投诉的，应提交授权委托书。

第九条 不符合本办法第八条规定的，展会知识产权投诉机构应当及时通知投诉人或者请求人补充有关材料。未予补充的，不予接受。

第十条 投诉人提交虚假投诉材料或其他因投诉不实给被投诉人带来损失的，应当承担相应法律责任。

第十一条 展会知识产权投诉机构在收到符合本办法第八条规定的投诉材料后，应于24小时内将其移交有关知识产权行政管理部门。

第十二条 地方知识产权行政管理部门受理投诉或者处理请求的，应当通知展会主办方，并及时通知被投诉人或者被请求人。

第十三条 在处理侵犯知识产权的投诉或者请求程序中，地方知识产权行政管理部门可以根据展会的展期指定被投诉人或者被请求人的答辩期限。

第十四条 被投诉人或者被请求人提交答辩书后，除非有必要做进一步调查，地方知识产权行政管理部门应当及时做出决定并送交双方当事人。

被投诉人或者被请求人逾期未提交答辩书的，不影响地方知识产权行政管理部门做出决定。

第十五条 展会结束后，相关知识产权行政管理部门应当及时将有关处理结果通告展会主办方。展会主办方应当做好展会知识产权保护的统计分析工作，并将有关情况及时报展会管理部门。

第三章 展会期间专利保护

第十六条 展会投诉机构需要地方知识产权局协助的，地方知识产权局应当积极配合，参与展会知识产权保护工作。地方知识产权局在展会期间的工作可以包括：

（一）接受展会投诉机构移交的关于涉嫌侵犯专利权的投诉，依照专利法律法规的有关规定进行处理。

（二）受理展出项目涉嫌侵犯专利权的专利侵权纠纷处理请求，依照《专利法》第五十七条的规定进行处理。

（三）受理展出项目涉嫌假冒他人专利和冒充专利的举报，或者依职权查处展出项目中假冒他人专利和冒充专利的行为，依据《专利法》第五十八条和第五十九条的规定进行处罚。

第十七条 有下列情形之一的，地方知识产权局对侵犯专利权的投诉或者处理请求不予受理：

（一）投诉人或者请求人已经向人民法院提起专利侵权诉讼的。

（二）专利权正处于无效宣告请求程序之中的。

（三）专利权存在权属纠纷，正处于人民法院的审理程序或者管理专利工作的部门的调解程序之中的。

（四）专利权已经终止，专利权人正在办理权利恢复的。

第十八条 地方知识产权局在通知被投诉人或者被请求人时，可以即行调查取证，查阅、复制与案件有关的文件，询问当事人，采用拍照、摄像等方式进行现场勘验，也可以抽样取证。

地方知识产权局搜集证据应当制作笔录,由承办人员、被调查取证的当事人签名盖章。被调查取证的当事人拒绝签名盖章的,应当在笔录上注明原因;有其他人在现场的,也可同时由其他人签名。

第四章 展会期间商标保护

第十九条 展会投诉机构需要地方工商行政管理部门协助的,地方工商行政管理部门应当积极配合,参与展会知识产权保护工作。地方工商行政管理部门在展会期间的工作可以包括:

(一)接受展会投诉机构移交的关于涉嫌侵犯商标权的投诉,依照商标法律法规的有关规定进行处理。

(二)受理符合《商标法》第五十二条规定的侵犯商标专用权的投诉。

(三)依职权查处商标违法案件。

第二十条 有下列情形之一的,地方工商行政管理部门对侵犯商标专用权的投诉或者处理请求不予受理:

(一)投诉人或者请求人已经向人民法院提起商标侵权诉讼的。

(二)商标权已经无效或者被撤销的。

第二十一条 地方工商行政管理部门决定受理后,可以根据商标法律法规等相关规定进行调查和处理。

第五章 展会期间著作权保护

第二十二条 展会投诉机构需要地方著作权行政管理部门协助的,地方著作权行政管理部门应当积极配合,参与展会知识产权保护工作。地方著作权行政管理部门在展会期间的工作可以包括:

(一)接受展会投诉机构移交的关于涉嫌侵犯著作权的投诉,依照著作权法律法规的有关规定进行处理。

(二)受理符合《著作权法》第四十七条规定的侵犯著作权的投诉,根据《著作权法》的有关规定进行处罚。

第二十三条 地方著作权行政管理部门在受理投诉或请求后,可以采取以下手段搜集证据:

(一)查阅、复制与涉嫌侵权行为有关的文件档案、账簿和其他书面材料。

(二)对涉嫌侵权复制品进行抽样取证。

(三)对涉嫌侵权复制品进行登记保存。

第六章 法律责任

第二十四条 对涉嫌侵犯知识产权的投诉,地方知识产权行政管理部门认定侵权成立的,应会同会展管理部门依法对参展方进行处理。

第二十五条 对涉嫌侵犯发明或者实用新型专利权的处理请求,地方知识产权局认定侵权成立的,应当依据《专利法》第十一条第一款关于禁止许诺销售行为的规定以及《专利法》第五十七条关于责令侵权人立即停止侵权行为的规定做出处理决定,责令被请求人从展会上撤出侵权展品,销毁介绍侵权展品的宣传材料,更换介绍侵权项目的展板。

对涉嫌侵犯外观设计专利权的处理请求,被请求人在展会上销售其展品,地方知识产权局认定侵权成立的,应当依据《专利法》第十一条第二款关于禁止销售行为的规定以及第五十七条关于责令侵权人立即停止侵权行为的规定做出处理决定,责令被请求人从展会上撤出侵权展品。

第二十六条　在展会期间假冒他人专利或以非专利产品冒充专利产品,以非专利方法冒充专利方法的,地方知识产权局应当依据《专利法》第五十八条和第五十九条规定进行处罚。

第二十七条　对有关商标案件的处理请求,地方工商行政管理部门认定侵权成立的,应当根据《商标法》《商标法实施条例》等相关规定进行处罚。

第二十八条　对侵犯著作权及相关权利的处理请求,地方著作权行政管理部门认定侵权成立的,应当根据《著作权法》第四十七条的规定进行处罚,没收、销毁侵权展品及介绍侵权展品的宣传材料,更换介绍展出项目的展板。

第二十九条　经调查,被投诉或者被请求的展出项目已经由人民法院或者知识产权行政管理部门做出判定侵权成立的判决或者决定并发生法律效力的,地方知识产权行政管理部门可以直接做出第二十六条、第二十七条、第二十八条和第二十九条所述的处理决定。

第三十条　请求人除请求制止被请求人的侵权展出行为之外,还请求制止同一被请求人的其他侵犯知识产权行为的,地方知识产权行政管理部门对发生在其管辖地域之内的涉嫌侵权行为,可以依照相关知识产权法律法规以及规章的规定进行处理。

第三十一条　参展方侵权成立的,展会管理部门可依法对有关参展方予以公告;参展方连续两次以上侵权行为成立的,展会主办方应禁止有关参展方参加下一届展会。

第三十二条　主办方对展会知识产权保护不力的,展会管理部门应对主办方给予警告,并视情节依法对其再次举办相关展会的申请不予批准。

第七章　附则

第三十三条　展会结束时案件尚未处理完毕的,案件的有关事实和证据可经展会主办方确认,由展会举办地知识产权行政管理部门在15个工作日内移交有管辖权的知识产权行政管理部门依法处理。

第三十四条　本办法中的知识产权行政管理部门是指专利、商标和版权行政管理部门;本办法中的展会管理部门是指展会的审批或者登记部门。

第三十五条　本办法自2006年3月1日起实施。

(以上正文以商务部、国家工商总局、国家版权局、国家知识产权局已经审议通过,自2006年3月1日起施行的《展会知识产权保护办法》为准)

10.4.4　关于会展场馆双语标识系统的规范

北京市人民政府外事办公室会同有关单位和部门制订了《北京市地方标准〈公共场所双语标识英文译法〉》及实施指南,并于2006年11月3日由北京市质量技术监督局批准发布,自2006年12月1日起正式实施。这是全国第一个公共场所双语标识英文译法地方标准和实施指南。会展场馆是举办各类会议展览活动的公众性建筑,建筑体量大,结构复杂,各国的宾客要通过场馆内外的标志系统来引导行动,因此,除标志系统图案的规范、设置的合理以外，英文的准确性就更显得至关重要。本部分引用《北京市地方标准〈公共场所双语标识英文译法〉》的部分内容供参照。

公共场所双语标识英文译法
通　则

1. 范围

DB11/T 334 的本部分规定了公共场所双语标识英文译法的通用原则。

本部分适用于公共场所的英文标识。

2. 规范性引用文件

下列文件中的条款通过本部分的引用而成为本部分的条款。凡是注日期的引用文件，其随后所有的修改单（不包括勘误的内容）或修订版均不适用于本部分，然而，鼓励根据本部分达成协议的各方研究是否可使用这些文件的最新版本。凡是不注日期的引用文件，其最新版本适用于本部分。

GB/T 16159 汉语拼音正词法基本规则。

3. 术语和定义

下列术语和定义适用于本部分。

3.1　功能设施 functional facilities

为满足人们在公共场所活动中的需求所提供的基础设施和服务设施，包括具备安全保障、卫生保障、文化体育以及综合服务和接待等功能的设施。

4. 一般要求

4.1　公共场所双语标识的英文译法应符合国际通用惯例，遵循英语语言习惯（表10-5，表10-6）

4.2　本部分汉语拼音用法应符合 GB/T 16159 的要求。

4.3　独词

独词路标的英文书写形式依国际惯例全部大写，如出口 EXIT。

4.4　方位词

4.4.1　方位词包括东、南、西、北、前、后、中、上、内、外。其对应的英文译法分别为 East(E.)，South(S.)，West(W.)，North(N.)，Front，Back，Middle，Upper，Inner，Outer。东南、西南、东北、西北其对应的英文译法分别为 Southeast，Southwest，Northeast，Northwest。

4.4.2　通常情况下，方位词含有指示方向的意义时应译成英文。

4.4.3　当方位词本身固化为地名的一部分时，方位词采用汉语拼音，如东直门 DONGZHIMEN。

4.5　序数词

4.5.1　通常情况下，如需要用序数词表达，其英文写法采用字母上标形式，如 1st，2nd，3rd 等，如东三环 E. 3rd Ring Rd。

4.5.2　名称中的数字不使用英文序数词形式，应直接使用阿拉伯数字表示，如中关村一桥 ZHONGGUANCUN Bridge 1，2 号看台 Platform 2，3 号收银台 Cashier 3。

4.6　冠词和介词

双语标识英文译法中尽量不使用冠词和介词，如颐和园 Summer Palace，但有些约定俗成的说法和固定用法除外，如天坛 Temple of Heaven。

4.7 标点符号

双语标识英文译法中尽量不用任何标点符号,特殊情况除外,如长安大戏院 Chang'an Theater,工人体育场 Workers' Stadium;作为缩写形式的 Ave,St,Rd 和 Expwy 后均无"."。

4.8 警示提示信息

4.8.1 警告性和提示性标志

4.8.1.1 采用国际通行的惯例,一般用祈使句或短语表示,句中或短语中实意单词的首字母大写,如当心触电 Danger! High Voltage,当心碰头 Mind Your Head,当心踏空 Watch Your Step,紧急时击碎玻璃 Break Glass in Emergency 等。

4.8.1.2 "小心……""注意……",多译为 Mind 或 Watch,如小心台阶 Mind the Step,注意上方 Watch Your Head。当提示意味较强的时候也译为 Caution,如小心地滑,如果地面建筑材质本身较光滑时译为 Caution! Slippery;如果是因为表面上有水等情况时,则译为 Caution! Wet Floor。

4.8.1.3 指示入口/出口的方向时译为 Way in/Way out,表示入口/出口设施本身时见 4.9.2。

4.8.2 说明性标志

一般用短语或祈使句表示,句中或短语中实意单词的首字母大写,介词、冠词小写,如仅供紧急情况下译为 Emergency Use Only,车内发生紧急情况时,请按按钮报警 Press Button in Emergency 等,如句子较长,则仅句首字母大写即可,如 Please close the door behind you。

4.8.3 禁止性标志

"请勿……""禁止……"一般都译为"Don't …""No …"或"… Forbidden""… Prohibited",句中或短语中各个单词的首字母都大写。如请勿登踏 Don't Step On,请勿乱扔废弃物 No Littering,严禁携带易燃易爆等危险品进站 Dangerous Articles Prohibited,禁止摆卖 Vendors Prohibited 等。

4.9 功能设施信息

4.9.1 通常采用英文直接翻译,应符合国际通用惯例,遵循英语语言习惯,英文单词首字母大写,其余小写,介词、冠词小写。

4.9.2 不同"口"的译法,一般"入口"以及"……入口"均译为 Entrance,如"剧院入口"译为 Entrance 即可;而"出口"以及"……出口"均译为 Exit,如"剧院出口"译为 Exit 即可,"紧急出口"译为 Emergency Exit。

4.9.3 楼层,如"1 楼/层、2 楼/层、3 楼/层"等固定缩写为 F1,F2,F3;地下 1 层、2 层、3 层固定缩写为 B1,B2,B3。

4.9.4 电梯译为 Elevator/Lift,扶梯译为 Escalator,步行楼梯译为 Stairs。

4.9.5 前台、服务台、接待一般译为 Reception;问询处、咨询台译为 Information。

4.9.6 厕所、洗手间、卫生间、盥洗室统一为 Toilet,涉及性别时,男厕译为 Gents/Men;女厕译为 Ladies/Women。

4.9.7 残疾人译为 Disabled,残疾人专用译为 Disabled Only;无障碍设施用 Wheelchair Accessible 表示,如在通道内标识 Wheelchair Accessible 表示无障碍通道,在厕所内标识 Wheelchair Accessible 表示无障碍厕位。

4.10 特殊情况

已经被社会普遍接受的单位名称,如清华大学 Tsinghua University 在指地方时可沿用此用法,但在指道路名称时,应符合本部分的译法原则,如清华南路 QINGHUA South Rd。

(规范性附录)

公共场所通用标识的英文译法如表 10-5 警示提示信息、表 10-6 功能设施信息。

表 10-5 警示提示信息

序 号	中文名称	英文名称
1	当心触电	Danger! High Voltage
2	当心碰撞	Beware of Collisions
3	当心台阶	Mind the Step/Watch Your Step
4	小心玻璃	Caution! Glass
5	小心滑倒/小心地滑	Caution! Slippery/Caution! Wet Floor
6	小心碰头	Mind Your Head/Watch Your Head
7	注意安全	CAUTION! /Caution!
8	注意防火	Fire Hazard Area
9	非公莫入	Staff Only
10	禁止鸣笛	No Horn
11	勿扔垃圾/请勿乱扔废弃物	No Littering
12	禁止停车	No Parking
13	禁止停留	No Stopping
14	禁止吸烟	No Smoking
15	拉	PULL/Pull
16	推	PUSH/Push
17	入口	ENTRANCE/Entrance
18	出口/安全出口/安全通道	EXIT/Exit
19	紧急出口	Emergency Exit
20	紧急救护电话(120)	First Aid Call 120
21	紧急疏散地	Evacuation Site
22	请勿跨越	No Crossing
23	请勿拍照	No Photography
24	请勿摄影	No Filming/No Video
25	请勿使用闪光灯	No Flash Photography

续表

序　号	中文名称	英文名称
26	火警电话 119	Fire Call 119/Fire Alarm 119
27	投诉电话	Complaints Hotline
28	危难时请速报 110	Emergency Call 110
29	危险,请勿靠近	Danger! Keep Away
30	请绕行	Detour
31	请勿打电话	No Phone Calls
32	请勿带宠物入内	No Pets Allowed
33	请勿抚摸/请勿触摸	Don't Touch
34	请勿践踏草坪	Please Keep Off the Grass
35	请勿坐卧停留	No Loitering
36	请爱护公共财产	Please Protect Public Property
37	请爱护公共设施	Please Protect Public Facilities
38	请节约用水	Please Save Water/Don't Waste Water
39	请您保管好自己的物品	Take Care of Your Belongings
40	请按顺序排队	Please Line Up
41	安全疏散指示图/紧急疏散指示图	Evacuation Chart
42	保持安静/请勿大声喧哗	Quiet Please
43	残疾人专用	Disabled Only
44	留言栏	Complaints & Suggestions
45	伸手出水	Automatic Tap
46	随手关门	Keep Door Closed/Please close the door behind you.
47	禁止入内/严禁入内	No Entry/No Admittance
48	闲人免进/请勿入内	Staff Only/No Admittance
49	谢绝参观/游客止步	No Admittance
50	正在维修	Repairs in Progress
51	有电危险	Danger! Electric Shock Risk
52	请勿随地吐痰	No Spitting
53	严禁携带易燃易爆等危险品	Dangerous Articles Prohibited
54	暂停服务/临时关闭	Temporarily Closed

续表

序　号	中文名称	英文名称
55	老年人、残疾人、军人优先	Priority for Seniors and Disabled
56	请在此等候	Please Wait Here
57	消防通道,请勿占用	Fire Engine Access. Don't Block!

表 10-6　功能设施信息

序　号	中文名称	英文名称
1	停车场	Parking
2	医务室	Clinic
3	厕所	Toilet
4	男厕所	Gents/Men
5	女厕所	Ladies/Women
6	女更衣室	Women's Dressing Room
7	男更衣室	Men's Dressing Room
8	步行梯/楼梯	Stairs
9	自动扶梯	Escalator
10	电梯	Elevator/Lift
11	问询处/咨询(台)	Information
12	前台/服务台/接待	Reception
13	消防栓	Fire Hydrant
14	派出所	Police Station
15	急救中心	First Aid Center
16	公用电话	Telephone
17	磁卡电话	Magnetic Card Phone
18	餐厅	Restaurant
19	员工通道	Staff Only
20	疏散通道	Escape Route
21	消防通道	Fire Engine Access
22	废物箱/垃圾箱	Trash/Litter
23	紧急呼救设施/紧急报警器	Emergency Alarm
24	自行车停放处	Bicycle Parking
25	出租车	Taxi

续表

序　号	中文名称	英文名称
26	残疾人设施	For Disabled
27	火情警报设施	Fire Alarm
28	紧急呼救电话	Emergency Phone
29	失物招领	Lost & Found
30	收银台/收款台/结账	Cashier
31	商店	Shop
32	食品部	Food Shop
33	酒吧	Bar/Pub
34	快餐厅	Snack Bar/Fast Food
35	西餐厅	Western Restaurant
36	中餐厅	Chinese Restaurant
37	咖啡馆/咖啡厅	Café
38	一/二/三/四/五层(楼)	F1/F2/F3/F4/F5
39	地下一层/二层/三层	B1/B2/B3
40	灭火器	Fire Extinguisher
41	饮水处	Drinking Water
42	自动取款机	ATM
43	吸烟室	Smoking Room
44	吸烟区	Smoking Area
45	报刊亭	Kiosk
46	消防应急面罩	Fire Mask
47	配电柜	Power Distribution Cabinet
48	配电箱	Power Distribution Box
49	衣帽寄存	Cloakroom
50	行李寄存	Left Luggage/Luggage Deposit

10.5　会展场馆的服务质量调查

10.5.1　观众反映的搜集方法

观众对展览的反映,是展览信息反馈中不可缺少的信息源,无论是正面还是负面的意见,对改进展览工作都有重要意义。观众反映的主要搜集方法有:①设置观众咨询处,配备观众咨询电话专线,设有专人处理和接待观众来信、来电、来访;②组织有关展览的知识测验题,举办有奖测验活动;③设置观众留言簿,召开观众座谈会;④展览结束后登门拜访或发出调查问卷和表格;⑤在广泛调查、咨询的基础上,制出展览会观众反映分析表。

10.5.2　服务质量检查考评控制程序

场馆根据各自情况不同而制订,以下供参考。

1)目的

通过对服务质量的检查、考评,对其过程做出准确的结论,使之达到有效的控制。

2)范围

本程序适用于会展场馆内部服务质量检查和考评的管理。

3)职责

①场馆领导负责对所分管的服务质量工作做定期检查、考评。
②质检部是本程序的归口管理部门,负责组织有关工作的实施。
③各部门经理负责职权内服务质量的检查、考评。
④展厅厅长负责对展厅项目组服务质量的检查、考评。
⑤会务经理负责对会议项目组服务质量的检查、考评。

4)工作内容

①日常服务工作的检查、考评。
a.各部门经理或其授权人按工作规范,对部门的服务质量每天进行考评,对查出的问题按《不合格控制程序》《纠正预防措施程序》的有关规定执行。
b.每月质检部对"联络单""异常反馈单"进行综合分析,编制场馆月度服务质量报告,肯定成绩,分析问题原因及采取纠正、预防或改进措施,上报管理者代表审核,总经理批准。质检部负责监督各部门采取相应的纠正、预防、改进措施。
②展会准备、布展、展览、撤展服务工作的检查、考评。
a.保卫部每天做好治安消防安全检查,同时配合公安、消防部门的检查,若发现问题按《不合格控制程序》《纠正预防措施程序》有关规定执行。

b. 质检部每天对各部门工作进行巡查,特别在布展完成后展会前应做好检查工作,同时应做好"服务检查记录表",发现问题按《不合格控制程序》《纠正预防措施程序》有关规定执行;展后对本次展会发现的"严重不合格服务"进行统计分析,并采取纠正和预防措施。

c. 各部门经理按工作规范做每日巡查,发现问题按《不合格控制程序》《纠正预防措施程序》有关规定执行。

d. 展厅负责人按工作规范每天对展厅的服务进行检查、考评,发现问题按《不合格控制程序》《纠正预防措施程序》有关规定执行;展后将主办单位、参展商的意见汇总到质检部。

e. 会务经理按工作规范每天对会议的服务进行检查、考评,发现问题按《不合格控制程序》《纠正预防措施程序》有关规定执行;会后将主办单位、与会者的意见汇总到质检部。

f. 业务部门项目负责人按工作规范每天对展会的服务进行检查、考评,发现问题按《不合格控制程序》《纠正预防措施程序》有关规定执行;展会后将主办单位的意见汇总到质检部。

g. 对重大展会服务,公司领导组织进行展前、展中抽查,发现问题由质检部记录,并按《不合格控制程序》《纠正预防措施程序》有关规定执行;重大展会后场馆领导组织人员对各部门服务质量进行考评,质检部协助做好考评并保存相应记录,同时召开服务质量总结会议,对各部门考评结果公布,表彰先进,批评落后,对进一步提高服务质量提出设想和建议。

③年终时,质检部根据公司月度服务质量报告,对各部门进行年终考评,编制公司年度服务质量报告,上报分管领导审核,总经理批准。对存在的问题应及时采取纠正或预防措施,执行《不合格控制程序》《纠正预防措施程序》的有关规定。

④对于检查过程中发现的问题均应记录在"服务检查记录表"中,并要求责任部门及时改进。

10.5.3　会展场馆客户满意度调查

①各地会展行业协会对展会组织者、参展商、观众进行的满意度调查中涉及会展场馆的服务内容。

②展会组织者对参展商与观众进行的满意度调查中涉及会展场馆的服务内容。

③会展场馆对展会组织者、参展商、观众进行场馆服务全方位的满意度调查(具体项目可根据各场馆的情况制订,参考本章案例)。

10.6　中国展览馆协会简介

中国展览馆协会(简称"中国展协")于 1984 年 6 月在国家民政部登记注册成立,是我国目前唯一的全国性展览行业组织,为国家 AAA 级协会,也是国际展览业协会(UFI)

的国家级会员。业务主管单位是国务院国有资产监督管理委员会。中国展协主要由展览主办机构、展览场馆、展览中心、展览工程公司、展览运输公司、展览媒体、高等院校、展览科研机构以及与展览行业相关的且具有法人资格的企事业单位自愿参加组成。目前会员单位 3 000 余家,分布在除台湾外,全国 33 个省、直辖市、自治区和特别行政区,会员单位业务范围涵盖了整个会展产业链的各个环节。

为适应我国展览业快速发展的形势,应对国际展览界的竞争与合作,根据业界的普遍意见,经国务院国资委和国家民政部批准,中国展协内设立组展专业委员会、展览工程专业委员会、展览理论研究委员会、展示陈列专业委员会。中国展协正逐步成为全国性展览行业协会。

中国展览馆协会自成立以来,积极为业界服务,为会员服务,提供政府与业界信息与交流的平台,得到业界的赞许和认可。中国展协成功组织了不同主题的论坛活动,多次组织意在加强协会内部联系与沟通的联谊活动等。中国展协的发展战略为:积极发展会员,注重吸收展览组织者、展览工程及相关服务的企事业单位入会;努力为会员办实事,向会员及业界提供多元化的服务;与教育科研机构紧密合作,共同做好业内培训,提升业界专业人才素质;积极组织国际间的交流与合作;构筑展览信息和知识的传播平台,以求业内的共同发展。

随着全球经济一体化和我国经济持续增长,我国展览业面临着前所未有的发展机遇与挑战,中国展览馆协会将团结业内同仁,与时俱进,自律自强,共创中国展览业的辉煌。

(摘自中国展览馆协会网站)

10.7　会展业相关国家标准的立项

2011 年 10 月,国家标准化管理委员会下达了《2011 年第一批国家标准制修订计划》(国标委综合〔2011〕57 号),由全国会展业标准化技术委员会负责技术归口的《会议分类和术语》(20110088-T-469)、《经济贸易展览会数据统计》(20110089-T-469)、《经济贸易展览会分级与评定准则》(20110090-T-469)和《展览会观众管理系统建设规范》(20110091-T-469)共四项国家标准获准立项。

经中国贸促会商业行业委员会汇总统计,截至 2019 年 1 月 8 日,会展业现行有效标准共计 31 项。其中,国际标准 3 项、国家标准 13 项、行业标准 12 项、团体标准 3 项。

本章小结

通过本章的学习,要懂得在会展场馆推行 ISO 质量认证和做好 CI 策划的重要性;懂得与会展场馆相关的行业规定;能够在承接国际会议节事活动的设计和布置工作中,注意不同国家对某些图案和色彩的喜爱和禁忌,避免不必要的误会或造成不好的影响;能够配合进行会展场馆企业形象的塑造和优化会展环境;能够进行会展场馆各项服务质量指标的调查分析和评定。

复习思考题

1. 在会展场馆推行 ISO 认证的目的和适用范围是什么？
2. 会展场馆要体现环保管理可以采取哪些措施？
3. 会展场馆的 CIS 战略的操作过程是怎样的？
4. 用国家经贸委批准的《专业性展览会等级的划分及评定》商业行业标准对某个展览会进行评定。
5. 客户和观众对会展场馆服务质量的反映,主要搜集方法有哪几种？试用其中一种方法对某个展览会做观众意见的搜集和分析。

实 训

参加一次会展场馆或当地会展协会等对场馆综合质量的评估活动,先进行信息的搜集,然后对照相关标准进行评价。

案 例

××会展中心客户满意度调查表

展会名称：＿＿＿＿＿＿＿＿＿

举办场馆：××会展中心
时间： 年 月 日

尊敬的来宾：

欢迎您光临××会展中心,参加××展览会。为进一步提高本场馆管理和服务水平,请您协助我们客观地填写此表,帮助我们发现工作中的缺点和不足,以利今后为来宾提供更好的服务,烦请在百忙之中留下宝贵的意见(请在空格内选项打"√")。

1. 您是作为参展者□ 参观者□ 参加本次展览？
2. 您是作为会议主办单位□ 与会者□ 参加本次会议？
3. 您对场馆的设施、设备感觉：一般□ 满意□ 很满意□ 不满意□
4. 您对会议厅的设施、设备感觉：一般□ 满意□ 很满意□ 不满意□
5. 您对展具出租价格和服务感觉：一般□ 满意□ 很满意□ 不满意□
对展品运输、仓储价格和服务感觉：一般□ 满意□ 很满意□ 不满意□
6. 您对场馆工程现场服务,如射灯安装、特殊用电、网络通信等感觉：
一般□ 满意□ 很满意□ 不满意□ 请说明：＿＿＿＿＿＿＿＿＿＿＿＿＿。
对展位搭建、楣牌制作等服务感觉：一般□ 满意□ 很满意□ 不满意□
请说明：＿＿＿＿＿＿＿＿＿＿＿＿＿＿＿＿＿＿＿＿＿＿。

7. 您对展会所提供的配套服务感觉：一般□　满意□　很满意□　不满意□还希望增设哪些服务项目？请说明：_____

_____。

8. 您对场馆的环境卫生感觉：一般□　满意□　很满意□　不满意□

9. 您对场馆的安全保卫工作感觉：一般□　满意□　很满意□　不满意□

对人员进出馆管理水平感觉：一般□　满意□　很满意□　不满意□

对展品进出馆管理水平感觉：一般□　满意□　很满意□　不满意□

10. 您对提供的餐饮品种、价格、质量感觉：一般□　满意□　很满意□　不满意□

您希望场馆提供的餐饮种类是：快餐□　西餐□　自助餐□　茶点□；并希望增加__

_____。

11. 您对各项收费的合理性感觉：一般□　满意□　很满意□　不满意□

12. 您对场馆工作人员的服务态度感觉：一般□　满意□　很满意□　不满意□

13. 您对我们场馆的总体印象感觉：一般□　满意□　很满意□　不满意□

14. 场馆给您印象最好的是：_____，

给您印象最不好的是：_____。

15. 您的意见和建议是：_____

_____。

如果您认为方便的话，请留以下信息：

您的联系地址：_____

单位名称：_____

租用展位号 No：_____　　租用会议室号 No：_____

电话 No：_____　　　E-mail：_____

您的签字：_____

请将填好的调查表投入服务台"意见箱"。万分感谢您对我们的支持！

××会展中心

年　月　日

案例讨论：

案例"场馆客户满意度调查表"中还可以增加哪些内容？还可以用什么形式？

参考文献

[1] 俞德熙,潘耀中.展览知识手册[M].武汉:武汉人民出版社,1993.

[2] 严永渊,潘耀中.中国展览学[M].杭州:中国美术学院出版社,1995.

[3] 胡平.会展管理[M].北京:高等教育出版社,2004.

[4] 王云玺.会展管理[M].上海:上海交通大学出版社,2004.

[5] 马勇,王春蕾.会展管理的理论、方法和案例[M].北京:高等教育出版社,2003.

[6] 沈丹阳.中国展览概述[M].北京:中国劳动社会保障出版社,2006.

[7] 马勇,肖轶楠.会展概论[M].北京:中国商务出版社,2004.

[8] 黎洁,肖忠东.饭店管理概论[M].天津:南开大学出版社,1999.

[9] 王晓光.深圳会议展览中心建筑设计国际竞标方案集[M].北京:中国建筑工业出版社,1999.

[10] 陈剑飞,梅洪元.会展建筑[M].北京:中国建筑工业出版社,2008.

[11] 过聚荣.中国会展经济发展报告(2012)[M].北京:社会科学文献出版社,2012.

[12] 林大飞.厦门展览二十年[M].北京:中央文献出版社,2005.

[13] 林大飞.会展设计[M].大连:东北财经大学出版社,2009.

[14] 新华网

[15] 中国新闻网

[16] 中国经济网

[17] 中国展览信息网

[18] 中国贸易新闻网

[19] 中国国际贸易促进委员会官方网站

[20] 中国会展经济研究会官方网站

[21] 中国展览馆协会官方网站

[22] 中国进出口商品交易会官方网站

[23] 中国国际展览中心官方网站

[24] 国家会议中心官方网站

[25] 北京国际会议中心官方网站

[26] 北京展览馆官方网站

[27] 上海会展网

[28] 上海展览中心官方网站

［29］南宁国际会展中心官方网站

［30］深圳会展中心官方网站

［31］昆明国际会展中心官方网站

［32］德州太阳谷国际低碳会展中心官方网站

［33］网易娱乐官方网站